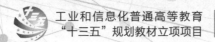
工业和信息化普通高等教育
"十三五"规划教材立项项目

高等院校"十三五"
电子商务系列规

ELECTRONIC
COMMERCE

E C

电子商务
物流管理

微课版 第3版

马宁 ◎ 主编

谢祥 尤薇佳 张名扬 ◎ 副主编

人民邮电出版社
北京

图书在版编目（CIP）数据

电子商务物流管理：微课版 / 马宁主编. -- 3版
. -- 北京 : 人民邮电出版社, 2020.5（2021.11重印）
高等院校"十三五"电子商务系列规划教材
ISBN 978-7-115-52239-9

Ⅰ. ①电… Ⅱ. ①马… Ⅲ. ①电子商务－物流管理－
高等学校－教材 Ⅳ. ①F713.365.1

中国版本图书馆CIP数据核字(2019)第223934号

内 容 提 要

在电子商务快速发展的背景下，商品销售呈现渠道多样化、地域广泛化等特点，电子商务物流及其管理也因此呈现出许多新的特点。本书在分析电子商务物流特点及其发展趋势的基础上，重点介绍了电子商务物流管理的基本过程，该过程包括运输、存储、包装、装卸搬运、流通加工、配送等。除此之外，本书还介绍了电子商务物流模式、供应链管理、物流问题建模与优化实验、供应链牛鞭效应实验等内容。通过学习本书内容，读者不仅能够更好地理解电子商务与现代物流的关系，还能更好地把握电子商务物流管理的现状与发展趋势，对解决现实中的电子商务物流管理问题具有一定帮助。

本书内容充实、案例丰富、实践性强，不仅可作为高等院校经济管理相关专业学生的教材，也可供企事业单位相关管理人员参考使用。

◆ 主　编　马　宁
　　副主编　谢　祥　尤薇佳　张名扬
　　责任编辑　孙燕燕
　　责任印制　周昇亮

◆ 人民邮电出版社出版发行　　北京市丰台区成寿寺路 11 号
　　邮编　100164　　电子邮件　315@ptpress.com.cn
　　网址　https://www.ptpress.com.cn
　　三河市兴达印务有限公司印刷

◆ 开本：787×1092　1/16
　　印张：15　　　　　　　　　　　　2020 年 5 月第 3 版
　　字数：382 千字　　　　　　　　　2021 年 11 月河北第 7 次印刷

定价：49.80 元

读者服务热线：(010)81055256　印装质量热线：(010)81055316
反盗版热线：(010)81055315
广告经营许可证：京东市监广登字 20170147 号

前　言

物流是实现电子商务的重要环节和基本保证，随着电子商务的迅猛发展，现代物流越来越受到人们的重视。作为一种新兴的商务活动模式，电子商务对传统的物流业发展提出了新的要求。加强对物流的现代化管理，使其适应电子商务发展的需要，已成为当前的一个重要课题。

本书主要从电子商务与现代物流的关系入手，将电子商务与现代物流管理有机地结合在一起。在把握电子商务物流管理新动向的基础上，本书不仅重点介绍了电子商务物流管理的基本过程和供应链管理等内容，还介绍了如何利用 Excel 软件解决物流建模与优化的问题。此外，本书还设计了基于 Excel 的供应链牛鞭效应实验。

本书相关章由内容提要、引导案例、知识内容、要点回顾、本章习题等部分组成。其中，内容提要——主要介绍本章的重难点，使读者初步了解本章所讲内容；引导案例——主要针对本章的具体内容与特点，给出一个能贯穿全章知识要点的典型案例；知识内容——除叙述理论知识外，还引入一些相关案例和资料，帮助读者加深对理论知识的理解；要点回顾——系统地对本章的知识要点进行梳理，以方便读者全面掌握本章要点；本章习题——精心筛选了适量的习题，包括名词解释、简答题、计算题和案例分析等，以加强读者对本章知识点的掌握。

本书由北京林业大学的马宁担任主编，谢祥、尤薇佳、张名扬担任副主编。马宁对本书的总体框架以及各章的结构与内容进行了总策划，并对本书进行了统改和定稿。具体编写分工为：马宁编写了第 1 章、第 3~9 章、第 11 章以及第 12 章；谢祥和张名扬编写了第 2 章；尤薇佳编写了第 10 章；本书的微课视频由张名扬录制。

在本书的编写过程中，李金宇、亓越、杨思琦、郑雨婷、崔雅隽、黄钊、李璨、黄嘉懿等在资料搜集、文字整理、实验设计等方面做了大量工作，在此对以上人员的辛勤付出表示感谢。此外，本书还参考了大量学者的研究成果和教学资料，在此也一并表示感谢。

由于编者知识水平和实践经验有限，书中难免有欠妥之处，恳请读者批评指正。

编者

目　录

第1章 导　论

内容提要

在电子商务的背景下，现代物流及其管理呈现许多新的特点。本章在融合电子商务与现代物流的基础上，重点讲述了电子商务物流管理的目标、内容及展望。

学习完本章后，希望读者掌握以下内容。

（1）电子商务与现代物流的关系。

（2）电子商务物流管理的目标和内容。

（3）电子商务物流管理的发展趋势。

引导案例

多点（Dmall）公司成立于2015年4月，是基于O2O（Online to Offline，线上到线下）的生活电商。多点公司的商业理念是在致力于为用户提供"高品质、低价格、好服务"的同时，也为合作商家提供"新零售"全方位技术支持，推动零售行业消费升级。目前，多点公司已入驻北京、天津、杭州、银川、武汉等多个重点城市，与物美、新百、中百等多个商家合作，为3 000多万超市消费者提供优质的生活电商服务。

多点公司作为一家线上线下一体化的全渠道新零售平台，一直采用联合线下零售商共同"双打"的合作模式进行发展，依托与本地大型商超的深度结合，提供高品质、低价格、两小时送达的优质服务。与家电、手机等传统商品不同，生鲜商品的仓储和配送成本较高，且非常容易过期、损坏，这使物流成本进一步增加。因此，对于多点公司来说，为了更好地控制物流成本，其仅仅关注同城配送环节是远远不够的，需要将管理视角拓展至供应链、仓储、拣货、配送等多个环节，以实现物流管理的全程优化。

为此，多点公司独创了"第三种"商业模式，即与传统商超共享供应链，进行线上线下深度融合。通过系统级联动，提高商超运营效率、优化顾客购物体验。与众多的电商平台相比，多点公司更倾向于去改造传统超市，通过实施"多点+"模式，实现了对传统零售的8大升级：用户升级、收银支付升级、门店管理升级、商品升级、供应链升级、门店商圈升级、技术升级、模式复制升级。通过对传统零售商的升级改造，多点公司的物流优势将在以下几个方面显现出来。

（1）打造供应链的前置仓模式

前置仓模式是多点公司与超市在改造线下供应链中的一个创新。在前置仓模式下，多点公司不需要自己去建仓，而是对每个门店的畅销品实行买断后，在超市的后仓划出一片区域直接拣货。通常情况下，多点公司在卖场后仓设置有30～50个专属前置仓，用于放置爆款产品，多点公司将线下商超变成了电子化仓库，实现多点公司与超市之间供应链共享，进而打造实体店+B2C+B2B 的商业模式。供应链的前置仓模式实现了商超 24 小时多业态作业，让商超在时间空间上效能最大化，进而实现仓库的高效运转。

（2）构建低成本高效率的物流配送体系

在成本控制方面，针对线上订单的拣货配送任务大多由多点公司内部员工承担，还有一部分的配合工作由第三方物流人员和卖场员工来承担，其中，30%左右的配送任务归快牛、美团外卖等第三方快递公司完成，20%左右的配送任务则由卖场员工完成，这可以降低物流配送的人力成本。在提高效率方面，多点公司做了很多尝试，如拣货使用的盘古系统可帮助合作商超降低缺货率，利用客户消费数据指导合作商超优化商品结构；此外，点对点全类型促销支持有潘多拉系统、会员全方位分析与自动化触达有美杜莎系统、配送运力多维度自由调节有雅典娜系统，这些系统显著提高了各个物流环节的运行效率。

（3）实现线上线下一体化融合

多点公司为线下门店提供了仓、配、售一体化服务，通过线上、线下一体化融合，可以整体提高物流运行效率。利用大数据技术帮助商家进行选品优化，提高了线下门店的经营效益；通过设置快速周转的前置仓，提高了线下门店原本的运行效率，并节约了成本；同时配合电子价签的实时更新功能，可以帮助门店及时补货、快速拣货；通过提供配送服务，使整个线下门店的辐射半径直接可以覆盖周边 3 000 米；通过线下用户互联网化升级为电子会员，既保证原有客户不流失，又让互联网用户持续加入，提高了复购率和转化率。

（资料来源：多点公司官网、百度百科、百度文库）

【案例思考】

在此案例中，多点公司打通了与战略合作伙伴之间的技术、商品、库存、仓储、会员、营销体系，成了线上线下一体化全渠道新零售平台。随着电子商务的不断发展，现代物流对电子商务的支持作用将越发凸显。

你认为现代物流如何才能与电子商务进行更好地融合？对于一个电子商务企业来说，现代物流保障体系应该如何构建？希望读者能够通过本章的学习获得答案。

1.1　电子商务与现代物流

1.1.1　电子商务的发展背景

电子商务（E-commerce）是指企业用电子过程代替物理活动并且在企业、顾客和供应商之间建立的新型合作模式。我国国家标准《物流术语》对电子商务的定义：在 Internet 开放的网络环境下，基于 Browser/Server 的应用方式，实现消费者的网上购物（B2C）、企业之间的网上交易（B2B）和在线电子支付的一种新型的交易方式。

电子商务的发展大约经历了三个阶段。

（1）20 世纪 60 年代至 20 世纪 90 年代——基于 EDI（电子数据交换）的电子商务。EDI 在 20 世纪 60 年代末期产生于美国，美国首先利用电子设备使簿记工作自动化（无纸办公），降低了成本，提高了办公效率。从最初单项业务的电子化，逐步发展为应用第三方服务或商业增值网，以统一的数据标准，进行多项业务的电子化处理，形成了以计算机、局域网和数据标准为框架的商务系统，即基于 EDI 的电子商务。

（2）1990 年至 2000 年——基于互联网的电子商务。这一阶段互联网迅速普及，逐步从大学、科研机构走向家庭和企业，其功能从信息共享演变为一种大众化的信息传播。同时，以 XML（可扩展标识语言）为代表的新技术不断涌现，它们不仅能融合原有的 EDI 系统，还可协调和集成异构数据，支持不同应用平台，以电子化形式处理所有商业信息。从此，局限于局域网、基于 EDI 的电子商务发生了质的飞跃，形成了以计算机和信息技术为支撑、基于互联网的电子商务。

（3）2000 年至今——E 概念电子商务。由于电子商务的全球性、方便快捷性、低成本等优势，伴随着信息技术的发展、个性化需求的不断增加和不同企业的大量进入，其内涵和外延在不断充实，逐步扩展到了 E（Electronic，电子）概念的高度，开拓了更广阔的应用空间。凡是通过电子方式进行的各项社会活动，即利用信息技术来解决问题、创造商机、降低成本、满足个性化需求等活动，均被概括为 E 概念电子商务。

> **小资料**
>
> 自 2008 年以来，我国网民规模和互联网普及率逐年上升。截至 2018 年 12 月，我国网民规模为 8.29 亿人，全年新增网民 5 653 万人，互联网普及率达 59.6%，较 2017 年年底提高 3.8 个百分点，如图 1-1 所示。

图 1-1　网民规模和互联网普及率

自 2008 年以来，我国手机网民规模及其占网民比例逐年上升。截至 2018 年 12 月，我国手机网民规模达 8.17 亿人，全年新增手机网民 6 433 万人，网民中使用手机上网的比例由 2017 年年底的 97.5%提高至 2018 年年底的 98.6%，如图 1-2 所示。

截至 2018 年 12 月，网民各类互联网应用的使用率如表 1-1 所示，其中网络购物和网上支付的用户规模与 2017 年 12 月相比增长 14.4%和 13.0%。

截至 2018 年 12 月，手机网民各类手机互联网应用的使用率如表 1-2 所示，其中手机网络购物和手机网上支付的用户规模与 2017 年 12 月相比增长 17.1%和 10.7%。

图 1-2 手机网民规模及其占网民比例

表 1-1 2017.12—2018.12 网民各类互联网应用的使用率（前 10 名）

应用	2017.12		2018.12		
	用户规模（万人）	网民使用率	用户规模（万人）	网民使用率	年增长率
即时通信	72 023	93.3%	79 172	95.6%	9.9%
搜索引擎	63 956	82.8%	68 132	82.2%	6.5%
网络新闻	64 689	83.8%	67 473	81.4%	4.3%
网络视频	57 892	75.0%	61 201	73.9%	5.7%
网络购物	53 332	69.1%	61 011	73.6%	14.4%
网上支付	53 110	68.8%	60 040	72.5%	13.0%
网络音乐	54 809	71.0%	57 560	69.5%	5.0%
网络游戏	44 161	57.2%	48 384	58.4%	9.6%
网络文学	37 774	48.9%	43 201	52.1%	14.4%
网上银行	39 911	51.7%	41 980	50.7%	5.2%

表 1-2 2017.12—2018.12 手机网民各类手机互联网应用的使用率（前 10 名）

应用	2017.12		2018.12		
	用户规模（万人）	手机网民使用率	用户规模（万人）	手机网民使用率	年增长率
手机即时通信	69 359	92.2%	78 029	95.5%	12.5%
手机搜索	62 398	82.9%	65 396	80.0%	4.8%
手机网络新闻	61 959	82.3%	65 286	79.9%	5.4%
手机网络购物	50 563	67.2%	59 191	72.5%	17.1%
手机网络视频	54 857	72.9%	58 958	72.2%	7.5%
手机网上支付	52 703	70.0%	58 339	71.4%	10.7%
手机网络音乐	51 173	68.0%	55 296	67.7%	8.1%
手机网络游戏	40 710	54.1%	45 879	56.2%	12.7%
手机网络文学	34 352	45.6%	41 017	50.2%	19.4%
手机旅行预订	33 961	45.1%	40 032	49.0%	17.9%

根据以上资料可知，我国网民规模和互联网普及率稳定增长，网上支付与网络购物已成为网民使用较多的应用；手机网民规模及其占网民比例逐年提高，手机网上支付与手机网络购物已成为手机网民使用较多的应用，在庞大的互联网用户和消费市场的背景下，未来的中国电子商务仍将继续稳定发展。

1.1.2 现代物流的发展历程

物流概念源于美国，1915 年美国经济学家阿奇萧在《市场流通中的若干问题》一书中提到物流一词，并指出"物流是与创造需求不同的一个问题"。1935 年，美国销售协会阐述了实物分配（Physical Distribution，PD）的概念，即"实物分配是指在销售过程中的物质资料和服务，从生产场所到消费场所的流动过程中所伴随发生的种种经济活动"。

第二次世界大战中，围绕战争供应问题，美国军队建立了"后勤（Logistics）"理论，并将其用于战争活动中。其中所提出的"后勤"是指将战时物资生产、采购、运输、配给等活动作为一个整体进行统一布置，以求战略物资补给的费用更低、速度更快、服务更好。后来，"后勤"一词在企业中被广泛应用，又有商业后勤、流通后勤的提法，这时的后勤包含了生产过程和流通过程的物流，是一个包含范围更广泛的物流概念。

第二次世界大战以后，西方经济进入大量生产和大量销售的时期，降低流通成本开始受到广泛关注，实物分配的概念更为系统化。日本的物流概念是 1956 年直接从英文的 Physical Distribution 翻译过来的。1956 年，日本派团考察美国的流通技术，引进了物流的概念。20 世纪 50 年代，实物分配的概念在日本被译为"物的流通"，日本著名学者、被称为物流之父的平原直用"物流"这一更为简洁的表达方式代替"物的流通"，之后在国际上迅速地被广泛使用。实际上，我国许多文献中也是按实物分配的概念来阐述物流的。

20 世纪 80 年代以后，随着社会经济的高速发展，物流所面临的经济环境有了很大变化，原来狭义的物流概念受到了前所未有的挑战和批判。1984 年，美国物流管理协会正式将物流这个概念从 Physical Distribution 改为 Logistics，并将现代物流定义为"为了符合顾客的需求，将原材料、半成品、完成品以及相关的信息从发生地向消费地流动的过程，以及为使保管能有效、低成本而从事计划、实施和控制的行为"。这个定义强调了顾客满意度、物流活动的效率性，以及将物流从原来的销售物流扩展到采购物流、企业内物流和销售物流。

此后，物流的概念又得到进一步的发展。1991 年 11 月，荷兰乌德勒支市举办了第九届物流国际会议，在这次会议上，人们对物流的内涵进行了更多的拓展，不仅接受了现代物流概念（Logistics），认为物流应包括生产前和生产过程中的物质、信息流通过程，而且还向生产之后的市场营销活动、售后服务、市场组织等领域发展。显然，物流概念的扩展使物流不仅包括了与销售预测、生产计划的决策、库存管理、顾客订货的处理等相关的生产物流，还延伸到了与顾客满意相关的各种营销物流活动。

除此之外，关于现代物流概念的代表性观点还有以下几个。

美国物流协会（The Council of Logistics）认为：物流是有计划地将原材料、半成品和成品由生产地送到消费地的所有流通活动，内容包括为用户服务、需求预测、情报信息联系、材料搬运、订单处理、选址、采购、包装、运输、装卸、废料处理和仓库管理等。

日本物流协会（Japan Institute of Logistics）认为：物流是一种对原材料、半成品和成品的有效流动进行规划、实施和管理，它同时协调供应、生产和销售各部门的个别利益，最终满足客户的需求。

欧洲物流协会（European Logistics Association）认为：物流是为达到特定目的，在一个系统内对人员或商品的运输、安排以及支持活动的计划、执行和控制。

我国国家标准《物流术语》（GB/T 18354—2001）认为：物流是物品从供应地向接收地的实体流动过程，根据实际需要，实现运输、仓储、装卸、搬运、流通加工、配送、信息处理等基本功能的有机结合。

综上所述，编者认为：现代物流是利用现代信息技术将运输、仓储、装卸搬运、包装、流通加工、配送、信息处理、用户服务等活动有机地整合起来，经济有效地将原材料、半成品及产成品由生产地送到消费地的所有流通活动。

1.1.3　电子商务与现代物流融合

电子商务与现代物流之间的关系是相互促进、相互发展的。

1. 电子商务是现代物流和信息技术发展的产物

电子商务是传统商务的延伸，电子商务的整个运作过程是信息流、商流、资金流和物流的流动过程，其优势体现在信息资源的充分共享和运作方式的高效率上。通过互联网进行商业交易，最终的资源配置需要通过商品实体的转移来实现。因此，只有现代物流和信息技术发展到一定阶段，电子商务才具备发展的基础，真正将商品或服务转移到消费者手中。

2. 电子商务离不开现代物流

电子商务是 20 世纪信息化、网络化的产物。和传统商务一样，电子商务中的任何一笔交易，都包含着几种基本的"流"，即信息流、商流、资金流和物流。随着电子商务的进一步发展，物流的重要性对电子商务活动的影响日益明显。

3. 物流是实施电子商务的根本保证

电子商务通过快捷、高效的信息处理手段可以比较容易地解决信息流（信息交换）、商流（所有权转移）和资金流（支付）的问题，而将商品及时地配送到用户手中，即完成商品的空间转移（物流），才标志着电子商务过程的结束，因此，物流系统的效率高低是电子商务成功与否的关键。

4. 电子商务将促进物流技术的大发展

电子商务是一种新型的基于互联网技术的企业与企业、企业与用户间的商业活动形式。电子商务实现了在全世界范围内用互联网技术以电子方式进行物品与服务的交换。随着计算机技术的不断普及，网络技术的不断完善，电子商务势必取得长足的发展，物流技术也将随之不断创新，最终实现真正意义上的"物畅其流"。

1.2　电子商务物流管理

1.2.1　电子商务物流概述

电子商务物流是伴随电子商务和社会需求的发展而出现的，它是实现电子商务真正的经济价值不可或缺的重要组成部分。由于电子商务具有电子化、信息化、自动化等特点，电子商务物流在其运作和管理方面也有别于一般物流。

1. 信息化

物流信息化是电子商务的必然要求。物流信息化表现为物流信息搜集的数据库化和代码化、物流信息处理的电子化和计算机化、物流信息传递的标准化和实时化、物流信息存储的数字化等。物联网（Internet of Things）、射频识别（Radio Frequency Identification，RFID）、条码（Bar Code）、电子数据交换（Electronic Data Interchange，EDI）等物流信息技术在物流信息化管理中发挥着重要作用，本书将在第 2 章对以上物流信息技术进行详细介绍。

2. 自动化

自动化的基础是信息化，自动化的外在表现是无人化，自动化的效果是省力化，自动化可以提高物流作业能力、减少物流作业差错等。物流自动化的设施非常多，如基于条码和射频的自动识别系统、自动分拣系统、自动存取系统、货物自动跟踪系统等。本书将在第 3～8 章对电子商务物流管理过程进行详细介绍，内容涉及运输、采购与存储管理、包装、装卸搬运、流通加工和配送等环节的自动化设备及作业过程。

3. 智能化

智能化是物流自动化、信息化的一种高层次应用。在物流作业过程中存在大量的运筹和决策问题，如库存水平的确定、运输（搬运）路径的选择、物流配送中心选址等，解决这些问题除了需要管理学、运筹学等相关知识之外，还需要依靠自动化设备以及信息技术才能完成。物流的智能化已成为电子商务时代物流发展的一个新趋势，本书将在第 11 章介绍物流问题建模与优化实验，提高物流管理智能化水平。

4. 网络化

随着全球一体化的程度越来越高，企业很难独自应对变幻莫测的市场竞争环境，以供应链的形式参与竞争已成为企业赢得市场的重要途径。例如，在计算机生产和组装过程中，通过全球的物流网络将计算机零部件、元器件和芯片发往同一个物流配送中心进行组装，再由物流配送中心将组装的计算机发给客户。可见，物流网络化是电子商务物流的又一个新的特点，实现物流网络化是提高供应链反应速度，增强供应链整体竞争力的关键环节，本书将在第 10 章对供应链管理进行详细介绍。

5. 柔性化

柔性化本来是为实现"以顾客为中心"的目标而在生产领域被提出的，但要真正做到柔性化，即真正地根据顾客需求的变化来灵活调节生产工艺，配套的柔性化物流系统是不可或缺的，柔性化物流正是适应生产、流通与消费的需求而发展起来的一种新型物流模式。准时制（Just In Time，JIT）、快速反应（Quick Response，QR）等理念，实质就是要将生产、流通进行集成，根据消费需求"多品种、小批量、多批次、短周期"的特色组织生产，安排物流活动，本书将在第 10 章对以上这些概念进行详细介绍。

结合以上特点，如何理解电子商务物流的概念与内涵呢？

首先，物流是指有关"物"的流通的经济活动。在电子商务过程中，物流实现了货物由供应者向需求者的物理性移动，包括运输、仓储、装卸搬运、包装、流通加工、配送等活动，是从供应开始经各种中间环节的转让而到达最终消费者手中的实物运动，并以此实现社会商品的流通。

其次，电子商务物流是关于"物"的信息活动过程。伴随物资的流通将产生大量的信息，具体地说，物流是与上述运输、仓储、装卸搬运、包装、流通加工、配送等物资流通活动相关的信息活动。如果物流要将适当数量的产品在适当的地方用适当的价格供给消费者，就需要借助物流信息进行各种过程的统一和综合。

最后，电子商务物流是创造时间价值和场所价值的经济活动。物流过程克服了时间和空间的距离，连接供给主体和需求主体，从供应、生产、搬运、仓储到销售，在各个不同环节上创造价值，使这一过程中有形无形的资本均获得增值，可见，它是物资在物理性移动中创造经济价值的活动。例如，将产品运输到消费者需要的场所，或在产品流通过程中加以分类的包装，可以方便消费者购买，使产品真正变成商品。

因此，电子商务物流是利用现代信息技术将多种活动有机整合的集成性活动。物流过程也是实现组织目标的过程，要对这一过程进行计划、控制和组织，既要满足顾客需要，又要实现自身赢利。在实现物的流动中包括运输、仓储、装卸搬运、流通加工、包装、配送等实物处理的过程，这些处理过程形成了环环相扣的整体，需要信息活动来统一和协调。人们借助信息技术手段可以实现物的流动的科学化和数字化，进而降低物流活动的成本，可以说物流是产品流、商流、信息流的相互融合和统一。

电子商务物流的目标是以最经济的方式和手段为顾客提供良好的服务，在使顾客满意的同时创造"第三利润源"。因此，物流企业要始终面向顾客需求，通过准时、节约、规模优化、库存调节等手段来挖掘和创造"第三利润源"，并在相关利益主体间进行合理分配，以达到双赢或多赢的目的。

1.2.2 电子商务物流管理目标

企业通过实施有效的电子商务物流管理，可以降低物流管理成本，实现物流管理的规模效益和协作效应，具体如下。

1. 降低物流管理的成本

物流成本是指从原材料供应开始一直到将商品送达消费者手上所发生的全部物流费用。狭义的物流成本指产品在包装、装卸、运输、储存、流通加工等各物流活动中所支出的人力、财力和物力之和。

在整个企业生产流通过程中，物流是占用时间价值最多的一块。有关资料显示，工业生产中物流所占用的时间几乎为整个生产过程的90%。但是由于物流技术、配套设备和管理的不完善或落后，物流成了企业浪费最严重、消耗最多、成效又不大的一个管理盲点，物流也被管理大师彼得·德鲁克称为管理上的"黑大陆"。因此，现代物流管理的首要目的，就是要在保证物流正常运作和确保物流服务水平的同时，进一步降低物流成本，进而挖掘和创造"第三利润源"。

对于企业而言，降低物流管理的成本，在于对物流的各个环节进行必要的成本及效益分析，以减少各种原材料及其他生产资料的消耗量。对于在物流过程中的一些不产生附加价值的无用工作，如放置物品、寻找工具等，通过工序分析或流程再造使之最小化，相应增加推进工序前进、创造商品价值和使用价值的有用工作的比重，从而减少浪费、降低成本。例如，在实际的物流作业中，两次搬运、倒换等均属于不产生价值的无用工作，它们的存在，大大增加了企业生产的运作成本，企业若能通过工序或流程再造，使之在生产中所占的比重降低，就能有效节省运营成本，这对企业利润的增长也将起到一个良好的推进作用。

2. 实现物流管理的规模效益

所谓规模效益，具体体现在物流管理中，主要是通过对各个物流环节的运筹安排，对企业各部门所需使用的原材料及其他生产资料等，通过订货、销售的集中，使集装货的规模扩大，从而使因扩大规模而产生的生产、经销商品的单位成本降低。

物流作为企业经营过程中涉及环节众多的一个必需的流程，是企业最容易实现规模效益的领域之一。企业通过组建物流总部来对物流活动进行统一的计划、组织和实施，将有效地使企业在节省物流成本的同时提高物流效益，达到规模经营的效果。例如，企业通过对物流活动相关环节的计划与运筹安排，巧妙合理地将企业所需的物品与企业产品的订货进行分析和汇总，实现采购与销售的规模化与稳定化，这样就能够获得订货或销售的规模效益。

3. 实现物流管理的协作效应

由于物流活动涉及很多方面，对于企业而言，如何对资源进行优化配置，将有限的资源放置到企业自身具有核心优势的项目上去，是企业经营者必须考虑的一个问题。物流管理中的协作效应一般是指企业将部分不涉及企业核心优势或竞争力的物流服务业务外包给具有提供该业务服务优势的第三方物流企业来执行，通过资源共享的方式实现企业和第三方物流企业之间合作的 "1 + 1>2" 的增值效应。

实现物流管理协作效应的重点在于各个物流运作部门和相关企业具有符合企业物流要求的核心竞争力和优势。为了实现协作效应，企业必须对其所建立的物流服务网络的资源进行统一规划，强调互利合作，将各个部门间或相关企业间的服务链附加长期性的合作因素，将更多有关合作的信息在运作部门或相关企业间公开，通过实时的信息传递与交换，在各个运作部门或相关企业间建立一个互动的合作平台，确保企业的物流业务能够及时有效地完成，从而实现"多赢"的协作效应。

1.2.3　电子商务物流管理内容

电子商务物流管理是指在电子商务背景下，根据物质资料实体流动的规律，应用管理的基本原理和科学方法，对电子商务物流活动进行计划、组织、指挥、协调、控制和决策，使各项物流活动实现最佳的协调和配合，以降低物流成本，提高物流效率和经济效益。

电子商务物流管理的基本环节包括运输、存储、包装、装卸搬运、流通加工、配送等，它们相互联系，构成了电子商务物流系统。在电子商务物流管理中，包装是电子商务物流的起点，商品经过包装以后进入电子商务物流系统；运输是电子商务物流的动脉，负责将商品从卖方送至买方，即电子商务物流系统的核心环节；存储是电子商务物流的中心，商品将在存储环节进行集中和转运，即电子商务物流系统的关键环节；配送是电子商务物流的最后一个环节，商品将通过配送最终到达买方手中，即电子商务的后勤保障环节。以上各个环节将通过装卸搬运实现相互衔接，而物流信息则贯穿于电子商务物流管理全过程，是电子商务物流系统的中枢神经。此外，物流模式、供应链管理以及上机实验等，是本书的扩展内容。本书所涉及的电子商务物流管理各部分内容的关系如图 1-3 所示。

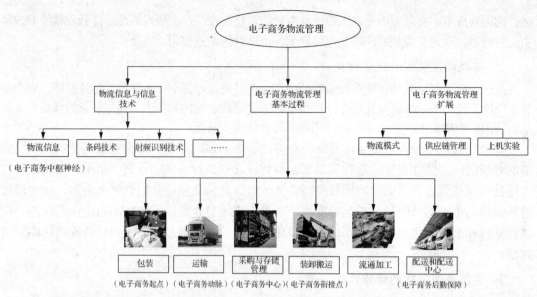

图 1-3　本书各部分内容的关系

1.2.4　电子商务物流管理展望

在电子商务时代，企业销售范围的扩大、销售方式以及最终消费者购买方式的转变，使得电子商务物流成为一个极为重要的新型服务产业，实现信息化、全球化、多功能化、标准化和提供一流的服务，已成为电子商务时代的物流企业追求的目标。

1. 信息化——现代物流业的必由之路

（1）建立良好的信息处理系统。在电子商务时代，要提供高质量的服务，物流企业必须要有良好的信息处理和传输系统。例如，美国洛杉矶西海报关公司与码头、机场、海关等均已联网，当货物从世界各地起运时，客户便可以从该公司获得到达的时间、到岸的准确位置等信息，然后通知收货人与各仓储、运输公司等做好准备，从而促进商品快速流动，直达目的地。

（2）建立 JIT 系统。物流企业通过建立 JIT 系统，可从零售商店快速得到销售反馈信息，进而大大提高服务水平。欧洲某配送公司通过远距离的数据传输，将若干家客户的订单汇总起来，在配送中心采用计算机系统编制"一笔画"式的路径优化"组配拣选单"。配货人员只需到仓库转一次，即可配好订单上的全部货物。可以说，没有现代化的信息管理，就没有现代化的物流。

2. 全球化——物流企业竞争趋势

（1）全球化的物流模式。全球化的物流模式，使企业面临许多新的问题。北美自由贸易区协议达成后，其物流配送系统已不是仅仅从东部到西部的问题，还有信息共享问题。很多企业有不少企业内部的秘密，物流企业很难与之联网，因此，如何建立信息处理系统，以及时获得必要的信息，对物流企业来说是个难题。同时，在将来的物流系统中，能否做到尽快地将货物送到客户手里，是能否实现优质服务的关键因素之一。

（2）全球化的战略定位。全球化战略的趋势，使物流企业和生产企业更紧密地联系在一起。生产厂商集中精力制造产品、降低成本、创造价值；物流企业则花费大量时间、精力从事物流服务。例如，物流企业可以为进口商品提供代理报关服务，进行暂时储存、搬运和配送，以及必要的流通加工等，为客户提供一条龙服务。

3. 多功能化——物流产业发展方向

（1）一体化物流企业。在电子商务时代，物流发展到集约化阶段，一体化的物流企业不仅提供仓储和运输服务，还必须提供配货、配送和各种提高附加值的流通加工服务，并可按客户需要提供其他服务。企业追求全面的系统的综合效果，而不是单一的、孤立的局部效益。

（2）合同型物流方式。物流企业在经营形式上，采取合同型物流形式。这种物流企业通过签订合同，为一家或数家企业（客户）提供长期服务，而不是为所有客户提供服务。这种物流企业可能由公用配送中心管理或自行管理，也有可能所有权属于生产厂家，由专门的物流公司管理。

（3）服务多样性。以往，商品要经过制造、批发、仓储、零售各环节后才最终到达消费者手里，而现代物流企业已将其简化为制造完成后经配送中心送到各零售点，再到消费者手中。这将使未来的产业分工更加精细，产销分工日趋专业化，大大提高了社会的整体生产力和经济效益，使流通业成为整个国民经济活动的中心。

（4）技术多样性。在电子商务时代，许多新技术得到了应用。例如，销售时点信息管理系统（Point of Sale，POS）的应用，可使商店将销售情况及时反馈给工厂的配送中心，有利于厂商按照市场调整生产，也有利于配送中心及时调整配送计划，这可使企业的经营效益得到增长。

4. 标准化——现代物流合理化的基础

物流标准化是以物流作为一个大系统，制定系统内部设施、机械设备、专用工具等各个分系统的技术标准；制定系统内各个分领域，如包装、装卸、运输等方面的工作标准；以系统为出发点，研究各分系统与分领域中技术标准与工作标准的配合，统一整个物流系统的标准；研究物流系统与其他相关系统的配合，进一步谋求物流大系统标准的统一。由于物流标准化的重要性，国际物流业界一直都在不断探索使其标准化的措施，可以说，物流标准化是今后物流发展的重要趋势之一。

5. 提供一流的服务——物流企业追求的目标

（1）扩大服务区域。在电子商务时代，物流业是介于供货方和购货方之间的第三方，它以服务作为第一宗旨。从物流业的发展现状来看，物流企业不仅要为本地区服务，而且还要提供长距离的服务。客户不但希望得到很好的服务，而且希望服务点不只一处，而是多处。因此，如何提供高质量的服务便成了物流企业管理的中心课题。

（2）改变服务观念。服务观念实现由"推"到"拉"的变革。物流企业应更多地考虑"客户要我提供哪些服务"，而不仅仅只考虑"我能为客户提供哪些服务"。例如，有的物流企业起初提供的是区域性物流服务，之后发展到提供长距离服务，而且能提供越来越多的服务项目。又如，物流企业派人到生产厂家"驻点"，直接为客户发货，越来越多的生产厂家把所有物流工作委托给物流企业。从某种意义上讲，物流企业的工作已延伸至生产厂家。

（3）注重自身的服务质量和水平。要想按客户需要把货物送到客户手中，物流企业就要注重自身的服务质量和水平。物流企业不仅与生产厂家保持紧密的伙伴关系，而且直接与客户联系，能及时了解客户的需求信息，是连接厂商和客户的桥梁。优质的服务可使物流企业与货主企业成为战略伙伴，这一方面有助于货主企业的产品迅速进入市场，提高竞争力；另一方面，也使物流企业具有稳定的业务资源。

 要点回顾

　　电子商务物流是伴随电子商务和社会需求的发展而出现的，它是实现电子商务真正的经济价值不可或缺的重要组成部分。由于电子商务具有电子化、信息化、自动化等特点，电子商务物流在其运作和管理方面也有别于一般物流。

　　电子商务物流管理是指在电子商务背景下，根据物质资料实体流动的规律、应用管理的基本原理和科学方法，对电子商务物流活动进行计划、组织、指挥、协调、控制和决策，使各项物流活动实现最佳的协调和配合，以降低物流成本，提高物流效率和经济效益。

　　电子商务物流管理的基本环节包括运输、存储、包装、装卸搬运、流通加工、配送等环节，它们相互联系，构成了电子商务物流系统。

 本章习题

一、名词解释

电子商务　现代物流

二、简答题

1．物流的作用与功能是什么？
2．物流在电子商务中的地位与作用是什么？
3．简述电子商务与现代物流的关系。
4．分析电子商务物流的未来发展趋势。

三、案例分析

　　索尼集团公司拥有和经营分布于全世界的 75 家工厂和 20 多个全球性的销售网络。据国际物流专家估计，仅仅在电子产品方面，迄今索尼集团公司每年的全球集装箱货运量已经超过 16 万（标准）箱，是世界上规模比较大的生产厂商和发货人之一。

　　索尼集团公司要求各家分公司必须切实做到：竭尽全力缩短产品从出厂到客户手中的环节和时间，特别是要缩短跨国转运、多式联运和不同类型运输方之间货物逗留的时间，保证"零逗留时间，零距离，零附加费用，零风险"，大力加强索尼集团公司和物流服务供应方之间的合作关系，始终保持电子数字信息交换的畅通，最终确保索尼集团公司增收节支。

　　索尼集团公司在美国各地总共拥有 9 个零配件采购基地，其员工总数不过 300 人；同时索尼集团公司在美国各地拥有 106 个成品配送中心，其员工总数仅 700 人。其员工人数很少，却能以少胜多，创造了令人瞩目的物流业绩。

　　索尼集团公司认为，仓储成本过高对于物流十分不利。索尼集团公司在美国年均产生的仓储费用高达 2 000 万美元，其中还没有包括昂贵的内陆公路和铁路运输费用，集装箱货物被盗窃所产生的货损、货差赔偿费用和集装箱货物运输保险费用。减少物流仓储成本必然能降低物流成本，加快供应链运转速度和确保物流的安全操作。

　　任何事物都具有两面性。索尼集团公司将其在美国西海岸的几乎全部物流业务集中在洛

杉矶附近的卡森物流中心确实有一定的风险，但是索尼集团公司认为，这些风险在目前的经营管理技术条件下是可以克服的。把原来错综复杂的物流业务集中到一个中心，不仅可避免不必要的财力、物力、人力等资源的浪费，进一步减少物流基础设施的投资总额，还可提高物流的效率和效益。迄今为止，索尼集团公司在美国发生的物流配送成本是世界上最低的。

思考题：分析"零逗留时间，零距离，零附加费用，零风险"的现实意义。

 **拓展实践**

通过在互联网上搜索或实地调研，了解你所在城市的物流业基本情况，并撰写一份研究报告，报告内容包含但不限于以下几个方面：自然条件、地理位置、交通网络、产业布局、物流基础设施及分布情况等。

第2章 物流信息与信息技术

 内容提要

在电子商务飞速发展的背景下，物流信息技术得到了更为广泛的应用。本章介绍了以下物流信息技术：条码、RFID、EDI、GPS、GIS、物联网、新型物流信息技术。

学习完本章后，希望学生掌握如下内容。

（1）条码的构成与分类。

（2）RFID 系统的构成。

（3）EDI 系统的构成。

（4）GPS 的构成。

（5）GIS 的构成。

引导案例

菜鸟网络科技有限公司（以下简称"菜鸟"）成立于 2013 年 5 月 28 日，是由阿里巴巴集团、中国银泰投资有限公司（以下简称"银泰集团"）联合复星集团、富春控股集团、顺丰速运、三通一达（申通、圆通、中通、韵达快递）、宅急送、汇通，以及相关金融机构共同组成的"中国智能物流骨干网"（简称 CSN）。

2018 年 1 月，菜鸟召开战略大会，制定了适应未来五年发展的"一横两纵"战略。"一横"，是指做数字化基础设施建设，把物流数字化、在线化、智能化；"两纵"，一是指为新零售供应链提供解决方案；二是指进行全球化发展。

在数字化方面，菜鸟推动电子面单成为整个物流行业的数字化基础。通过对电子面单信息的收集与录入，物流企业可以形成信息化的控制流程，这使全国整体物流速度得到提高，当日达服务将不再局限于中心城市。同时，菜鸟通过智能算法分配订单路由，实现了快递公司包裹与网点的精准匹配，准确率在98%以上，分拣效率提高50%以上。此外，菜鸟还力图在无人驾驶、自动仓储、自动配送、物流机器人等人工智能的前沿领域，不断推动传统物流行业的智能化升级。

据了解，在菜鸟网络分拨机器人圆通转运中心的 2 000 平方米的场地内，高峰期时，350 台机器人昼夜作业，每天可分拣超 50 万个包裹。此外，菜鸟还利用物联网、云计算等技术，搜集淘宝上的用户数据，并对数据进行分析，了解客户的喜好以及特定货物的流向等，并将这些信息共享给电子商务企业、物流公司、仓储公司、第三方物流服务商和供应商等，这样就可以提前将货物放在离目标客户最近的仓库，进而缩短物流半径，实现快速分拣送货，这使在全国任意地区实现"24小时达"有了可能。

菜鸟的智能物流骨干网把仓储、干线、末端、车辆、人员、包裹、门店等全物流要素连接起来，通过叠加人工智能和算法，不断提高这张网络的智能化水平，最终提高商家物流效率并提升消费者物流体验。通过搭建智能物流骨干网，菜鸟拥有了高效、协同、可视化、数据化的物流供应链，为整个电商业和物流业带来了巨大的变革。

未来，中国每天的快递量将会达到 10 亿件，尽管数量庞大，但未来智慧物流将实现国内 24 小时必达、国际 72 小时必达。让我们拭目以待！

（资料来源：百度百科，中国经营网，经济观察报）

【案例思考】

从该案例可以看出，菜鸟网络通过搭建智能物流骨干网，汇集商家、物流公司以及来自于第三方的数据资源，实现了物流过程的数字化、在线化、智能化。同时，菜鸟利用人工智能、云计算等技术，实现了物流信息的高速流转，优化了生产资料、货物等的物流过程，大大提高了物流效率。可见，科学有效地实施物流信息管理对于电子商务物流的未来发展具有重要意义。

物流信息有哪些？有哪些信息技术可以用于提高物流信息管理效率和水平呢？希望通过本章的学习你能找到答案。

2.1 物流信息与信息技术概述

小案例

齐国的大将田忌，很喜欢赛马，有一回，他和齐威王约定，要进行一场比赛。

他们商量好，把各自的马分成上、中、下三等。比赛的时候，要上等马对上等马，中等马对中等马，下等马对下等马。由于齐威王的马比田忌的马强很多，所以比赛了几次，田忌都失败了。

一天，田忌又输比赛，垂头丧气地要离开赛马场时，遇到了自己的好朋友孙膑。孙膑拍着他的肩膀说："我刚才看了赛马，齐威王的马比你的马快不了多少。"

田忌瞪了他一眼，说："想不到你也来挖苦我！"

孙膑说："我不是挖苦你，你再同他赛一次，我有办法让你赢。"

田忌疑惑地看着孙膑："你是说另换一匹马来？"

孙膑摇摇头说："不需要换。"

田忌毫无信心地说："那不是还得输！"

孙膑胸有成竹地说："你照我说的办准能赢。"

齐威王屡战屡胜，十分得意。当他看见田忌和孙膑迎面走来时，便站起来讥讽地说："怎么，莫非你还不服气？"

田忌说："当然不服气，咱们再赛一次！"

齐威王说："那就开始吧！"

一声锣响，比赛开始了。

孙膑先让田忌以下等马对齐威王的上等马，结果田忌在第一局输了。齐威王站起来说："想不到赫赫有名的孙膑先生，竟然只想出这样拙劣的对策。"

第二局，孙膑让田忌拿上等马对齐威王的中等马，结果田忌胜了。齐威王有点意外。

第三局，孙膑让田忌拿中等马对齐威王的下等马，结果田忌又胜了。

比赛三局两胜，如此田忌赢了齐威王。

那么，齐威王为什么会败给田忌呢？

之前我们在课本上学习这个案例的时候，通常老师会告诉我们孙膑很聪明，通过调整马的出场顺序，使得比赛结果转败为胜。事实上，如果我们进一步分析这个案例，不难看出，田忌之所以能够转败为胜并非因为孙膑聪明，而是因为孙膑获悉了齐威王赛马的出场次序。

我们可以通过图 2-1 所示的博弈矩阵来分析这个案例，我们分别用 1、2、3 代表上等马、中等马和下等马。

		齐威王					
		123	132	213	231	312	321
田忌	123	-1	-1	-1	+1	-1	-1
	132	-1	-1	+1	-1	-1	-1
	213	-1	-1	-1	-1	-1	+1
	231	-1	-1	-1	-1	+1	-1
	312	+1	-1	-1	-1	-1	-1
	321	-1	+1	-1	-1	-1	-1

图 2-1　博弈矩阵

根据以上博弈矩阵可知，当齐威王和田忌的赛马出场顺序都是"123"的时候，田忌将输去比赛，此时用"-1"表示；如果齐威王的赛马出场顺序为"123"，那么田忌只要选择"312"的赛马出场顺序就能赢得比赛，此时用"+1"表示。

通过博弈矩阵我们不难看出，如果齐威王对赛马的出场顺序保密，那么尽管田忌有孙膑帮忙，赢得比赛的概率也只有 1/6。相反，如果田忌获悉了齐威王的赛马出场顺序，那么通过调整赛马出场次序，赢得比赛的概率将提高。

如果齐威王和田忌再赛一场，而你是齐威王的谋士，你将如何建议齐威王呢？

案例点评：在这个案例中，信息决定了整场比赛的结果，事实上，信息对于电子商务物流管理也十分重要。那么，物流信息有哪些特征？我们又如何对物流信息实施有效管理呢？

2.1.1　数据和信息

数据是可以记录、通信和能识别的符号，它能表达客观事物的性质、形态、数量特征，如文字、数字、图形、声音等。数字本身没有确切的意义，但信息是经过加工处理的具有一定意义和价值的数据，如图 2-2 所示。

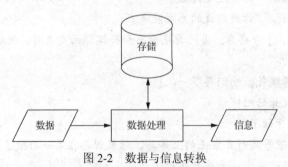

图 2-2　数据与信息转换

数据是信息的素材，是信息的载体。数据和信息既有区别又可相互转换，它们之间的关系是相对的。某一系统的信息可能成为另一系统的数据，这些数据经过加工会成为新的信息。例如，一个客户的订货单对销售部门来说是信息，但对库存管理部门来说是数据；当销售部门在计算销售额和销售量时，这个订货单则是数据。

在前面的田忌赛马案例中，"123"如果没有被赋予任何含义，那么它仅仅是一串数字，没有任何价值。但如果"123"代表的是齐威王赛马的出场顺序，那么它就成了有用的信息，田忌获得这条信息以后能转败为胜。可见，信息与数据不同，信息应该是具有一定意义的有价值的数据。

信息具有如下属性。

（1）真伪性（事实性）。真实的信息是有价值的，不真实信息的价值可能为负。在前面的案例中，如果齐威王在赛前发布虚假信息，而田忌信以为真，那么比赛结果可能是齐威王获胜，因此，田忌接受虚假信息的价值为负。

（2）模糊性（不完全性）。我们是不可能得到客观事实的全部信息的，这就要求我们要从众多信息中找到关键的信息。例如，在购买汽车时，汽车的型号及配置、汽车的销售价格、汽车的库存数量等信息是需要我们关注的关键信息，而汽车的装配信息、汽车的零配件供货商信息等并不是我们需要关注的重点。

（3）知识性。获得的信息应该是新的，或以前不知道的。一条已被知晓的信息将失去它的知识性。

（4）时间性（时效性）。信息在特定的时间内或某一时点上是有价值的，过时则失去价值。

（5）滞后性。信息是数据加工的结果，信息必然落后于数据。物流管理过程涉及很多数据，如货物重量、货物编码等，这些数据需要经过一定的加工才能成为信息。因此，物流信息要滞后于物流数据，为了减少滞后性，我们可以考虑应用信息技术来减少数据转化为信息的处理时间，进而提高物流管理效率。

（6）共享性。与物质不同，信息可以被共享。有这样一个形象的比喻：你有一个苹果，我有一个苹果，彼此交换一下，我们仍然是各有一个苹果。如果你有一种思想，我也有一种思想，彼此交换，我们就都有了两种思想，甚至更多。这个比喻说明了信息不会像物质一样因为共享而减少，反而可以因为共享而变得更多。

2.1.2 物流信息

所谓物流信息，就是与物流活动（包括包装、运输、储存、装卸搬运等）有关的一切信息。物流信息是伴随着企业物流活动的发生而产生的，企业如果希望对物流活动进行有效的控制就必须及时掌握准确的物流信息。由于物流信息贯穿于物流活动的整个过程中，并通过其自身对整体物流活动进行有效的控制，因此，我们称物流信息为物流的中枢神经。

在电子商务时代，随着人类需求向着个性化的方向发展，物流过程也在向着多品种、少量生产和高频度、小批量配送的方向发展，因此，物流信息在物流的过程中呈现以下特点：物流信息量大大增加；物流信息的来源更加广泛；物流信息的更新速度加快；伴随物流活动产生的信息具有动态易变性。

进行物流管理时，企业需要大量准确、即时的信息和用以协调物流系统运作的反馈信息。任何信息的遗漏和错误都将直接影响物流系统运转的效率和效果，进而影响企业的经济效益。因此，信息在物流过程中具有不可替代的重要作用，具体表现在以下几个方面。

（1）物流信息的传送连接着物流活动的各个环节，并指导各环节的工作，起着桥梁和纽带的作用。信息流与物流、资金流一样，已成为构成物流系统的重要组成部分。

（2）物流信息可以帮助企业对物流活动的各个环节进行有效的计划、协调与控制，以达到系统整体优化的目标。通过物流信息的协调作用，各项物流活动（包括包装、运输、储存、装卸搬运等）将形成一个整体，从而实现系统的整体优化。

（3）物流信息有助于提高物流企业的科学管理和决策水平。当企业准确地掌握了相关物流信息后，企业将会根据物流信息相应调整管理方法和决策，最终达到科学管理和提高决策水平的目标。

（4）借助物流信息系统实现动态信息管理是确保物流系统高效运转的保证。

2.1.3 物流信息管理

物流的首要目的就是要向顾客提供满意的服务，第二个目的就是要实现物流总成本的最低化，也就是要消除物流活动各个环节的浪费，通过顺畅高效的物流系统实现物流作业的成本最优化。

随着物流系统的发展，物流信息量会变得越来越多，物流信息更新的速度也会越来越快，如果我们仍对信息采取传统的手工处理方式，则会引发一系列信息滞后、信息失真、信息不能共享等问题，从而造成整个物流系统的效率低下。因此，为了提高物流系统的整体效率，建立基于计算机和通信技术的物流信息系统将成为企业的必经之路。

物流信息系统是提高物流信息管理效率的重要工具，物流作业系统往往需要从物流信息系统得到信息后才能开始运作，无论多好的物流作业系统，如果不能与物流信息系统默契配合，也难以很好地运转。

物流信息系统的作用主要包括以下几个方面：缩短从接受订单到发货的时间，实现库存适量化，提高搬运和装卸的作业效率，提高运输效率，使接受订货和发出订货更为省力，提高接受订货和发出订货的精度，防止发货、配送出现差错，调整需求和供给，提高成本核算与控制能力。

物流信息系统要实现的总目标是提高服务水平和降低物流总成本。需要注意的是，提高服务水平和降低物流总成本之间存在"效益背反"的关系，而物流信息系统起着控制物流各种机能并加以协调的作用。物流系统的各个层次以及不同作业环节之间是通过信息流紧密联系在一起的，因此，物流信息系统需要具备数据的收集和录入、信息的存储、信息的传播、信息的处理、信息的输出等基本功能。

2.1.4 物流信息技术

物流信息技术（Logistics Information Technology，LIT）是物流现代化的重要标志，也是物流技术中发展最快的。同时，随着物流信息技术的不断发展，一系列新的物流理念和物流经营方式产生了，它们不断推动物流的变革。

据统计，物流信息技术可为传统的运输企业带来以下实效：降低 15%～20% 的空载率；提高对在途车辆的监控能力，有效保障货物安全；可使企业进行网上货运信息发布及接受网上下单，可增加 20%～30% 的商业机会；拥有无时空限制的客户查询功能，有效满足客户对货物在运情况的跟踪监控，可提高 40% 的业务量；使企业对各种资源进行合理综合利用，减少 15%～30% 的运营成本。而传统仓储企业带来的实效表现在：配载能力可提高 20%～30%；库存和发

电子商务物流管理（微课版 第3版）

货准确率可超过 99%；数据输入误差减少，库存和短缺损耗减少；可降低劳动力成本约 50%，提高 30%～40% 的生产力，提高 20% 的仓库空间利用率。

物流信息技术在现代企业的经营战略中占有越来越重要的地位。建立物流信息系统，充分利用各种现代化信息技术，提供迅速、及时、准确、全面的物流信息是现代企业获得竞争优势的必要条件。物流信息技术涵盖的内容和种类十分广泛，既有硬件方面的，也有软件方面的，甚至还包括相应的标准和规范。接下来我们将分别介绍在推动电子商务物流系统发展过程中发挥过至关重要作用的几种物流信息技术：条码、RFID、EDI、GPS、GIS 等。

2.2 条码

2.2.1 条码概述

条码（Bar Code）是在计算机的应用实践中产生和发展起来的，它起源于 20 世纪 40 年代，发展于 20 世纪 70 年代，普及于 20 世纪 80 年代，它的发展引起了世界流通领域的大变革。

关于条码的研究始于美国，最早出现在 20 世纪 40 年代，美国人约瑟夫·伍德兰德（Joseph Woodland）及伯纳德·西尔沃（Bernard Silver）于 1952 年 10 月 7 日注册了世界上第一个条码专利（专利编号是 #2612994）。由于此专利中的条码是靶式同心圆（见图 2-3），很像微型射箭靶，所以也被称为"公牛眼"条码。

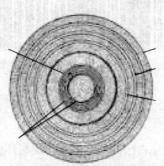

图 2-3 "公牛眼"条码

20 世纪 70 年代，随着电子元件和激光成本的持续下降，条码的应用成本也越来越低。1973 年，美国统一代码委员会（Uniform Code Council，UCC）确定了 IBM 公司的 UPC 码为通用条码，实现了该码制标准化。同年，食品杂货业把 UPC 码规定为该行业的通用标准码制，为条码技术在商品流通销售领域的广泛应用奠定了坚实的基础。1977 年，欧洲共同体（包括英国、原联邦德国、法国、丹麦、挪威、比利时、芬兰、意大利、奥地利、瑞士、荷兰、瑞典等国）在 UPC 条码的基础上，开发出了与 UPC 码兼容的欧洲物品编码系统（European Article Numbering System，EAN System），并且正式成立了欧洲物品编码协会（European Article Numbering Association，EAN Association）。到 1981 年，EAN 已经发展成为一个国际性的组织，更名为国际物品编码协会（International Article Numbering Association，IAN），但由于历史原因和习惯，国际物品编码协会至今仍沿用 EAN 的名称。

条码也称条形码，是由一组宽窄不同、反射率不同的条和空按一定的编码规则组合起来，用以表示一定信息的代码。为了便于人们识别条码符号所代表的字符，通常条码符号下部印有所代表的数字、字母或专用符号（见图 2-4）。

图 2-4　一维条码

条码所包含的信息一般都跟所附着的对象有关，如对象物的生产国、制造厂商、产地、名称、特性、价格、数量、生产日期等。人们使用光电扫描阅读设备对条码进行扫描，就能立即获取条码所反映的信息，并快速、正确、可靠地将其输入计算机系统。条码的应用解决了物流信息系统中的数据录入和数据采集的"瓶颈"问题，为物流信息管理提供了有力的支持。

一个完整条码的组成部分包括静区（前）、起始符、数据符、中间分隔符（主要用于 EAN 码）、校验符、终止符、静区（后）、供人识读字符，如图 2-5 所示。

图 2-5　条码的构成

（1）静区（Clear Area）又名空白区，指条码左右两端外侧与空的反射率相同的限制区域，前面部分被称为左侧空白区，后面部分则被称为右侧空白区，左侧空白区是扫描设备的扫描准备区，右侧空白区是保证扫描设备正确识别条码的结束标记。当两个条码距离较近时，静区则有助于我们对它们加以区分。

此外，为防止左右侧空白区（静区）在印刷排版时被无意占用，我们可在空白区加印一个符号（左侧没有数字时印 "<"，右侧没有数字时加印 ">"），这个符号叫静区标记，主要作用就是防止静区宽度不足。只要静区宽度合理（静区的宽度通常应不小于 6mm 或者为 10 倍模块宽度），静区标记就不会影响条码的识别。

（2）起始符（Start Character），指条码符号的第一位字码，用来标识一个条码符号的开始，扫描器确认此字码存在后开始处理扫描脉冲。

（3）数据符（Data Character），指位于条码中间的条、空结构，它是条码的主要内容，包含条码所表达的特定信息。

（4）中间分隔符（Central Separating Character），指位于条码中间位置的若干条与空。

（5）校验符（Check Character），指用来判定此次阅读是否有效的字码，通常是一种算术运算的结果，扫描器读入条码进行解码时，先对读入各字码进行运算，如运算结果与检查码相同，则判定此次阅读有效。

（6）终止符（Stop Character），指位于条码末端的条和空结构，终止符被用于告知扫描器条码扫描完毕。

（7）供人识读字符（For People to Read Character），位于条码下方，可使我们更便捷地对条码识读。当对条码扫描失败时，我们可以用人工输入的方式输入供人识读字符，从而正确扫码。

条码具有以下几个特点。

（1）简单、易于制作、可印刷。条码标签易于制作，对设备和材料没有特殊要求，识别设备操作容易，且设备也相对便宜。

（2）信息输入速度快。普通计算机的键盘输入速度最快是每分钟200个字符，而利用条码扫描输入信息的速度是键盘输入的20倍，并且能实现"即时数据输入"。

（3）采集信息量大。传统的一维条码一次可存储几十位字符的信息，二维条码更可以携带数千个字符的信息，并有一定的自动纠错能力。

（4）可靠性高。使用键盘输入数据的出错率为三百分之一，利用光学字符识别技术的出错率为万分之一，而采用条码技术的出错率低于百万分之一。

（5）灵活实用。条码标识既可以作为一种识别手段单独使用，也可以和有关识别设备组成一个系统实现自动化识别，还可以和其他控制设备连接起来实现自动化管理。

2.2.2　条码系统的构成与分类

条码系统一般由条码、条码识读设备、应用系统三部分组成。条码作为商品的唯一标识，粘贴或打印在商品上，条码识读设备与应用系统相连，我们可利用该设备扫描商品的条码，获取商品唯一标识数据，从而快速在应用系统中找到对应商品记录，并根据实际业务（如入库、销售）对该商品数据记录进行增删改等相应操作。

条码识读设备是用来读取条码信息的设备。最为常用的主要有以下几种（见图2-6）。

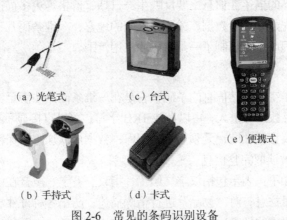

（a）光笔式　　　（c）台式

（b）手持式　　　（d）卡式

（e）便携式

图2-6　常见的条码识别设备

根据维度的不同，条码主要分为一维条码和二维条码。

1．一维条码

一维条码只在一个方向（一般是水平方向）上表达信息，在垂直方向上不表达任何信息。

由于一维条码可以提高信息录入的速度，减少差错率，所以自问世以来，其很快得到了普及并被广泛应用。目前世界上约有 225 种一维条码，每种一维条码都有自己的一套编码规则。一般较流行的一维条码有 EAN 码、UPC 码、39 码、128 码、交插 25 码、库德巴码及专门用于书刊管理的 ISSN、ISBN 等（见图 2-7）。

图 2-7 世界上较流行的一维条码

随着信息自动采集技术的发展，人们对于条码符号表达更多信息的需求与日俱增。此时，一维条码的不足逐渐显现出来，主要包括数据容量较小（约 30 个字符），只能包含字母和数字，保密性能较差，条码尺寸较大（空间利用率低），条码遭到损坏后便无法阅读。

因此，由于一维条码所携带的信息量有限，如商品上的条码仅能容 13 位（EAN-13 码）阿拉伯数字，所以一维条码通常是对物品的标识，而不是对物品的描述。所谓对物品的标识，就是给某物品分配一个代码，将代码以条码的形式标识在物品上，以便扫描设备识读。代码或一维条码中不存储该物品的描述性信息，要反映生产日期、价格等更多描述性信息必须依靠数据库的支持。在没有预先建立物品数据库或不便联网的地方，一维条码几乎不可能反映汉字和图像的信息，这在一定程度上也限制了一维条码的应用范围。

2. 二维条码

二维条码是在二维空间存储信息的条码，它是在一维条码无法满足实际应用需求的前提下产生的。二维条码储存数据容量大，可以存放 1KB 字符；可以直接显示英文、中文、数字、符号、图形；可被扫描仪直接读取，无须另接数据库；数据可以加密，保密性更高；安全级别最高时，损污 50% 仍可被读取完整信息。

二维条码的优势如下：表示包括汉字、照片、指纹、签字、声音在内的小型数据文件；在有限的面积上表达大量信息；对"物品"进行精确描述；防止各种证件、卡片及单据的伪造；在远离数据库和不便联网的地方实现信息的携带、传递和防伪。由于二维条码的储存量大、保密性高、追踪性高、抗损性强、成本便宜等特性，人们对二维条码的应用越来越广泛。

目前常用的二维条码：PDF417 码、Code49 码、Code 16K 码、QR code 码、Data Matrix 码、Code one 码等（见图 2-8），主要分为堆积式（层排式）和棋盘式（矩阵式）两大类。其中 PDF417 码是目前比较成熟、应用比较广泛的。中国已经先后制定并颁布了多项二维条码国家标准，如

PDF417 条码国家标准（GB/T17172—1997）、二维码网格矩阵码（SJ/T 11349—2006）和二维码紧密矩阵码（SJ/T 11350—2006）等。2016 年 8 月 3 日，支付清算协会向支付机构下发《条码支付业务规范》（征求意见稿），明确规定了支付机构开展条码业务需要遵循的安全标准，标志着官方首次承认了二维条码的支付地位。

图 2-8　常用的二维条码

2.2.3　条码在物流中的应用

1. 条码在仓储、运输、配送中的应用

在物品到达物流企业的同时，物流企业可以在物品上粘贴特定的唯一条码标识，用以跟踪该物品在物流中的位置，从而进行实时监控。企业在收货后可以使用条码打印机打印对应的条码标识并粘贴在物品上（若企业自营物流，由于物品是企业制造的物品，因此也可以使用物品的本来标识）；同时，操作员通过扫描该物品的条码标识实现物品的入库操作，并将操作信息返给管理系统；此时，用户或管理员登录管理系统，就可以迅速查询该物品的状态和位置。

2. 条码在生产过程中的应用

为了在激烈的市场竞争中以质量取胜，企业可以将条码应用于生产质量管理跟踪系统中。如此企业就可以动态跟踪生产状况，随时得知实际生产的情况及生产的质量好坏，如可以跟踪整机、部件的型号、生产场地、生产日期、班组生产线、版本号、批量和序号等信息。

3. 条码在销售和支付过程中的应用

"以二维条码为入口的移动超市"是移动终端普遍应用和电子商务模式趋向成熟的标志和产

物。人们通过移动设备上的二维条码扫描软件，可直接扫描二维条码进入商家的手机网站，点击中意的产品，即可完成下单及支付，实现轻松购物。从企业、产业发展的角度来分析，"以二维条码为入口的移动超市"的实施让企业的销售更具体明确，营销更便捷精准，企业投入非常低的成本，就可获得很好的营销效果。二维条码还可被制成电子优惠券，消费者通过扫码就可获取优惠券，享受实惠，这种方式不仅能够增强消费者与企业之间的互动，同时也能提高消费者对企业的兴趣，加深印象。

小资料

与商品条码不同，物流条码是供应链中用以标识物流领域中具体实物的一种特殊代码，是整条供应链的共享数据。它贯穿整个贸易过程，并通过物流条码数据的采集、反馈，提高整个物流系统的经济效益。

现在国际上公认的物流条码主要有三种，即 EAN-13 码、交插 25 码和贸易单元 128 码。

EAN-13 码是一种定长（13 位数字）、无含义的条码，由前缀码（3 位数字）、制造厂商代码（4 位数字）、商品代码（5 位数字）和校验码（1 位数字）组成，我国的前缀码是 690、691 和 692。

交插 25 码是一种连续、无固定长度、具有自校验功能的双向条码。交插 25 码可被用于定量储运的单元包装上，也可以被用于变量储运单元的包装上。ITF（Interleaved Two Five）条码是在交插 25 码的基础上扩展形成的，主要被应用于储运包装箱上。

贸易单元 128 码，是连续性、无固定长度、有含义的高密度代码，它能够标识贸易单元的信息，如产品批号、规格、数量、生产日期、有效日期等，实现了信息伴随货物的流动，弥补了 EAN 码和交插 25 码数据容量小的不足。贸易单元 128 码由 A、B、C 三套字符集组成，包括数据符、校验符、终止符，其中 C 字符集能以双倍的密度来标识全部数字的数据。

2.3 RFID

2.3.1 RFID 概述

在目前的自动识别领域应用技术中，应用最广泛的是光学技术和无线电技术。条码技术属于光学技术的范畴，而无线电技术在自动识别领域中更具体的名称为射频识别技术。

射频识别（Radio Frequency Identification，RFID）技术是一项利用射频信号通过空间耦合（交变磁场或电磁场）实现无接触信息传递并通过所传递的信息达到识别目的的技术。简单地说，RFID 技术是利用无线电波进行数据信息读写的一种非接触式的自动识别技术。RFID 的核心部件是一个电子标签，直径不到 2 毫米，它通过相距几厘米到几米距离内传感器发射的无线电波，可以读取电子标签内储存的信息，识别电子标签代表的物品、人和器具的身份。

RFID 的优点主要包括以下几个方面。

（1）数据存储容量大。RFID 容量可达数百万字节（Megabyte），可识别产品具体信息，如产品说明、包装、保存日期、色彩、价格等，而一维条码的容量是 50 字节（Byte），二维条码的容量为 2 000～3 000 字节，仅可用来标识产品编码等简单信息。

b：bit，位，计算机中表示信息的最小单位，1位即一个二进制基本元素（0或1）。

B：Byte，字节，表示储存容量的基本单位，8个二进制位为一个字节。

KB：Kilobyte，千字节。

MB：Megabyte，兆字节。

GB：Gigabyte，千兆字节（吉字节）。

TB：Terabyte，太字节。

以上单位之间的换算关系为：1TB=1024GB，1GB=1024MB，1MB=1024KB，1KB=1024B。

（2）可重复使用。RFID电子标签的读写方式可为R/W（可读写多次），所存储的信息可以不断更新，可重复使用；而条码一经印刷即无法更改，不能重复使用。

（3）识别数据方便。在被覆盖的情况下，RFID能够穿透纸张、木材和塑料等非金属或非透明的材质，并能够进行穿透性通信；而条码扫描机必须在近距离而且没有物体阻挡的情况下，才可以辨读条码。

（4）可同时读取多个数据。RFID读取设备在1秒时间内可读取1 200个RFID电子标签，但是条码扫描器一次只能读取一个数据。

（5）安全性高。RFID电子标签有密码保护，不易被伪造，欧洲已率先在2005年将RFID电子标签嵌入欧元支票，以遏止伪钞泛滥。

（6）能在恶劣环境下使用。根据材料的不同，RFID电子标签的耐热性也有所不同，部分RFID电子标签即使在180℃的高温下也能正常运作，对水、油和化学药品等物质具有很强的抵抗性；而条码一经污染便看不清楚。

（7）使用期限长。RFID电子标签的使用期限往往超过10年。

RFID电子标签的优点虽多，但并非没有缺点。其缺点如下。

（1）易受液体、电磁波、金属或导电环境干扰。若RFID电子标签与读取器中间有液体阻隔，或处于有电磁波、金属或导电的环境下时，RFID电子标签都会受到影响，使通信信号无法正常传送。

（2）无区分识别的适当性。只要任意一RFID电子标签进入读取器的感应范围，读取器便会按照接收到的无线电波进行识别，这对无意进行RFID电子标签识别的使用者将造成困惑。

深圳海关是中国主要口岸海关之一。所有在海关的备案车辆，均按规定安装了固定的写有车辆身份信息的电子车牌（RFID电子标签），所有备案司机都领用了一张写有司机身份信息的司机卡。车辆在到达进（出）境地海关时，系统通过微波读写器（Reader）自动获取电子车牌、司机卡信息，通过电子地磅获取车辆重量信息（如果载货，则同时通过条码阅读器获取载货清单的条形码信息），然后将数据加密传至海关主机，与海关主机中的数据库资料核对确认后，再返回查验信息。

如果通关车辆为合法车辆，系统自动放行，同时在电子车牌中实时写入车辆通关信息；如果通关车辆为异常车辆，系统报警并拦截，等待关员处理，关员处理完毕后，向系统发出车辆放行指令或要求其到车检场接受查验。使用电子车牌通关系统后，车辆可不停车过关，通过带称重地磅的通道验放地段只需要20秒，验放通道每道最高通关速度可达150辆次/小时，验放速度提高了8倍，通道数量减少75%，这大大提高了海关的效益，节约了人力，解决了人工漏读、误读、不读等问题。

（资料来源：由网络资料整理而来）

案例点评：深圳海关通过应用 RFID 技术，可以将数据库存储的个人及车辆信息与实际车辆准确、快速地联系起来，提高了对通关车辆的查验效率，有效解决了海关"严密监管"与"快速通关"的矛盾。接下来，本书将介绍 RFID 系统的构成与分类。

2.3.2　RFID 系统的构成与分类

最基本的 RFID 系统由电子标签、阅读器和天线三部分组成。电子标签（Tag，也称射频卡、射频卷标）由耦合元件及芯片组成，每个电子标签具有唯一的电子编码，附着在物体上标识目标对象。电子标签内含有内置天线，用于和射频天线进行通信。阅读器（Reader）是读取（在读写卡中还可以写入）电子标签信息的设备，可设计为手持式或固定式。天线（Antenna）用于在电子标签和读取器间传递射频信号。

RFID 电子标签与读取器之间交换的是数据，由于采用无接触方式通信，两者之间还存在一个空间无线信道。因此，RFID 电子标签与读取器之间的数据交换构成的是一个无线数据通信系统。在这样的数据通信系统模型下，RFID 电子标签是数据通信的一方，读取器是数据通信的另一方。要实现安全、可靠、有效的数据通信目的，数据通信的双方必须遵守相互约定的通信协议。没有这样一个通信双方公认的基础，数据通信的双方将互相听不懂对方在说什么，步调也无法协调一致，从而造成数据通信无法进行。

RFID 系统的基本工作原理：阅读器通过发射天线发送一定频率的射频信号；当射频卡进入发射天线工作区域时产生感应电流，获得能量被激活；射频卡将自身编码等信息通过卡内置发送天线发送出去；系统接收天线接收从射频卡发送来的载波信号，经天线调节器传送给阅读器，阅读器对接收的信号进行解调和解码，然后送到后台主系统进行相关处理；主系统根据逻辑运算判断该卡的合法性，针对不同的设定做出相应的处理和控制，发出指令信号控制执行机构动作，如图 2-9 所示。

图 2-9　RFID 系统的基本工作原理

1. 按电子标签的电源划分

RFID 按电源分为被动式和主动式两大类。被动式电子标签（也称为无源标签）的能源由读取器提供，标签上不需附加电池，所以体积小、使用期限较长，但是读取（信号可传递的）距离较短。主动电子标签（也称为有源标签）拥有电源，系统具有唤醒装置，平时标签处于休眠状态，当标签进入唤醒装置的范围时，唤醒装置利用无线电波或磁场来触发或唤醒标签，标签这时才进入正常工作模式，开始传送相关信息。由于本身具备工作所需的电源，因而传送距离较长，但是需要相对较大的体积，需更换电池且成本较高。

2. 按电子标签上的存储器读写功能划分

RFID 按照存储器读写功能划分为只读（Read-Only，R/O）、单次写入多次读取（Write-

Once-Read-Many，WORM）及可重复读写（Read-Write，R/W）3 大类。只读 RFID 其电子标签内的数据已于出厂时规定好了，使用者仅能读取标签内的信息，无法进行写入或修改操作。只读 RFID 的成本较低，一般用于门禁管理、车辆管理、物流管理、动物管理等领域。单次写入多次读取 RFID 和只读 RFID 的不同之处在于使用者可以往电子标签内写入数据一次，而后可进行多次读取。单次写入多次读取 RFID 的成本较高，一般应用于资产管理、生物管理、药品管理、危险品管理、军品管理等领域。可重复读写 RFID 的使用者可以通过读取器多次进行标签信息的读取与写入，成本较高，一般应用于航空货运及行李管理、货运及快递票据、信用卡服务等领域。

3. 按电子标签的频率范围划分

RFID 按频率范围可以划分为低频（Low Frequency）、高频（High Frequency）、超高频（Ultra High Frequency）及微波（Microwave）四大类。

低频标签的工作频率范围为 10kHz～1MHz，常见的主要规格有 125kHz 和 133kHz 两种。一般来说，低频电子标签都是被动式的，其最大的优点在于标签靠近金属或液体的物体时可以有效发射信号，而高频率信号会被反射回来。低频电子标签的缺点是读取距离短，无法同时进行多标签读取以及信息容量较低，一般低频电子标签可用于门禁系统、动物芯片、汽车防盗器和玩具之上。

高频标签的工作频率范围为 1MHz～400MHz，常见的主要规格有 13.6MHz。这段频率的标签主要还是以被动式为主，和低频标签相比，高频 RFID 可进行多标签识别，一般用于图书馆管理、产品管理、智能卡等领域。

超高频标签的工作频率范围为 400MHz～1GHz，常见的主要规格有 433MHz 和 868MHz～950MHz 两种。主动式电子标签和被动式电子标签的应用在这个频段都很普遍，被动式电子标签的读取范围为 3～4 米，传输速度较快，而且因为天线可采用蚀刻或印刷的方式制造，因而成本较低。另外，由于超高频标签读取距离较远，信息传输速率较快，而且可以同时进行大数量标签的读取与识别，因而可广泛应用于仓库管理、运输管理等。

微波标签的工作频率在 1GHz 以上，常见的主要规格有 2.45GHz 和 5.8GHz 两种。微波频段的特性与应用和超高频段相似，读取范围约为 2 米，但是对环境的敏感性较高，一般用于行李追踪、物品管理和供应链管理等。

┃ 小资料 ┃

EPC 是电子商品编码（Electronic Product Code，EPC）的简称，它是国际条码组织推出的新一代产品编码体系，EPC 码中既有代表制造厂商及其产品的编码，也有唯一标识该厂商该类产品每一个具体单品的编码。也就是说，EPC 码能够对每个单品都赋予一个全球唯一编码。一般来说，条码识别只能识别一类产品，而不是唯一的商品，而作为每个单品唯一号码的"EPC 码"将为单品识别提供技术保障。

EPC 码采用 96 位（二进制）方式的编码体系，可以为 2.68 亿公司赋码，每个公司可以有 1 600 万产品分类，每类产品有 680 亿的独立产品编码，形象地说可以为地球上的每一粒大米赋一个唯一的编码。EPC 的载体是 RFID 电子标签，可为每一件单品建立全球的、开放的标识标准，实现全球范围内对单件产品的跟踪与追溯，从而有效提高供应链管理水平、降低物流成本。

2.3.3　RFID 在物流中的应用

以 RFID 为基础的软硬件技术构建的 RFID 信息系统，将使产品、仓储、采购、运输、销售及消费的全过程发生根本性的变化。目前，RFID 已经在物流的诸多环节中发挥着重要的作用。

1. 生产环节

RFID 技术应用于生产环节中的生产线上，能够实现生产线的自动化和原料、产品的识别定位，这将减少人工识读成本和出错率，同时也提高了生产的效率和质量。RFID 技术还能够对产品进行信息的收集、处理，帮助生产人员轻松地掌握整个生产线的运作情况和产品的生产进度。

2. 配送环节

在配送环节，采用射频技术能加快配送的速度和提高拣选与分发过程的效率与准确率，并能减少人工、降低配送成本。如果到达中央配送中心的所有商品都贴有 RFID 电子标签，在进入中央配送中心时，托盘通过一个阅读器，可以读取托盘上所有货箱上的标签内容。系统将这些信息与发货记录进行核对，以检测出可能的错误，然后将 RFID 电子标签更新为最新的商品存放地点和状态。

3. 运输环节

在运输环节中通过 RFID 技术，在运输的货物和车辆上贴上 RFID 电子标签，运输线的检查点上安装上 RFID 接收装置，接收装置检测到 RFID 电子标签信息后，将标签信息、地理位置等经由 Internet 发送给运输调度中心，这样供应商和经销商就能够比较方便地查阅货物现在所处的位置状态。

4. 仓储环节

在仓库里，射频技术广泛应用于存取货物与库存盘点。当贴有 RFID 电子标签的货物进入仓储中心时，入口的 RFID 识读器将自动识别标签并完成库存盘点。在整个仓库管理中，将系统制订的收货、取货、装运等实际功能与 RFID 技术相结合，能够高效地完成各种业务操作，如指定堆放区域、上架取货与补货等。

5. 销售环节

在销售环节中，RFID 技术可以改进零售商的库存管理。当货物被顾客取走时，装有 RFID 识读器的货架能够实时地报告货架上的货物情况，并通知系统在适当的时候补货。同时对装有 RFID 电子标签的货物能够监控其移动轨迹、存放位置等，所有的这些都节约了人工成本、减少出错、提高效率。

2.4 EDI

2.4.1 EDI 概述

电子数据交换（Electronic Data Interchange，EDI）是将贸易、运输、保险、银行和海关等行业的信息，用一种国际公认的标准格式，形成结构化的事务处理的报文数据格式，通过计算机通信网络，使各有关部门、公司与企业之间进行数据交换与处理，并完成以贸易为中心的全部业务过程。EDI 包括买卖双方数据交换、企业内部数据交换等。

20 世纪 60 年代末，欧洲和美国几乎同时提出了 EDI 的概念。早期的 EDI 只是在两个商业伙伴之间，依靠计算机与计算机直接通信完成。20 世纪 70 年代，数字通信技术的发展大大加快了 EDI 的发展速度并扩大了其应用范围，也带动了跨行业 EDI 系统的出现。20 世纪 80 年代 EDI 标准的国际化又使 EDI 的应用跃入了一个新的里程。时至今日，EDI 历经萌芽期、发展期已步入成熟期。

在传统手工条件下，单证发送方首先使用打印机将企业数据库中存放的数据打印出来，形成贸易单证，然后通过邮件或传真的方式发给接收方，接收方收到单证以后，将其手工录入数据库中，以便实现单证信息的共享，如图 2-10 所示。

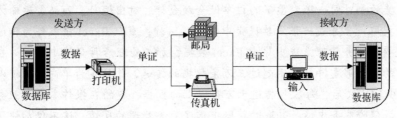

图 2-10　手工条件下单证传输

在手工条件下，收发双方重复输入的数据较多，容易产生差错。然而，在 EDI 条件下，单证发送方数据库中的数据经过翻译软件转换成标准 EDI 报文，然后通过网络传递给接收方的计算机，该计算机通过翻译软件将标准 EDI 报文转换成接收方内部的数据格式存入数据库中，实现单证信息的共享，如图 2-11 所示。

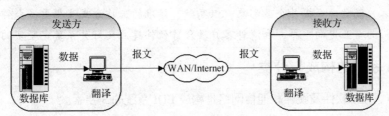

图 2-11　EDI 条件下单证传输

EDI 的特点如下。

（1）EDI 的使用对象是不同的组织，EDI 报文是企业间信息交流的一种媒介。

（2）EDI 所传送的资料是一般业务资料，如发票、订单等，而不是一般性的通知。

（3）EDI 传输的报文是格式化的，是符合国际标准的，这是计算机能够自动处理报文的基本前提。

（4）EDI 使用的数据通信网络一般是增值网、专用网。

（5）数据由收发双方的计算机系统直接传送、交换，不需要人工操作。

（6）EDI 与传真或电子邮件的区别：传真与电子邮件，需要人们的阅读判断处理才能进入计算机系统，而将资料重复输入计算机系统中，既浪费人力资源，也容易发生错误。而 EDI 则不需要再将有关资料人工重复输入系统。

┌─ 小案例 ┐

随着业务范围不断扩大，美的已经形成了一个覆盖全球，从生产制造、供应商、物流、渠道到客户的庞大供应链群。美的与供应链上、下游企业和合作伙伴之间每年需要交换大量的单据。在应用 EDI 之前，美的需要以人工的方式从各个业务子系统如 ERP，CRM 等提取相关数据，再人工转换成合作伙伴需要的单据格式，通过邮件、传真、电话等方式向相应的接收方发送（人工转换的过程可在美的或合作伙伴方进行）。同样地，当从合作伙伴处接收到各类异构形态的单据之后，美的要通过人工方式识别、读取，并录入到相应的子系统中。现在，这个工作流程变为 EDI 平台自动接收各子系统发出的数据，自动转换成标准 EDI 报文（或者合作伙伴系统能够直接识别的数据），再自动传输给接收方，整个过程无须人工干预。

下面以美的和其合作伙伴"中信保"的一个业务流程"短期出口险申报"为例进行说明。短期出口险申报的笔数多，数据来源多，数据在传送给中信保之前美的要做很多"预加工"。例如，美的内部以"订单"为管理单位，而中信保以"发票"为最小业务识别单位，因此，美的要对同一张发票下的订单做金额合计，对出运日、商品、运输方式也需要按业务规则提取，合并成一张发票提交中信保。同时，多以 Excel 报表作为传递数据的载体，美的先要从业务管理系统中导出 Excel 数据，加工处理后再交给中信保。在如上操作方式下，美的仅能够支持每次不超过三万条数据的传送，并且多为单向传送（美的到中信保）。而应用 EDI 之后，每次可传送十万条以上的数据，美的在操作本企业业务系统的同时，即可完成保险业务申请，并即时获取中信保业务处理的反馈，这不仅加快了业务处理速度，还轻松实现了双方的高效沟通。

（资料来源：全国物流信息网——美的集团 EDI 应用案例）

案例点评：美的与业务伙伴之间的数据交互由过去的人工方式转变为完全的自动化，这极大地提高了整条供应链的运作效率。应用 EDI 将给美的带来如下效益：由于供应链对请求响应速度的提高，产品可以在最短的时间内被送达消费者手里；减少了人工方式下产生的错误，提高了客户满意度；提升企业形象，以高效、精准的工作方式赢得更多合作伙伴以及增强合作关系；为企业走向世界，和海外客户及合作伙伴建立良好关系奠定坚实的基础。

2.4.2　EDI 系统的构成与分类

EDI 标准、EDI 软件及硬件和通信网络是构成 EDI 系统的 3 要素。

1. EDI 标准

EDI 标准是由各企业、各地区代表共同讨论、制定的电子数据交换标准。

2. EDI 软件及硬件

实现 EDI 需要配备相应的 EDI 软件和硬件。EDI 软件具有将用户数据库系统中的信息译成 EDI 的标准格式，以供传输交换的能力。

公司发送 EDI 报文时，必须用某些方法从专有数据库中提取信息，并把它翻译成 EDI 的标准格式进行传输，这就需要有 EDI 相关软件的帮助，如图 2-12 所示。

（1）转换软件（Mapper）。转换软件可以帮助用户将原有计算机系统的文件，转换成翻译软件能够理解的平面文件（Flat File），或是将从翻译软件接收的平面文件转换成原计算机系统中的文件。

（2）翻译软件（Translator）。将平面文件翻译成 EDI 标准格式的文件，或将接收到 EDI 标准格式的文件翻译成平面文件。

（3）通信软件。将 EDI 标准格式的文件加上通信信封（Envelope），再送到 EDI 系统交换中心的邮箱（Mailbox）。

电子商务物流管理（微课版 第 3 版）

EDI 所需的硬件设备大致有计算机、网络设备等。目前，所使用的计算机，无论是 PC、工作站、小型机、主机等，均可利用。

3. 通信网络

通信网络是实现 EDI 的手段。EDI 通信方式有多种，具体如图 2-13 所示。

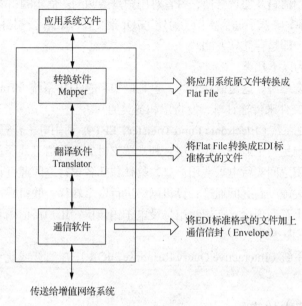

图 2-12　EDI 相关软件

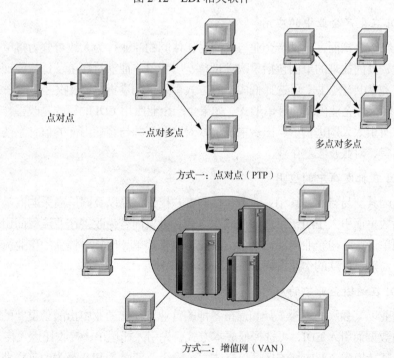

图 2-13　EDI 通信方式

（1）点对点（PTP）方式。点对点方式即 EDI 按照约定的格式，通过通信网络进行信息的传递和终端处理，完成相互的业务交往。早期的 EDI 通信一般都采用此方式，但它有许多缺点，如当 EDI 用户的贸易伙伴不再是几个而是几十个甚至几百个时，这种方式很费时间，同时这种通信方式是同步的，不适于跨国家、跨行业应用。

（2）增值网（VAN）方式。它是那些增值数据业务（VADS）公司，利用已有的计算机与通信网络设备，除完成一般的通信任务外，还增加了 EDI 的服务功能。VADS 公司提供给 EDI 用户的服务主要是租用信箱及协议转换，后者对用户是透明的。信箱的引入，实现了 EDI 通信的异步性，提高了效率，降低了通信费用。另外，EDI 报文在 VADS 公司自己的系统（即 VAN）中的传递也是异步的，即是存储转发的。

EDI 系统主要分为以下几类。

（1）贸易数据互换系统。这是最基本的，也是最知名的 TDI 系统（Trade Data Interchange，TDI），它用电子数据文件来传输订单、发货票和各类通知。

（2）电子金融汇兑系统（Electronic Fund Transfer，EFT）。利用电子计算机和数据通信技术，把资金从一个账户转到另一个账户，代替现金和支票支付的自动信息处理系统。电子金融汇兑系统在银行和其他组织之间实行电子费用汇兑，具体包括各银行之间通过计算机网络进行资金转移；银行与其他机关或厂商之间通过计算机网络进行资金转移；联机银行服务系统，用户持信用卡在自动出纳机上存取现金；在超级市场设电子销售点，用户持信用卡付款，通过计算机网络自动转移到商店的账户上。

（3）交互式应答系统（Interactive Query Response，IQR）。旅行社或航空公司可将其作为机票预定系统。

2.4.3 EDI 在物流中的应用

1. EDI 在生产企业中的应用

相对于物流公司而言，生产企业与其交易伙伴间的商业行为大致可分为接单、出货、催款及收款作业，其间往来的单据包括采购进货单、出货单、催款对账单及付款凭证等。若生产企业引入 EDI 是为传输数据，可选择低成本的方式引入采购进货单，接收客户传来的 EDI 订购单报文，将其转换成企业内部的订单形式。如果生产企业应用 EDI 的目的是改善作业，可以同客户合作，依次引入采购进货单、出货单及催款对账单，并与企业内部的信息系统集成，逐渐改善接单、出货、对账及收款作业。

2. EDI 在批发商中的应用

批发商因其交易特性，其相关业务包括向客户提供产品以及向厂商采购商品。批发商如果是为了传输数据而引入 EDI，可选择低成本方式。批发商若为改善作业流程而引入 EDI，可逐步引入各项单证，并与企业内部信息系统集成，改善接单、出货、催款的作业流程，或改善订购、验收、对账、付款的作业流程。

3. EDI 在运输企业中的应用

运输企业以其强大的运输工具和遍布各地的营业点在流通业中扮演了重要的角色。运输企业若为传输数据而引入 EDI，可选择低成本方式，先引入托运单，接收托运人传来的 EDI 托运单报文，将其转换成企业内部的托运单格式。运输企业若引入 EDI 是为改善作业流程，可逐步引入各项单证，且与企业内部信息系统集成，以进一步改善托运、收货、送货、回报、对账、收款等作业流程。

电子商务物流管理（微课版　第3版）

2.5 GPS

2.5.1 GPS 概述

全球卫星定位系统（Global Positioning System，GPS）是在"子午仪卫星导航定位"技术基础上发展起来的具有全球性、全能性（陆地、海洋、航空与航天）、全天候性优势的导航定位、定时、测速系统。

GPS 具有以下主要特点。

1. 具有全球、全天候连续不断的导航能力

GPS 具有能为全球任何地点或近地空间的各类用户提供连续的、全天候的导航服务的能力。

2. 实时导航、定位精度高、数据内容多

大家利用 GPS 定位时，在 1 秒内可以取得几个位置数据，这种近乎实时的导航能力对于高动态用户具有很大意义，同时能为用户提供连续的三维位置、三维速度和精确的时间信息，目前利用 C/A 码的 GPS 的实时定位精度可达 20～50 米，速度精度为 0.1 米/秒，经过特殊处理可达 0.005 米/秒，相对定位可达毫米级。

随着 GPS 的不断完善，软件的不断更新，目前，2 万米以内相对静态定位，仅需 15～20 分钟；1.5 万米以内，快速静态相对定位测量，流动站观测时间只需 1～2 分钟。

3. 抗干扰能力强、保密性好

GPS 采用扩频技术和伪码技术，用户只需接收 GPS 的信号，自身不会发射信号，因此不会受到外界其他信号源的干扰。

4. 应用范围广

GPS 是军、民两用的系统，其应用范围极其广泛，在军事方面，GPS 将成为自动化指挥系统，在民用方面 GPS 可广泛应用于农业、林业、水利、交通、航空、测绘、安全防范、电力、通信、城市多个领域。

小资料

中国北斗卫星导航系统（BeiDou Navigation Satellite System，BDS）是中国自行研制的全球卫星导航系统，是继美国全球定位系统（GPS）、俄罗斯格洛纳斯卫星导航系统（GLONASS）之后第三个成熟的卫星导航系统。

北斗卫星导航系统（以下简称"北斗系统"）是自主建设、独立运行的卫星导航系统，是为全球用户提供全天候、全天时、高精度的定位、导航和授时服务的国家重要空间基础设施。

北斗系统已广泛被应用于交通运输、海洋渔业、水文监测、气象预报、测绘地理信息、森林防火、通信时统、电力调度、救灾减灾、应急搜救等领域，逐步渗透到人类社会生产和人们生活的方方面面，为全球经济和社会发展注入了新的活力。

卫星导航系统是全球性公共资源，多系统兼容与互操作已成为发展趋势。中国始终秉持和践行"中国的北斗，世界的北斗"的发展理念，积极推进北斗卫星导航系统国际合作，与其他卫星导航系统携手，与各个国家、地区和国际组织一起，共同推动全球卫星导航事业发展，让北斗卫星导航系统更好地服务全球、造福人类。

目前，我国正在进行北斗三号卫星导航系统建设。我国在 2018 年年底，完成了 19 颗卫星发射组网和基本系统建设工作，向全球提供服务；2020 年前后，完成 30 颗卫星发射组网工作，全面建成北斗三号系统。

（资料来源：百度百科）

2.5.2 GPS 的构成与分类

GPS 包括 3 大部分：空间部分——GPS 卫星星座，地面控制部分——地面监控系统，用户设备部分——GPS 信号接收机。

1. 空间部分

空间部分由均匀分布在 6 个轨道平面上的 24 颗高轨道（距地面约 20 000 千米）工作卫星构成，其中 3 颗卫星是用来及时更换老化或损坏的卫星，保障整个系统的正常工作。该部分能够保证地球上任意一个地点的 GPS 用户都能连续地观测到至少 4 颗卫星，从而提供全球范围从地面到 20 000 千米高空之间任意一载体高精度的三维位置、三维速度和系统时间信息。

2. 地面控制部分

主控站。主控站内有大型电子计算机，接收各监测站的 GPS 卫星观测数据、卫星工作状态数据、各监测站和注入站自身的工作状态数据。其功能是采集数据、编辑导航电文、诊断功能、调整卫星。

监测站。对每颗卫星进行观测，精确测定卫星在空间的位置，定时向主控站提供观测数据。

注入站。接受主控站送达的改正后的卫星导航电文，并将电文注入飞越其上空的每颗卫星。

3. 用户设备部分

GPS 接收机：是一种特殊的无线电接收机，用来接收导航卫星发射的信号，并以此计算出定位数据。GPS 接收机一般用蓄电池电源，其主要任务是捕获按一定卫星高度截止角所选择的待测卫星的信号，并跟踪这些卫星的运行。对于接收到的 GPS 信号进行变换、放大和处理，以便测量 GPS 信号从卫星到接收天线的传播时间，解译 GPS 卫星所发送的导航电文，实时地计算监测站的三维位置、三维速度和时间。用户通过测量太空各可视卫星的距离来计算它们的当前位置，同时收集至少 4 颗卫星的数据就可以计算出三维坐标、速度和时间。

GPS 接收机种类很多，按接收机的用途可做以下分类。

（1）导航型接收机。此类型接收机主要用于运动载体的导航，它可以实时给出载体的位置和速度。这类接收机一般采用 C/A 码伪距测量，单点实时定位精度较低，一般为±10 米，有 SA 影响时为±100 米。这类接收机价格便宜，应用广泛。根据应用领域的不同，此类接收机还可以进一步分为：车载型、航海型、航空型、星载型等。

（2）测地型接收机。测地型接收机主要用于精密大地测量和精密工程测量。这类仪器主要采用载波相位观测值进行相对定位，定位精度高。仪器结构复杂，价格较贵。

（3）授时型接收机。这类接收机主要利用 GPS 卫星提供的高精度时间标准进行授时，常被天文台使用。

2.5.3 GPS 在物流中的应用

1. 车辆跟踪功能在运输和货物跟踪中的应用

GPS 与地理信息系统（GIS）、无线移动通信系统（GSM）及计算机车辆管理信息系统相结合，可以实现车辆跟踪功能。物流企业利用 GPS 和 GIS 技术可以实时观测车辆的实际位置；

可以随目标移动，使目标始终保持在屏幕上，还可实现多窗口、多车辆、多屏幕同时跟踪，利用该功能可对重要车辆和货物进行跟踪运输。目前，物流行业已开发出把 GPS、GIS、GSM 技术结合起来对车辆进行实时定位、跟踪、报警、通信等的技术，能够满足掌握车辆基本信息、对车辆进行远程管理的需要，同时客户也能通过互联网技术，了解货物在运输过程中的细节情况。

2. 路线规划功能在配送中的应用

货物配送路线规划是 GPS 的一个重要辅助功能，包括自动线路规划——由驾驶员确定起点和终点，由计算机软件按照要求自动设计最佳行驶路线，包括最快的路线、最简单的路线、通过高速公路收费站次数最少的路线等；人工线路设计——由驾驶员根据自己的目的地设计起点、终点和途经点等，自动建立线路库，线路规划完毕后，显示器能够在电子地图上显示设计线路，并同时显示汽车运行路径和运行方法。

3. 话务指挥功能在动态调整中的应用

指挥中心可以监测区域内车辆的运行状况，对被监控车辆进行合理调度。指挥中心也可随时与被跟踪目标通话，实行管理。

4. 定位和监控功能在紧急援助中的应用

通过 GPS 和监控管理系统可以对遇有险情或发生事故的车辆进行紧急援助。监控台的电子地图可显示求助信息和报警目标，规划最优援助方案，并以报警声、光提醒值班人员进行应急处理。

> **┃小资料┃**
>
> 利用通信网络，出租车行业的车辆监控调度系统可以实现对车辆的实时调度监控和防劫防盗报警，提高车辆运行的安全性和处理突发事件的能力。系统将 GPS 车载终端、计价器和 IC 卡刷卡器有机地结合在一起，通过数据的传输、处理，加强对车辆和司机的管理，为宏观调控和整体规划提供真实准确的数据。真正解决企业在运营管理中遇到的问题，提高整体管理水平和信息化程度。
>
> GPS 车载终端通过卫星接收天线收到卫星信号，自动定位后，通过内置手机模块将位置信息发送到总控中心，总控中心接到信息后，提取出位置信息，实时将车辆的速度、状态等信息显示在电子地图上。监控中心可以通过通信网络，向车载终端发送控制指令，并以文本和语言的形式发布各种信息。当用户通过服务电话，向调度中心召车时，调度中心人员录入用户的用车信息，并向符合条件的出租车进行呼叫。司机可以按抢答键应召，然后调度中心人员生成派车单并发送给应召的车辆，完成电召业务。GPS 车载终端根据系统设置，会自动发送报警信号，司机在紧急情况下也可以启动报警设施，连续发送报警信号和位置信息到调度中心的 GIS 终端，调度中心接到报警信息后，会对车辆进行跟踪监听，同时，对其他所有安装 GPS 车载终端的车辆发送消息，通告出事车辆的情况，并及时转警，有效地保障驾驶员的人身安全。
>
> （资料来源：百度文库）

可见，利用 GPS 可以对车辆进行实时定位，实现车辆的智能调度，提高车辆和道路资源的有效利用率。为了提供更为直观的定位信息，GPS 需要与地理信息系统（GIS）相互结合，接下来，我们将对 GIS 进行介绍。

2.6 GIS

2.6.1 GIS 概述

地理信息系统（Geographic Information System，GIS）以地理空间数据库为基础，在计算机软硬件的支持下，运用系统工程和信息科学的理论，科学管理和综合分析具有空间内涵的地理数据，以提供管理、决策等所需信息的技术系统。简单地说，GIS 是综合处理和分析地理空间数据的一种技术系统，是以测绘测量为基础，以数据库作为数据储存和使用的数据源，以计算机编程为平台的全球空间分析即时系统。地理信息系统作为获取、存储、分析和管理地理空间数据的重要工具，近年来得到了广泛关注和迅猛发展。

地理信息系统是一种具有信息系统空间专业形式的数据管理系统，其主要特征是存储、管理、分析与位置有关的信息。地理信息系统的主要作用是将表格型数据转换为地理图形显示，然后对显示结果浏览、操作和分析。地理信息系统的显示范围可以从洲际地图到非常详细的街区地图，显示对象包括人口、销售情况、运输线路以及其他内容。

GIS 的功能包括数据采集、监测与编辑，数据处理，数据存储与组织，空间查询与分析，图形交互与显示。

（1）数据采集、监测与编辑——获取数据，保证 GIS 数据库中的数据完整、数值逻辑一致、正确等。

（2）数据处理——包括数据格式化、转换、概括。数据的格式化是指不同数据结构的数据间变换；数据转换包括数据格式转换、数据比例尺的转换。

（3）数据存储与组织——空间数据和属性数据的组织。空间数据结构的选择在一定程度上决定了系统所能执行的数据与分析功能。在地理数据组织与管理中，最为关键的是如何将空间数据与属性数据融合为一体。

（4）空间查询与分析——最基本、核心的功能。空间查询是最基本的功能。空间分析是核心功能，可分为 3 个不同的层次：一是空间检索，包括从空间位置检索空间物体及其属性和从属性条件检索空间物体；二是空间拓扑叠加分析，实现了输入要素属性的合并以及要素属性在空间上的连接；三是空间模型分析。

（5）图形交互与显示——为用户提供多形式的数据表现的工具，如报告、表格、地图等。

GIS 具有如下特点。

（1）GIS 数据库中不仅包含丰富的地理信息，还包含与地理信息有关的其他信息，如人口分布、环境污染情况、区域经济情况、交通情况等。

（2）GIS 在二维空间编码基础上，实现多专题的第三维信息结构的组合，并按时间序列延续，从而使其具有信息存贮、更新和转换能力，为决策部门提供实时显示和多层次分析的方便。这显然是常规二维或二维半的地形图所不具有的能力。

（3）将所有的地理要素，按经纬度或者特有的坐标系统进行严格的空间定位，使具有时序性、多维性、区域性特征的空间要素进行复合和分解，将隐含其中的信息变为显示表达，形成空间上和时间上连续分布的综合信息基础，支持空间问题的处理与决策。

（4）将多信息源的空间数据和统计数据进行分级、分类、规格化和标准化，使其达到计算机输入和输出的要求，便于进行社会经济和自然资源、环境要素之间的对比和相关分析。

2.6.2　GIS 的构成与分类

1. GIS 的构成

GIS 由 4 个主要部分构成。

（1）硬件。硬件的性能会影响处理速度的快慢、使用是否方便及可能的输出方式。当前，GIS 软件可以在很多类型的硬件上运行。

（2）软件。不仅包含 GIS 软件，还包括各种数据库、绘图、统计、影像处理及其他程序。GIS 软件的选型，直接影响其他软件的选择，影响系统解决方案，也影响着系统建设周期和效益。

（3）数据。精确的、可用的数据可以影响查询和分析的结果。

（4）人员。这是 GIS 中最重要的组成部分，包括开发人员和系统操作人员。

2. GIS 分类

（1）按照应用功能分类。

① 工具型 GIS。也称地理信息系统开发平台或外壳，具有 GIS 基本功能，是供其他系统调用或进行二次开发的操作平台。目前，流行的工具型 GIS 软件有 ArcGIS、MapInfo、MapGIS 等。

② 应用型 GIS。其是根据用户的需求和应用目的，在工具型 GIS 平台上，通过二次开发产生的。分为专题 GIS（如水资源管理信息系统、矿产资源信息系统、水土流失信息系统、环境管理信息系统等）和区域 GIS（如黄河流域 GIS 等）。

③ 大众型 GIS。面向大众、不涉及具体专业的 GIS。

（2）按数据结构分类。

① 矢量 GIS。矢量 GIS 是按照矢量图绘制的 GIS 图形。矢量图根据几何特性来绘制图形，矢量可以是一个点或一条线，矢量图只能靠软件生成，文件占用内在空间较小。这种类型的图像文件包含独立的分离图像，可以无限制地重新组合。它的特点是放大后图像不会失真，文件占用空间较小，适用于图形设计、文字设计和一些标志设计、版式设计等。

② 栅格 GIS。栅格 GIS 是按照栅格图像绘制的 GIS 图形。栅格图像也称光栅图像、栅格图形，是指在空间上和亮度上都已经离散化了的图像。我们可以把一幅栅格图像看作一个矩阵，矩阵中的任一元素对应于图像中的一个点，而相应的值对应于该点的灰度级，矩阵中的元素叫作像素。数字图像与马赛克拼图相似，是由一系列像素组成的矩形图案，如果所有的像素有且仅有两个灰度级（黑或白），则为二值图像，即位图。

2.6.3　GIS 在物流中的应用

1. 合理布局配送中心和配送点

随着经济的发展，物流配送呈现跨地区、跨国家的趋势，但大多情况下商品都是经过配送中心及配送点转移到消费者手中的。不合理的配送中心和配送点的分布会造成配送成本的增加和服务效率的降低。因此，我们可以利用 GIS 强大的空间网络分析功能，使其分布趋于合理。

2. 选择最佳路径

要在收到订单后，以最少的运输成本、最短的运输距离和最短的时间完成配送，可以借助 GIS。

3. 实现物流配送的可视化和物流配送的动态监测

将纸面上的表格和图形通过 GIS 转化为空间网络图，可使物流信息更加形象化和直观化。借助于物流配送的动态空间网络图，可以实时监测物流配送的动态，发现影响物流配送的因素，从而使整个配送过程顺畅无阻。

2.7 物联网

2.7.1 物联网概述

物联网是新一代信息技术的重要组成部分，其英文名称是"Internet of Things"。简而言之，物联网就是"物物相连的互联网"。

国际电信联盟（ITU）发布的 ITU 互联网报告，对物联网做了如下定义：通过二维码识读设备、射频识别（RFID）装置、红外感应器、全球定位系统和激光扫描器等信息传感设备，按约定的协议，把任何物品与互联网相连接，进行信息交换和通信，以实现智能化识别、定位、跟踪、监控和管理的一种网络。

根据国际电信联盟（ITU）的定义，物联网主要解决物品与物品（Thing to Thing，T2T）、人与物品（Human to Thing，H2T）、人与人（Human to Human，H2H）之间的互连问题。但是与传统互联网不同的是，H2T 是指人利用通用装置与物品之间的连接，从而使得物品连接更加的简化，而 H2H 是指人与人之间不依赖 PC 端而进行的互连。

2.7.2 物联网应用关键技术

在物联网应用中有 3 项关键技术：传感技术、RFID 技术和嵌入式系统技术。

（1）传感技术。传感技术同计算机技术与通信一起被称为信息技术的三大支柱。从物联网角度看，传感技术是衡量一个国家信息化程度的重要标志，它是关于从自然信源获取信息，并对之进行处理（变换）和识别的一门多学科交叉的现代科学与工程技术。它涉及传感器（又称换能器）、信息处理和识别的规划设计、开发、测试、应用及评价改进等活动。

（2）RFID 技术。它也是一种传感器技术，是融合了无线射频技术和嵌入式技术的综合技术，RFID 技术在自动识别、物品物流管理方面有着广阔的应用前景。

（3）嵌入式系统技术。该技术是综合了计算机软硬件、传感器技术、集成电路技术、电子应用技术的复杂技术。经过几十年的演变，嵌入式系统技术正在改变着人们的生活，推动着工业生产以及国防工业的发展。

如果把物联网比作人体，那么传感器相当于人的眼睛、鼻子、皮肤等感官，网络就是神经系统用来传递信息，嵌入式系统则是人的大脑，在接收到信息后要进行分类处理。这个例子很形象地描述了传感器、嵌入式系统在物联网中的位置与作用。

2.7.3 物联网在物流中的应用

物联网在物流中的应用广泛，遍及生产、运输、仓储、销售等领域。

1. 生产领域

基于物联网的支持，电子标签承载的信息可以实时获取，人们可以清楚地了解到产品的具体位置进行自动跟踪。对制造商而言，原材料供应管理和产品销售管理是其管理的核心，物联网的应用使得产品的动态跟踪运送和信息的获取更加方便。另外，制造商与消费者信息交流的增进使其对市场需求能做出更快的响应，在市场信息的捕捉方面夺得先机，从而有计划地组织生产，调配内部员工和生产资料，降低甚至避免因牛鞭效应带来的投资风险。

2. 运输领域

对运输商而言，通过电子产品代码 EPC 自动获取数据，进行货物分类，降低取货、送货成本。并且，EPC 电子标签中编码的唯一性和仿造的难度可以用来鉴别货物真伪。由于其读取范围较广，因而可实现自动通关和运输路线的追踪，从而保证了产品在运输途中的安全。即使在运输途中出现问题，运输商也可以准确地定位做出及时补救，使损失尽可能降到最低。这就提高了运输商送货的可靠性和效率，提高了服务质量。

3. 仓储领域

物联网技术在出入库产品信息采集方面的运用，实现了对产品的拣选、分类堆码和管理。仓储空间设置相应的货物进出自动扫描记录，可防止货物的盗窃或因操作人员疏忽引起的物品流失，从而提高库存的安全管理水平。目前，物联网技术已经广泛使用于货物和库存的盘点及自动存取货物等方面。

4. 销售领域

物联网系统具有快速的信息传递能力，能够及时获取缺货信息，并将其传递到卖场的仓库管理系统，经信息汇总传递给上一级分销商或制造商。及时准确的信息传递，有利于上游供应商合理安排生产计划，降低运营风险。在货物调配环节，物联网技术的支持大大提高了货物拣选、配送及分发的速度，还在此过程中实时监督货物流向，保障其准时准点到达，实现了销售环节的畅通。

2.8　新型物流信息技术

2.8.1　大数据

对于大数据（Big Data），研究机构高德纳公司（Gartner）给出了这样的定义：大数据是需要新处理模式才能具有更强的决策力、洞察发现力和流程优化能力来适应海量、高增长率和多样化的信息资产。

麦肯锡全球研究所给出的定义：一种规模大到在获取、存储、管理、分析方面大大超出了传统数据库软件工具能力范围的数据集合，具有海量的数据规模、快速的数据流转、多样的数据类型和价值密度低 4 大特征。

大数据

大数据的战略意义不在于掌握庞大的数据信息，而在于对这些含有意义的数据进行专业化处理。换而言之，如果把大数据比作一种产业，那么这种产业实现盈利的关键，在于提高对数据的"加工能力"，通过"加工"实现数据的"增值"。

在物流行业中，物流企业与材料供应商、产品制造商、批发零售商、消费者紧密地联系在一起，在运输、仓储、搬运装卸、包装及流通加工等物流环节中涉及海量的数据和信息，具有一定的经济价值。应用大数据分析恰恰能对这些数据进行快速高效的处理，得到准确的具有潜在价值的信息，可以提高运输与配送效率、减少物流成本、更有效地满足客户服务要求。随着物流行业对大数据应用的逐渐深入，未来物流行业获取的数据已不只是行业内部数据，还包括大量的外部数据，通过对这些数据的判别，物流企业可以预测性地为客户提供个性化、差异化服务。

大数据涵盖了许多高新技术，主要包括大数据存储、管理和大数据检索使用等技术。这些技术对物流行业发展的各个环节都有着重要的影响。通过在这些环节中对大数据的充分利用，物流企业可有效管理公司员工，快速制订高效合理的物流配送方案，确定物流配送的交通工具、最佳线路，并实时进行监控，以降低物流配送的成本和提高物流配送的效率，给客户提供高效便捷的服务，实现双赢。

物流市场有很强的动态性和随机性，物流企业需要实时分析市场变化情况，从海量的数据中提取当前的物流需求信息，同时对已配置和将要配置的资源进行优化，从而实现对物流资源的合理利用。可见，大数据分析可以帮助物流企业了解行业发展动态、增强客户的忠诚度、提高物流行业管理的透明度和服务质量、优化物流企业盈利方式。

2.8.2 云计算

云计算（Cloud Computing）是一种基于互联网的计算方式，通过这种方式，共享的软硬件资源和信息可以按需求被提供给计算机各种终端和其他设备。从技术上看，大数据与云计算密不可分，我们对大数据必然无法用单台的计算机进行处理，必须采用分布式架构，依托云计算的分布式处理、分布式数据库和云存储、虚拟化技术。

云计算

美国国家标准与技术研究院（NIST）对云计算的定义：云计算是一种按使用量付费的模式，这种模式提供可用的、便捷的、按需的网络访问服务，用户进入可配置的计算资源共享池（资源包括网络、服务器、存储、应用软件、服务等），这些资源能够被快速提供，只需投入很少的管理工作，或与服务供应商进行很少的交互。

云计算的特点如下。

1. 超大规模

"云"具有相当的规模，Google 云计算已经拥有 100 多万台服务器，IBM、微软等的"云"拥有几十万台服务器。企业私有云一般拥有数百上千台服务器。"云"能赋予用户前所未有的计算能力。

2. 虚拟化

云计算支持用户在任意位置、使用各种终端获取应用服务。所请求的资源来自"云"，而不是固定的有形的实体。应用在"云"中某处运行，但实际上用户无须了解，也不用担心应用运行的具体位置，只需要一台笔记本电脑或者一个手机，就可以通过网络服务来获得我们需要的一切。

3. 高可靠性

"云"使用了数据多副本容错、计算节点同构可互换等措施来保障服务的高可靠性，使用云计算比使用本地计算机可靠。

4. 通用性

云计算不针对特定的应用，在"云"的支撑下可以构造出千变万化的应用，同一个"云"可以同时支撑不同的应用运行。

5. 高可扩展性

"云"的规模可以动态伸缩，满足应用和用户规模扩大的需要。

6. 按需服务

"云"是一个庞大的资源池，我们可按需购买，它可以像自来水、电、煤气那样计费。

7. 低成本

由于"云"的特殊容错措施，我们可以采用廉价的节点来构成"云"，"云"的自动化集中式管理使大量企业无须负担日益高昂的数据中心管理成本，"云"的通用性使资源的利用率较之传统系统大幅提高，因此用户可以充分享受"云"的低成本优势。

8. 具有潜在的危险性

对于信息社会而言，"信息"是至关重要的。云计算中的数据对于数据所有者以外的其他云计算用户是保密的，但是对于提供云计算的商业机构而言确无秘密可言。因此，云计算潜在的危险是商业机构和政府机构选择云计算服务，特别是选择国外机构提供的云计算服务时，不得不考虑的一个重要前提。

可见，在物流行业中，云计算的巨大分布规模和超级计算能力，能够极大程度地整合物流业的数据资源、计算资源，提高物流产业的整体信息化能力和便捷性。云计算以"一切皆按需服务"为理念，在物流领域中搭建云计算平台能够使地区内不同服务器中的"物流云滴"汇集融合成为"物流小云"，将一定区域的"物流小云"再整合为更大区域的"物流大云"，乃至与物流有关的其他行业的"云"之间形成"混合云"，在信息层面为我国物流业实现高度集约化、统一化、综合化提供保障。

2.8.3 人工智能

人工智能（Artificial Intelligence，AI）也称机器智能，指由人制造出来的机器所表现出来的智能。通常人工智能是指通过普通计算机程序的手段实现的人类智能技术。在物流领域中应用较为广泛的人工智能技术有机器人技术、自动驾驶技术和无人机配送技术等。

人工智能

1. 机器人技术

机器人技术在物流中的应用是人工智能提高物流行业运转效能的最佳体现。搬运机器人、货架穿梭车、分拣机器人等多种机器人配合作业，使得仓库存储密度、搬运的速度、拣选的精度均大幅度提高，成了构建智慧化仓库的基础。

在苏宁试验的仓库机器人项目中，在 1 000 平方米的仓库里，穿梭着 200 台仓库机器人，驮运着近万个可移动的货架。根据实测，拣选 1 000 件商品，使用仓库机器人可减少人工 50%～70%；而使用仓库机器人拣选小件商品，效率可超过人工的 3 倍，拣选准确率达 99.99%。

此外，利用配送机器人可以解决快递"最后一公里"问题。菜鸟网络旗下 E.T.物流实验室研发的配送机器人小 G，是一款可以在陆地上行走的机器人，身高 1 米左右，每次配送大概能装 10～20 个包裹，它拥有强大的独立思考能力和计算能力，不仅自己会上电梯、感知电梯的拥挤程度，甚至还能识别路上的行人、车辆，智能规划路线。用户只要通过手机向小 G 发出服务需求，它就会与 TMS（运输管理系统）对接规划最优配送路径，将物品送到指定位置，用户可通过电子扫描签收。

2. 自动驾驶技术

自动驾驶技术目前已经面世，但仍然需要克服一些障碍，如完善自动驾驶软件，以便在拥堵的城市里自动驾驶，而非将自动驾驶区域局限在宽敞开阔的高速公路。车辆监管机构仍然在制定自动驾驶许可证相关规定及安全要求。商业运输企业应着手改进卡车车队，在车上安装可向人类"学习"驾驶的自动导航设备，通过使用多种传感器，使人工智能汽车可评估道路状况，并观察人类操作员如何应对道路上的各种"异常情况"。此外，在通过云端相互沟通时，这些车辆可分享它们所学习的内容，并积累相较于实验室所编程的知识更为复杂的驾驶知识。如此，自动驾驶技术将更加完善。

3. 无人机配送技术

无人机配送是人工智能的另一个重要应用。京东无人机配送已进入常态化运营，并在西安规划了 40 条无人机航线以满足客户需求，预计每天配送 4 次，每次运送 5 至 7 个订单。顺丰更是推出了多款无人机机型，可覆盖不同的业务场景，有效载重可达 5~25 千克，最大载重飞行距离达 15~100 千米。无人机配送是现代物流未来发展的一个重要方向，限于目前国家监管层面对于无人机的监管政策持续收紧，无人机配送的发展需要企业、中央监管部门和地方政府的共同推进。

2.8.4 虚拟现实（VR）和增强现实（AR）

虚拟现实（VR）和增强现实（AR）

虚拟现实（Virtual Reality，VR）简称虚拟技术，也称虚拟环境，是利用计算机模拟产生一个三维空间的虚拟世界，提供用户关于视觉等感官的模拟，让用户感觉仿佛身临其境，可以即时、没有限制地观察三维空间内的事物。用户进行位置移动时，计算机可以立即进行复杂的运算，将精确的三维世界视频传回产生临场感。该技术集成了计算机图形、计算机仿真、人工智能、感应、显示及网络并行处理等技术的最新发展成果，是一种由计算机技术辅助生成的高技术模拟系统。

增强现实（Augmented Reality，AR）也称实拟虚境或扩张现实，是指透过摄影机视频的位置及角度精算并加上图像分析技术，让显示屏上的虚拟世界能够与现实世界场景进行结合与交互的技术。

虚拟现实（VR）和增强现实（AR）有望给物流行业带来根本性的改变。

（1）简化操作。仓库工人在管理订单时通常需要进行多项操作，他们需要找到正确的商品，对其进行扫描，然后进行装货。VR 和 AR 等沉浸式技术有助于减少认知负担，让工人表现得更专注和专业。通过应用 VR 和 AR，我们可以将货物类型、包裹重量以及是否属于易碎品等相关信息直观地显示在工人面前，极大地方便工人操作。

（2）优化运输。VR 和 AR 可以计算包裹所需要占用的空间大小，并在货车车厢中找到最适合放置的地点。当司机开车上路后，AR 眼镜或车载 AR 也可取代传统导航系统提供动态实时导航。遇到路线缺失的情况时，司机可以手动向数据库中添加信息，通过这种方式，路线数据库也将不断被完善。

可见，VR 和 AR 将显著改善物流，其潜在应用领域非常广泛，包括仓库运营、运输优化等，VR 和 AR 在物流业中具有光明的应用前景。

 **要点回顾**

条码也称条形码，是由一组宽窄不同、反射率不同的条和空按一定的编码规则组合起来，用以表示一定信息的代码。根据维度的不同，条码主要分为一维条码和二维条码。

RFID 技术是一种无线电通信技术，其基本原理是电磁理论，利用无线电波对记录媒体进行读写。最基本的 RFID 系统由电子标签、阅读器和天线 3 部分组成。

EDI 是将贸易、运输、保险、银行和海关等行业的信息，用一种国际公认的标准格式，形成结构化的事务处理的报文数据格式，通过计算机通信网络，使各有关部门、公司与企业之间进行数据交换与处理，并完成以贸易为中心的全部业务过程。

GPS 的特点包括应用范围广、抗干扰能力强等。

GIS 是综合处理和分析地理空间数据的一种技术系统，是以测绘测量为基础，以数据库作为数据储存和使用的数据源，以计算机编程为平台的全球空间分析即时技术。地理信息系统作为获取、存储、分析和管理地理空间数据的重要工具，近年来得到了广泛关注和迅猛发展。

新型物流信息技术包括物联网、大数据、云计算、人工智能等。

 本章习题

一、名词解释

条码 RFID EDI GPS GIS 物联网

二、简答题

1．简述 RFID 的基本原理。

2．简述 EDI 的特点。

3．简述 GIS 的构成。

4．简述大数据在物流行业中的应用。

5．简述云计算在物流行业中的应用。

三、案例分析

联华超市与光明乳业之间建立了自动订货系统。联华各门店在每天 24 点之前汇总当天光明乳业的牛奶销售和库存信息，并在次日 9 点前将该数据传送至联华总部电子数据交换系统（EDI 系统），这些数据被处理后在当天 12 点被加载到光明乳业的信息系统中。光明乳业收到数据后，根据天气、销售、促销指标等因素进行订单预测。经预测的订单产生后，该公司开始做发货准备，并将订单数据发送给联华总部电子数据交换系统，联华门店当日 21 点前将收到收货信息，光明乳业在第三天上午 6 点半以前将所订的牛奶送到联华各门店。联华各门店在收到货物后，除了在收货单据上签字外，还必须在当日 12 点之前将收货信息导入管理信息系统（MIS）。

思考题：

（1）什么是 EDI 系统？谈谈你对它的理解。

（2）结合联华超市与光明乳业的成功经验，你认为 EDI 系统能给企业带来哪些好处？

 拓展阅读

　　菜鸟网络立志打造"中国智能物流骨干网"，让通过这个网络的任何商品实现全国 24 小时可达。菜鸟网络的核心资源是物流大数据，通过收集物流公司的大数据，提高快递公司乃至快递行业的效率。

　　从商家发货开始，菜鸟网络就能知道该商品要经过哪几个节点，在什么时间点送到哪个最末端的网络。以前快递公司只能根据以往的经验来判断物流量，但是菜鸟网络能够提前预判一个城市到全国各地的包裹数量和运输路线，从而提前准备人力和配送车辆等资源。大数据在累积到一定的数量后，将发挥更大的威力。一方面菜鸟网络能帮助快递公司估算分布中心的人力和场地资源，另一方面商家通过菜鸟的配送系统可以预估各个城市之间的备货量，实现动态补货。

　　通过应用大数据和云计算，菜鸟网络打造了一个"中国智能物流骨干网"。请大家在课后查阅资料，了解新型物流信息技术的其他应用案例，并尝试对其未来发展趋势和主要问题进行分析。

第3章 运　输

内容提要

在电子商务的背景下，商品销售呈现渠道多样化、地域广泛化等特点，为了更好地满足客户需求，实现电子商务运输管理合理化尤为重要。本章介绍了运输的含义，运输的功能，运输方式的分类以及实现运输合理化的途径等内容。

学习完本章后，希望读者掌握以下内容。

（1）运输的功能。

（2）不同运输方式的优缺点。

（3）影响运输合理化的因素。

（4）实现运输合理化的途径。

引导案例

中邮物流有限责任公司（以下简称"中邮物流公司"）成立于2003年1月18日，隶属中国邮政集团公司，是专业经营和管理邮政物流业务的大型国有企业，注册资本3.7亿元人民币。公司下设31个省级子公司，是一家集仓储、封装、配送、加工、理货、运输和信息服务于一体的现代化综合性物流企业。

公司的市场定位是围绕国民经济和社会发展需要，以多批次、高时效、高附加值、小批量、小体积、小重量的物品为主，重点为IT（电子、电信）、医药、出版、汽车配件、高档消费品、烟草、电子商务等行业的国内外大中型制造企业、品牌流通企业和电子商务企业提供定制化的、高层次精益物流服务。

中邮物流公司通过推行先进的邮政网络运行体制，能够承担物流的处理、储存、配送等服务。经过长期的发展建设，中邮物流公司已经建立了一张由飞机、火车、汽车等不同运输工具组成的庞大的干线运输网。

航空邮路：以自办航空为主体，民航委办为补充，航空邮路2 543条。主要承担省会至首都、省会至省会、省会至主要城市之间的邮件运输工作。拥有专用邮政运输飞机29架。

铁路运输：主要承担各省会之间及主要城市之间的邮件运输工作，拥有278条铁路邮路和433节火车车厢，为客户提供迅捷、准确、安全、方便的邮件与物流运输服务。

公路运输：中邮物流公司拥有较强的公路运输能力，还有遍布全国的运输网络：汽车邮路2.2万条，各类邮政汽车9.4万辆；农村投递路线9万条，城市投递路线6.7万条。这些确保了邮件及物流产品被及时、准确地被运送到用户手中。

此外，中邮物流公司目前已投入使用专业化物流信息系统（CNPL），有力支持了邮政全国性一体化物流项目的顺利开展。

（资料来源：由网络资料整理而来）

【案例思考】

通过此案例，你认为不同的运输方式有哪些特点。如何利用不同的运输方式实现运输合理化呢？

3.1　运输概述

电子商务作为一种新的商业模式，有着强大的生命力。它的迅速发展引发了交易方式的创新，也促进了流通模式的变革。随着电子商务的不断发展，提高运输效率已成为运输行业最主要的竞争手段之一，在电子商务背景下，现代物流运输将更加趋于合理、高效。

3.1.1　运输的含义

我国国家标准《物流术语》（GB/T 4122.1—1996）对运输的定义：用设备和工具，将物品从一地点向另一地点运送的物流活动。其中包括集货、分配、搬运、中转、装入、卸下、分散等一系列操作。

运输是人和物的载运及输送。本书中专指"物"的载运及输送。它是在不同地域范围间（如两个城市、两个工厂之间，或一个大企业内相距较远的两车间之间），以改变"物"的空间位置为目的的活动，对"物"进行空间位移。运输和搬运的区别在于，运输是在较大范围内的活动，而搬运是在同一地域之内的活动。

运输是物流的主要功能之一。按照物流的概念，物流是物品实体的物理性运动，这种运动不但改变了物品的时间状态，也改变了物品的空间状态。运输承担了改变物品空间状态的主要任务，是改变物品空间状态的主要手段；运输再搭配搬运、配送等活动，就能完成改变空间状态的全部任务。在现代物流观念未诞生之前，有不少人将运输等同于物流，其原因是物流中很大一部分责任是运输承担的，运输是物流的主要功能。据调查，货物运输费用往往占物流总成本的 1/3～2/3，因此，提高运输的效率对于改善物流活动具有极大的帮助。

3.1.2　运输的功能

1. 创造商品的空间效用和时间效用

运输通过改变商品的地点创造的价值为商品的空间效用；运输使得商品能够在适当的时间内到达消费者手中，这就产生了商品的时间效用。企业利用这两种效用的产生，才能真正满足消费者消费商品的需要。

运输是一个增值的过程，通过创造空间效用和时间效用来创造价值。商品的运输成本是商品价格的一个重要组成部分，运输成本的降低有助于企业实现以较低的成本提供优质服务的目的。

电子商务物流管理（微课版　第3版）

2. 扩大商品的市场范围

早期的商品交易市场往往位于人口相对密集、交通比较便利的地方。在依靠人力、畜力进行运输的年代，市场位置的确定在很大程度上受人和货物可及性的影响。随着技术的发展，运输手段不断改善，运输效率不断提高，运输费用也不断降低。运输费用的降低，使市场的范围不断扩大。由此，运输系统的改善既扩大了市场区域范围，也增加了市场本身的规模，为大规模的商品销售提供了前提条件。

3. 保证商品价格的稳定性

各个地区因为地理条件不同，拥有的资源也各不相同，如果没有一个顺畅的商品运输体系，其他地区的商品就不能到达本地市场，那么，本地市场所需要的商品也就只能由本地来供应。这种资源的地域不平衡性，造成了商品供给的不平衡，商品的价格可能会出现很大的波动。如果拥有一个完善的运输系统，那么，当本地市场对商品的供给不足时，外地的商品就能够通过这个运输系统进入本地市场，本地市场的过剩产品能够通过这个系统被运送到其他市场，这可使市场保持供求的动态平衡和价格的稳定。

4. 促进社会分工

当商品的生产和销售两大功能分开之后，如果没有一个高效的商品运输体系，那么，这两大功能就不能实现。运输是商品生产和商品销售之间不可缺少的联系纽带，它能真正地实现生产和销售的分离，促进社会分工。

3.1.3 运输在物流中的作用

1. 运输是物流网络的基础

物流系统是一个网络结构系统，系统中的运输活动使物品在位置空间中发生位移，称为线路活动；其他物流活动是在物流结点（物流配送中心或车站码头）上进行的，被称为结点活动，线路活动和结点活动共同构成物流网络。

在直供系统中，只存在起始结点和终端结点，无中间结点，物流的结点活动只在起始结点和终端结点上进行。在中转物流系统中存在物流中心，它们是中间结点，物流的结点活动主要在这些结点上进行。从网络结构上看，如果没有运输的线路活动，网络结点将成为孤立的点，网络结构也就不存在了。因此，运输是物流网络构成的基础。

2. 运输是物流系统的核心

物流系统具有三大效用（或称三大功能），即创造物品的空间效用、时间效用和形质效用。有关空间效用和时间效用的概念前已述及，而形质效用是指企业通过流通加工，改变物品的形状和性质，达到促进销售、方便运输和提高物品利用效果的目的。

（1）空间效用通过运输或配送活动来实现，它是物流系统不可缺少的功能之一。因为在社会化大生产条件下，产品的生产和消费在空间上的矛盾不但不会消除，反而会随着经济全球化而越来越严重，这使得企业对物流业，特别是对运输、配送业务的需求增加。

（2）时间效用主要通过仓储活动来实现，这一功能虽然在物流系统中是不可缺少的功能之一，但其重要性有弱化的趋势。

（3）形质效用由流通加工业务来实现，它随着运输、配送功能的增强而更加完善。流通加工功能，一部分从属于运输、配送功能，为运输、配送服务，另一部分也需要运输、配送功能与之紧密配合。

根据国家统计局 2019 年发布的统计数据，2005—2018 年我国交通运输行业货物运输情况如图 3-1 和图 3-2 所示。

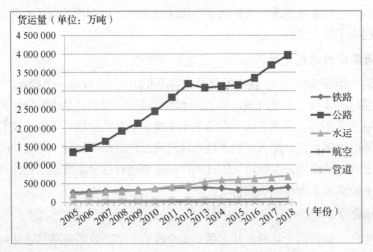

图 3-1　各种运输方式 2005—2018 年货运量总计

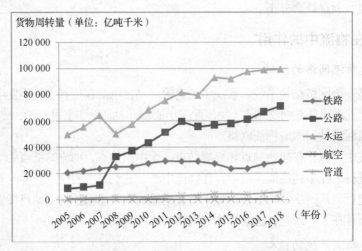

图 3-2　各种运输方式 2005—2018 年货物周转量总计

根据以上统计数据，我们不难看出，在图 3-1 中，公路的货运量最大，且总体呈平稳上升趋势，这是由公路投资建设费用少、汽车运输机动灵活，可以实现门到门运输且大部分的运输方式都需要与公路运输结合等特点决定的；在图 3-2 中，水运的货物周转量最大，这是由水运运输能力大、平均运距长等特点决定的，此外，公路货物周转量在 2008 年超过了铁路货物周转量，位居第二，增长势头强劲，这表明货物运输对于公路的依赖程度越来越高，尽管铁路运输的成本更低，但由于铁路的货运能力有限，所以一直以来，铁路货运周转量变化幅度不大。

（资料来源：国家统计局）

铁路、公路、水运、航空和管道是我国货物运输的几种主要方式，不同运输方式的特点不尽相同，接下来，本书将对铁路运输、公路输运、水路运输、航空运输和管道运输的含义和优缺点进行详细介绍。

3.2 铁路运输

小案例

中国铁路95306网站主要提供3项服务：一是提供铁路货运电子商务服务；二是提供大宗物资交易服务，支持煤炭、矿石、钢铁、粮食、化工、水泥、矿建、焦炭、化肥、木材、饮食品11个品类物资在线交易并提供配套物流服务；三是提供小商品交易服务，包含商品选购、在线支付、物流配送、网络营销、客户服务等。

网站定位是依托铁路运输网络，联合海运、空运、快递优势资源，搭建一个集大宗货物、小商品交易及物流服务为一体的电商物流综合平台。简单地说，就是要实现"可以买、可以卖、可以运"3大功能。

（资料来源：百度百科、搜狐网）

案例点评：我国的铁路运输与电子商务的最佳结合方式仍需不断探索。中国铁路在"互联网+"之路上，应当发挥比较优势，找准当前电子商务领域的切入点，找到适合自己的定位。未来的铁路运输可以与电子商务平台开展更加紧密的合作，进而充分发挥各自的资源优势。

本小节将讲述铁路运输的含义和铁路运输的优缺点。通过学习，读者可进行小组讨论，针对铁路运输的优缺点，探讨在电子商务环境下，中国铁路运输的发展方向。

3.2.1 铁路运输的含义

我国国家标准《物流术语》对铁路运输的定义：使用铁路设施、设备运送货物的一种运输方式。铁路运输主要承担长距离、大数量的货运工作，在无法水运的地区，几乎所有大批量货物都是依靠铁路运输的。

3.2.2 铁路运输的优缺点

铁路运输具有如下优点。

（1）运行速度快，速度一般在80～120千米/小时。

（2）运输能力强，可实现大批量货物一次性高效率运输。

（3）铁路运输过程受自然条件限制较小，连续性强，能保证全年运行。

（4）通用性能好，既可以承担客运，也可以承担货运。

（5）运行比较平稳，安全可靠。

从经济指标上看，铁路货运成本结构的显著特点是"与运量无关"的成本费用（指线路、通信设备、大型建筑物、技术建筑物的运用、维护费用，以及管理人员工资等）占铁路货运成本的50%左右，始发和终到作业费用约占运输成本的18%，所以运距短时，货运成本高，只有运距较长时，货运成本才能大幅度下降。

当然，铁路运输也存在投资高、建设周期长等缺点。一条铁路干线要建设5～10年，而且占地多，随着人口的增长，这将给社会增加更多的负担。综上所述，铁路运输适于在内陆地区运送长距离、大批量，对时间、可靠性要求高的一般货物和特种货物。

3.3　公路运输

小案例

货车帮科技有限公司（以下简称货车帮）是一家高科技公司，总部位于贵州省贵阳市，其主要产品为"货车帮"手机App，该手机App专门针对国内的货车司机提供货源匹配核心服务，同时提供交易担保、卡车团购、维修救援、汽配销售等周边产品服务。通过移动互联网大数据匹配空车与货源，减少货车空驶率，极大地减少了公路物流的资源浪费。

2017年阿里云栖大会上，货车帮CTO唐天公开的数据显示，截至2017年7月底，货车帮诚信注册会员车辆达450万辆，诚信注册货主会员达88万人，平台日发布货源信息达500万条，日促成货运交易超14万单，日成交货运费超过17亿元，并在全国360个城市建立了1 000个直营服务网点。

2017年11月27日，货车帮与"运满满"进行战略合并。合并后，原有运满满和货车帮继续独立运作，但在业务上进行优势互补。

（资料来源：百度百科、亿邦动力网）

案例点评：运输行业普遍存在的车辆空驶问题给货车帮提供了发展机遇，货车帮通过信息技术将货源信息整合并提供给货运公司，减少了货运车辆空驶率，提高了货物运输效率。

本节主要介绍公路运输的含义以及公路运输的优缺点，希望在学习完本节之后，读者可以掌握公路运输的相关知识，并能从多个角度思考电子商务对于公路运输的作用。

3.3.1　公路运输的含义

我国国家标准《物流术语》对公路运输的定义：使用公路设施、设备运送货物的一种运输方式。公路运输主要以卡车为运输工具，包括专用运输车辆，如集装箱、散装、冷藏、危险品等运输车辆。公路运输是连接铁路、水路和航空运输起始端和末端不可缺少的工具，是沟通城乡、工农、生产与消费的桥梁和纽带。没有公路运输，铁路、水路和航空运输就不能正常进行。

3.3.2　公路运输的优缺点

公路运输的优点如下。

（1）时空上的灵活性。从空间上说，公路运输可以实现"门到门"的运输，充分方便了货物的使用者。从时间上说，公路运输可以实现即时运输，即根据货物使用者的要求，以合适的批量随时启运。

（2）运输条件的灵活性。公路运输的服务范围不仅在等级公路上，还可以延伸到等级外的公路，甚至是乡村便道。装卸普通货物时，其对场地、设备没有专门的要求。其客运站点的设置也很灵活，有时只设置一个停靠点即可。

（3）服务的灵活性。服务的灵活性具体表现为能够根据货物使用者或旅客的具体要求提供有针对性的服务，最大限度地满足不同性质的货物运输要求和不同层次旅客的需求。

公路运输的缺点如下。

（1）运输能力不高，每辆普通载重汽车每次只能运送 5 吨货物。

（2）运输能耗很高。

（3）运输成本高。

（4）劳动生产率低，汽车由于体积小，无法运送大件物资，也不适宜运输大宗和需长距离运输的货物。

（5）公路建设占地多，随着人口的增长，占地矛盾将表现得更为突出。

公路运输比较适合内陆地区的短途货物，因此，可以与铁路、水路联运，满足铁路、港口集疏货物的要求。

3.4 水路运输

3.4.1 水路运输的含义

我国国家标准《物流术语》对水路运输的定义：使用船舶（或其他水运工具），在江、河、湖、海等水域运送货物的一种运输方式。

水路运输的形式主要有以下 4 种。

（1）沿海运输。使用船舶通过大陆附近沿海航道运送客货的一种方式，一般使用中、小型船舶。

（2）近海运输。使用船舶通过大陆邻近国家海上航道运送客货的一种运输形式，视航程远近可使用中型船舶，也可使用小型船舶。

（3）远洋运输。使用船舶跨大洋的长途运输形式，主要依靠运量大的大型船舶。

（4）内河运输。使用船舶在陆地内的江、河、湖、川等水道进行运输的一种方式，主要使用中、小型船舶。

3.4.2 水路运输的优缺点

水路运输的优点如下。

（1）运载能力强。相比于铁路、公路、航空、管道运输，水路运输的运载能力最强，在长江干线，一支拖驳或顶推驳船队的运载能力已超过万吨，国外最大的顶推驳船队的运载能力达 3 万～4 万吨，世界上最大的油船的运载能力已超过 50 万吨。

（2）在运输条件良好的航道中，通行几乎不受限制。

（3）水路运输的通用性能也不错，既可运客，也可运货（可以运送各种货物，尤其是大件货物）。

从经济技术指标上看，水路运输的优点如下。

（1）水运建设投资少，除必须投资购建船舶、建设港口之外，几乎不需投资。

（2）运输成本低，水运的基本成本结构是高的可变成本和低的固定成本。由于水路运输平均运距较长，所以货运成本大大低于其他运输方式的货运成本。

（3）劳动生产率高。

（4）平均运距长。

水路运输的缺点如下。

（1）受自然条件影响较大，内河航道和某些港口受季节影响较大，难以保证全年通航。

（2）运送速度慢，在途中的货物多，会增加货主的流动资金占有量。

综上，水路运输综合优势较为突出，适宜运距长、运量大，对时间要求不太高的各种大宗物资。

3.5 航空运输

3.5.1 航空运输的含义

我国国家标准《物流术语》对航空运输的定义：使用飞机或其他飞行器运送货物的一种运输方式。航空运输的单位成本很高，因此主要适合运载两类货物：一类是价值高、运费承担能力较强的货物，如贵重设备的零部件、高档商品等；另一类是紧急需要的物资，如救灾抢险物资等。

航空运输包括班机运输、包机运输和专机运输几种形式，通常以班机运输为主。航空运输由于突出的高速直达性，在交通大系统中具有特殊的地位并且拥有很大的发展潜力。

3.5.2 航空运输的优缺点

航空运输的优点如下。

（1）高速直达性。高速直达性是航空运输最突出的特点。由于在空中较少受到自然地理条件的限制，因此航空运输的运输距离一般为两点间的最短距离。如此，航空运输就能够实现在两点间的高速、直达运输。

（2）安全性。随着科学技术的进步，人们在不断对飞机进行技术革新的同时，也相应提高了飞机维修技术，这些都加强了航空运输的安全性。尽管飞行事故会造成机毁人亡（事故严重性最高），但按单位货运周转量或单位飞行时间损失率来说，航空运输的安全性是很高的。

（3）经济价值高。尽管从经济方面来讲，航空运输的成本及运价均高于铁路、水路运输，是一种价格较高的运输方式，因此，一般不如其他运输方式普及，尤其是在不发达国家。但如果考虑时间成本，航空运输又有其独特的经济价值。因此，随着经济的发展、人均收入的提高及时间价值的提高，航空运输越来越受到重视。

（4）包装要求低。人们对空运货物包装的要求通常比其他运输方式的要低。在航空运输中，人们通常只用塑料薄膜裹住货物。这是因为飞机航行的平稳性和自动着陆系统降低了货损率，因此其可以降低对包装的要求。

当然，航空运输也存在着飞机造价高、能耗大、运输能力不高、成本很高、技术复杂等缺点。因此，航空运输适宜运输长途旅客和体积小、价值高的物资、鲜活产品及邮件等。

3.6　管道运输

管道运输是国际货物运输方式之一，具有运量大、不受气候和地面条件限制、可连续作业以及成本低等优点。管道运输已成为中国继铁路、公路、水路、航空运输的第五大运输方式。目前，我国西油东送、北油南运、西气东输、北气南下、海上登陆、就近供应、覆盖全国的油气管道供应格局已然形成。

> **小资料**
>
> 受国家环保政策大力推动，天然气消费在我国能源消费中占比越来越大，天然气管道的全方位建设不仅方便了国内资源的输送，也增加了进口天然气数量，更使我国开始进入"天然气大时代"。
>
> 中国——中亚天然气管道起于阿姆河右岸的土库曼斯坦和乌兹别克斯坦边境，经乌兹别克斯坦中部和哈萨克斯坦南部，从霍尔果斯进入中国，其中在土库曼斯坦境内长 188 千米，在乌兹别克斯坦境内长 530 千米，在哈萨克斯坦境内长 1 300 千米，其余约 8 000 千米位于中国境内。
>
> 土库曼斯坦的天然气经这一管道进入中国后，与同期建设的西气东输二线衔接，总长度超过 1 万千米，是迄今为止世界上距离最长的天然气管道。西气东输二线在起点在新疆的霍尔果斯，途经新疆、湖北、浙江等省区，向东抵达上海，向南抵达广州，并最终到达香港地区。
>
> （资料来源：百度百科）

3.6.1　管道运输的含义

我国国家标准《物流术语》对管道运输的定义：由大型钢管、泵站和加压设备等组成的运输系统完成物料输送工作的一种运输方式。其运输是靠物体在管道内顺着压力方向循序移动实现的，和其他运输方式的重要区别在于，管道设备是静止不动的。

目前全球的管道承担很大比例的能源物资运输工作，包括运输原油、成品油、天然气、油田伴生气、煤浆等。其运量大大高于人们的想象，一般人很少注意到它的地位和作用。近年来，管道运输也被进一步研究用于解决散状物料、成件货物、集装物料的运输问题，并向容器式管道运输方向发展。

3.6.2　管道运输的优缺点

管道运输的优点如下。

（1）运量大。一条输油管线可以不间断地执行运输任务。由于管径大小不同，其每年的运输量由数百万吨到几千万吨不等，有的甚至超过亿吨。

（2）占地少。运输管道通常埋于地下，其占用的土地很少。实践证明，运输管道埋藏于地下的部分占管道总长的95%以上，因此占用的土地很少，其土地占用量仅为公路土地占用量的3%，铁路土地占用量的10%左右。在交通运输系统中，优先考虑管道运输方案，对于节约土地资源意义重大。

（3）管道运输建设周期短。管道运输系统的建设周期与相同量的铁路建设周期相比，一般来说要短 1/3 以上。

（4）管道运输安全可靠、连续性强。由于石油和天然气易燃、易爆、易挥发、易泄露，采用管道运输，既安全又可以大大减少挥发损耗和对空气、水及土壤的污染。也就是说，管道运输能较好地满足运输工程的绿色环保要求。此外，由于管道基本埋藏于地下，其运输过程受恶劣气候的影响小，这可以确保运输系统长期稳定地运行。

（5）管道运输耗能少、成本低、效益好。采用管道运输石油，在大量运输时的运输成本与水路运输的成本接近，因此在无法采用水路运输的条件下，采用管道运输较为节能。

理论分析和实践证明，管道口径越大，运输距离越远，运输量越大，运输成本就越低，以运输石油为例，管道运输、水路运输、铁路运输的运输成本之比为 1∶1∶1.7。

管道运输的缺点如下。

（1）专用性强。只能运输石油、天然气及固体料浆（如煤炭等）。

（2）管道起输量与最高运输量相差不大。

3.7　联合运输

3.7.1　联合运输的含义

联合运输在国际上有多种表述方式，国际商会称其为联合运输（Combined Transport），美国称其为综合运输（Intermodal Transport），还有的称其为复合运输（Multimodal Transport）。欧洲运输部长会议（ECMT）将联合运输定义为：装在货柜里（如联运工具或集装箱）的货物至少经过两种运输方式运送，货物在转运过程中没有经过拼装和卸载，通过火车、内陆航运、海洋、航空、公路等方式，实现多种运输方式联合的"门到门"运输。

我国国家标准《物流术语》对联合运输的定义：一次委托，使用两种或者两种以上运输方式，或不同的运输企业将一批货物运送到目的地的运输方式。联合运输主要包括公铁联运、陆海联运、陆空（海空）联运等。

ᐧ小资料ᐧ

国际多式联运（International Multimodal Transport）简称多式联运，是在集装箱运输的基础上产生和发展起来的，是指按照国际多式联运合同，以至少两种不同的运输方式，由多式联运经营人将货物从一国境内的接管地点运至另一国境内指定交付地点的货物运输。国际多式联运适用于水路、公路、铁路和航空多种运输方式。在国际贸易中，由于85%～90%的货物是通过水路运输完成的，故水路运输在国际多式联运中占据主导地位。

3.7.2　联合运输的特征

联合运输是将不同的运输方式、几个运输企业，或产、供、运、销部门有机地衔接起来，对全运程进行统筹，使货物办理一次托运手续便能从产地或始发地迅速、简便、经济、安全地运达收货地；旅客能一票到达目的地。

联合运输由于综合了多种运输方式的特点，除了运输费用低、运输效率高、节能环保外，还具有以下几个特征。

（1）货物在运输过程中，必须被装在标准化的货柜里，而且在转运过程中不拼装和拆分货柜。

（2）必须是两种或两种以上不同运输方式的连贯运输。

（3）必须有一个联合运输经营人负责整个运输的协调与管理工作。

（4）必须实行全程单一的运费费率，运输费用由联合运输经营人以包干形式一次性向货主收取。

小资料

《联合国国际货物多式联运公约》是于1980年5月24日在日内瓦举行的联合国国际联运会议第二次会议上，经与会的84个联合国贸易和发展会议（UNCTAD）成员方一致通过的。该公约分为总则、单据、联运人的赔偿责任、发货人的赔偿责任、索赔和诉讼、补充规定、海关事项和最后条款8个部分。

《联合国国际货物多式联运公约》规定，进行国际多式联运需同时具备下列6个条件：（1）必须有多式联运合同；（2）必须使用一份包括全程的多式联运单据；（3）必须至少是两种不同运输方式的连贯运输；（4）必须是国际货物运输；（5）必须由一个多式联运经营人总负责；（6）必须执行全程单一的运费费率。

公约的主要内容：（1）该公约适用于货物起运地和（或）目的地位于缔约国境内的国际货物多式联运合同。多式联运单据是证明多式联运合同和多式联运人接受货物并负责按照合同条款交付货物的单据。在一般情况下，它就是多式联运合同，还可以作为货物收据和提货凭证。（2）该公约并不排除各缔约国国内法律管辖。（3）实行统一责任制和推定责任制。（4）多式联运经营人的责任期间为自接管货物之时起，至交付货物之时止。（5）赔偿责任限制为每件或每一运输单位920个特别提款权，或按货物毛重计算，每千克2.75个特别提款权，两者以较高者为准。（6）货物损害索赔通知应在收到货物的次一工作日之前以书面形式提交多式联运经营人，延迟交付损害索赔通知必须在收到货物后60日内书面提交，诉讼或仲裁时效期间为两年，自货物交付之日起或应当交付之日起算。如果在货物交付之日起6个月内，没有出具书面索赔通知来说明索赔的性质和主要事项，则诉讼在此期间届满后即失去时效。（7）管辖权法院：①被告主要营业场所或被告的居住场所所在地；②合同订立地；③货物接管地或交付地；④合同指定并在多式联运单据中载明的其他地点。公约允许双方在索赔发生后达成协议选择其他地点的法院进行诉讼。此外，公约还允许双方订立仲裁协议，将有关争议提交仲裁，索赔人可选择的仲裁地点与上述诉讼管辖地基本相同。（8）公约附有国际多式联运海关事项的条款，规定缔约国海关对于运输途中的多式联运货物，一般不检查，但各起运国海关所出具的材料应完整与准确。

3.8　运输合理化

3.8.1　不合理运输的表现

1. 空驶

空驶是指空车无货载行驶，可以说是不合理运输的最严重形式。

2. 对流运输

对流运输也称"相向运输"或"交错运输"，指同一种货物在同一线路上或平行线路上做相对方向运送时，与对方运程的全部或一部分发生重叠交错，如图 3-3 和图 3-4 所示。

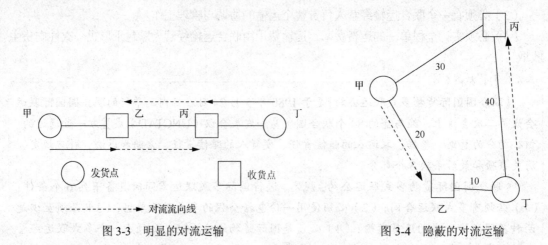

图 3-3　明显的对流运输　　　　　　　图 3-4　隐蔽的对流运输

3. 迁回运输——近路不走走远路，大路不走走小路

迁回运输是舍近求远的一种运输方式，如图 3-5 所示，是放弃短距离运输，而选择路程较长路线进行运输的一种不合理运输形式。

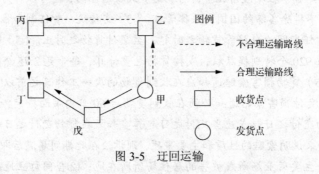

图 3-5　迁回运输

4. 倒流运输

倒流运输（见图 3-6）是指货物从销地或中转地向产地或起运地回流的一种运输现象。其不合理程度要甚于对流运输，其原因在于，两程的运输都是不必要的，形成了双程的浪费。

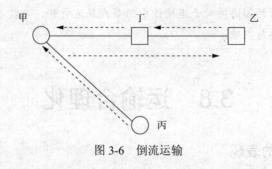

图 3-6　倒流运输

5. 重复运输

本来可以直接将货物运到目的地，但是未达目的地就将货卸下，再重复装运送达目的地，这是重复运输的一种形式；另一种形式是，同品种货物在同一地点运进又运出。重复运输的最大弊端是增加非必要的中间环节，这就延缓了流通速度，增加了费用和货损率。

6. 过远运输

过远运输（见图3-7）是指调运物资舍近求远。

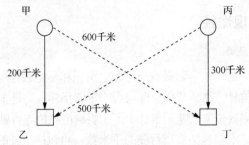

图 3-7　过远运输

7. 超限运输

超限运输容易引起货损、车辆损坏和公路路面及公路设施的损坏，还会造成严重的事故。这是当前表现突出的不合理运输形式。

8. 运力选择不当

未发挥各种运输工具的优势，而不正确地利用运输工具造成的不合理现象被称为运力选择不当。

9. 搬运方式选择不当

搬运方式选择不当是指货主可以选择最好的托运方式而未选择，从而造成运力浪费及费用支出增大的一种不合理运输形式，如应选择整车运输而未选择，反而采取零担托运。

3.8.2　影响运输合理化的因素

影响物流运输合理化的因素很多，起决定作用的有 5 个因素，它们被称为合理运输的"5要素"。

1. 运输距离

在运输过程中，运输时间、运输费用等若干技术经济指标都与运输距离有一定的关系，运距长短是衡量运输是否合理的一个最基本的因素。

2. 运输环节

每增加一个运输环节，运输的附属活动势必也要增加，如装卸，包装等，各项技术经济指标也会因此发生变化，因此减少运输环节对运输合理化有一定的促进作用。

3. 运输工具

各种运输工具都有其优势领域，对运输工具进行优化选择，最大限度地发挥运输工具的特点和作用，是实现运输合理化的重要的一环。

4. 运输时间

在全部物流时间中，运输时间占绝大部分，尤其是远程运输，因此，运输时间的缩短对整个物流时间的缩短具有决定性的作用。此外，运输时间缩短，还有利于加速运输工具的周转，充分发挥运力效能，提高运输线路通过能力，促进运输合理化。

5. 运输费用

运费在全部物流费用中占很大的比例，运费的高低在很大程度上决定着整个物流系统的竞争能力。实际上，运输费用是衡量运输是否合理的一个重要因素。运费的高低也是各种合理化措施是否行之有效的最终判断依据之一。

3.8.3 合理运输的实现途径

1. 提高运输工具实载率

实载率有两个含义：一是单车实际载重与运距之乘积和标定载重与行驶里程之乘积的比率，它是在安排单车、单船运输时，判断装载合理与否的重要指标；二是车船的统计指标，即一定时期内车船实际完成的货物周转量（以吨千米计）占车船载重吨位与行驶千米之乘积的百分比。在计算时车船行驶的千米数，不但包括载货行驶的千米数，也包括空驶的千米数。

提高实载率的意义在于：充分利用运输工具的额定能力，减少车船空驶和不满载行驶的时间，减少浪费，从而求得运输的合理化。

2. 减少动力投入

这种合理化的要点是，少投入、多产出，走高效益之路。我们对运输的投入主要是能源和基础设施，在基础设施已定型和建设完成的情况下，尽量减少能源投入，是少投入的核心。做到了这一点就能大大节约运费，降低单位货物的运输成本，达到合理化的目的。

3. 发展社会化的运输体系

对分散的运输需求和运输能力进行整合，促进运输向社会化和专业化方向发展，实现运输需求和运输能力间的统一协调与安排，可有效避免对流、倒流、空驶、运力不当等多种不合理形式，因此发展社会化的运输体系是实现运输合理化的重要措施。

4. 开展中短距离铁路公路分流，"以公代铁"的运输

这一措施的要点是在公路运输经济里程范围内，尽量利用公路运输。虽然超出通常平均经济里程范围，但经过论证后，利用公路运输的优势有以下两个：一是用公路分流后，铁路运输的紧张局面可以得到一定程度的缓解，这可加强这一区段的运输通过能力；二是充分利用公路从门到门和在中途运输中速度快且灵活机动的优势，提供铁路运输难以提供的服务。我国"以公代铁"的运输方式目前在杂货、日用百货运输及煤炭运输中较为普遍，运距一般在200千米以内，有时可达700~1 000千米。经认真的技术经济论证，山西煤炭用公路运输方式代替铁路运输方式被运至河北、天津、北京等地是合理的。

5. 尽量发展直达运输

直达运输是追求运输合理化的重要形式，可减少中转次数，提高运输速度，省却装卸费用，降低中转货损率。直达的优势，尤其是在一次运输批量和用户一次需求量达到了一整车时表现得最为突出。此外，人们在生产资料、生活资料运输中，通过直达，建立稳定的产销关系和运输系统，也有利于提高运输的计划水平。

特别需要一提的是，如同其他合理化措施一样，直达运输的合理性也是以一定条件为基础的，大家不能绝对认为直达运输一定优于中转运输。这要根据用户的要求，从物流总体出发做综合判断。如果从用户需要量看，批量大到一定程度，直达运输是合理的，批量较小时，中转运输是合理的。

6. 采用配载运输

配载运输是充分利用运输工具的载重量和容积，合理安排装载的货物及载运方法，以求得

合理化的一种运输方式。配载运输也是提高运输工具实载率的一种有效形式。

配载往往是指将轻重商品混合配载，如在以重质货物运输为主的情况下，同时搭载一些轻泡货物（如海运矿石、黄沙等重质货物可以配载木材、毛竹等），利用铁路运输矿石、钢材等重质货物时，可以配载运农副产品等。在基本不增加运力投入及基本不减少重质货物运输情况下，配载轻泡货物可以提高运输效率。

7. 采用"四就"直拨运输

"四就"直拨运输是减少中转运输环节，力求以最少的中转次数完成运输任务的一种运输形式。一般货物到站或到港后，首先要进分配部门或批发部门的仓库，然后再被按程序分拨或销售给用户。这样一来，往往出现不合理运输。

而采用"四就"直拨运输时，管理机构会预先筹划，然后就厂或就站（码头）、就库、就车（船）将货物分送给用户，减少了货物入库环节。

8. 发展特殊运输技术和运输工具

依靠科技进步是实现运输合理化的重要途径。例如，专用散装及罐车，解决了粉状、液状物运输损耗大，安全性差等问题；袋鼠式车皮、大型半挂车解决了大型设备整体运输问题；"滚装船"解决了车载货的运输问题，集装箱船比一般船能容纳更多的箱体。

9. 通过流通加工，使运输合理化

由于有些产品本身形态及特性的问题，有时运输合理化很难实现。但此时如果对产品进行适当加工，就能够有效实现合理化运输。例如，将造纸材料在产地预先加工成干纸浆，然后压缩体积，就能解决造纸材料运输不满载的问题。将轻泡产品预先捆紧包装好，装车时就容易提高装载量；将水产品及肉类预先冷冻，就可提高车辆装载率并降低运输损耗率。

 要点回顾

运输是指用设备和工具，将物品从一地点向另一地点运送的物流活动。其中包括集货、分配、搬运、中转、装入、卸下、分散等一系列操作。

运输方式主要分为：（1）铁路运输；（2）公路运输；（3）水路运输；（4）航空运输；（5）管道运输；（6）联合运输。

不合理运输的表现包括空驶、对流运输、迂回运输、倒流运输、重复运输、过远运输、超限运输、运力选择不当及搬运方式选择不当。

 本章习题

一、名词解释

铁路运输　公路运输　管道运输　联合运输

二、简答题

1. 简述运输的功能。
2. 简述铁路运输和公路运输的优缺点。

3．简述水路运输的优缺点。

4．简述管道运输的优缺点。

5．影响运输合理化的因素有哪些？

6．简述合理运输的实现途径。

三、案例分析

在美国，进口货物在到达港口之前一般都要向海关进行预申报，因而船到港后，当天就可以将货物卸箱并装上集装箱货车或铁路车辆（若当天有车辆），或在第二天转运到口岸地区的其他集装箱站场。美国的联合运输大致包括 4 个独立的作业环节。（1）港口作业。船停港的时间为 3～5 天，其中通关作业一般需要 1～2 天。（2）港口附近周转作业（即将货物从港口转到火车站）。（3）铁路长途运输。长途运输主要依靠火车，火车的平均运行速度为 60～80 千米/小时。一般地，集装箱在火车出发前 3～4 小时集中到站场。火车的运输距离可达每天 1 200～1 500 千米。（4）内陆中转作业。内陆中转作业集装箱的停留时间主要取决于物流工作的商业考虑。例如，当港口至货主的运距为 1 500 千米时，可采用集装箱货车运输，集装箱从船上运到集装箱货车后，其运送速度一般为 80 千米/小时，若配备两个驾驶员则会减少停车时间，而 24 小时内集装箱的最大运输范围可达 2 000 千米。

思考题：

（1）什么是联合运输？联合运输具有哪些特征？

（2）结合案例，谈谈应如何发展联合运输。

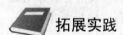 拓展实践

完成本书第 11 章中"11.2 生产运输优化"案例。

学习本书第 11 章中"11.3 转运路径优化"案例和"11.4 路网流量优化"案例。

第4章 采购与存储管理

内容提要

提高采购与存储管理水平是电子商务物流管理的重要环节。本章介绍了采购管理、存储管理、ABC 分类法和库存控制模型。

学习完本章后，希望读者掌握以下内容。

（1）采购管理的内容。

（2）存储管理的流程。

（3）ABC 分类法。

（4）库存控制模型。

引导案例

天猫商城是国内最大的电商平台之一，其旗下的天猫超市专注于为消费者提供生活百货线上一站式购齐服务，销售休闲零食、粮油米面、进口食品、家庭百货、母婴等类商品。天猫超市采用品牌商直接入驻的经营模式，力争打造"生产工厂到仓储中心到消费者家中"这样一个成本最低、速度最快、效率最高的流通链路，满足消费者高品质购物需求，帮其拥有在家中逛超市的购物体验。

线上超市面临着海量的库存量单位（Stock Keeping Unit，SKU）和分散化、碎片化的订单，要在最短的时间内完成拣货、配送，其中涉及订单生成、商品存储、拣选、复核打包、配送等多个环节，这无疑对物流系统提出了更高的要求。

在天猫超市的数个仓库中，总投资超过 1 亿元的广州仓是天猫超市携手菜鸟网络和广东心怡科技物流公司（以下简称心怡物流）共同打造的自动化仓储运营中心，总面积为 10 万平方米，物流设备由奥地利 KnApp 提供，信息系统则由心怡物流开发，包括 WMS（仓库管理系统）、WCS（仓库控制系统）和 PLC（可编程逻辑控制器）等。

广州仓主要服务于广州、深圳等华南地区用户，其自动化系统在很大程度上改变了天猫超市仓库原有的作业模式，用机器代替人，提高了订单处理能力和物流作业效率。广州仓的作业流程如下。

（1）WMS 系统获取订单。当消费者在天猫超市平台下单之后，订单信息会在 15 秒内同步到 WMS 系统中。WMS 系统直接按订单拣选商品，即无须先汇总订单拣货后再分拨，而是生成拣货条码与订单关联，为订单规划拣货路径，并根据订单商品数据自动匹配合适的箱型。

（2）订单纸箱进入拣选作业区。订单纸箱由自动封箱机打开、折好后被贴上条码，进入拣选输送线。输送线两侧安装的光感点（自动识读设备）读取箱子上的条码信息，使箱子按照系统规划路径流动。箱子到达拣货区域时被弹出，进入输送线旁的待拣选区排队等待订单拣选。

（3）拣选。拣货人员使用扫描枪扫描订单箱上的条形码获取订单商品信息，此时货架上的电子标签系统出现相应的提示，拣货人员按照提示从货架上取出商品放入订单纸箱。拣完该区域商品后，拣货人员将箱子重新推回拣选输送线。若该区域订单商品全部拣选完毕，箱子直接流向复核打包区域；若还有待拣订单商品，箱子则继续按照系统规划路径流向下一拣货区域，直到拣完全部订单商品。

（4）复核打包。当所有订单箱向复核打包区域汇聚时，为了平衡各复核打包台的流量，尽量减少订单箱排队时间、提高作业效率，系统会根据各条线上的流量和效率（产能）将拣货完成的箱子送至不同的复核打包台。工作人员再次扫描订单条码，核对拣选商品是否有误；同时，还会再次确认系统为订单匹配的箱型是否合适，如果箱子太大将重新更换包装，以减少填充物的使用量。商品和包装都确认好之后，工作人员从工位上方取出缓冲填充物放入箱子再进行打包，避免商品在运输过程中因碰撞破损。

（5）出货。在复核打包台打包好的箱子被工作人员放入输送线，根据系统指示进入最终的出货口。出货口按照配送地区被划分为若干个，箱子汇集在一处等待快递车辆到达后被装车发运。

从广州仓自动化分拣系统应用效果来看，从消费者下订单到商品打包完成的平均作业时间为 10 分钟，最快不到 3 分钟，广州、深圳地区日拣货量达到 100 万件/天。与原有作业方式相比，高效的自动化物流系统使订单处理效率至少提高 30%；拣货准确率几乎达到 100%；投入人工数量减少 2/3。

（资料来源：搜狐网）

【案例思考】

天猫超市与国际领先的物流设备商 KnApp 合作，并与心怡、菜鸟携手，打造了符合自身业务特点及需求的自动化分拣系统，实现了显著的作业效率提高。在此案例中，我们不难看出，电子商务企业的高速发展离不开其背后强大的供给存储体系。

科学有效的存储体系应该如何建立呢？本章将重点介绍采购管理、存储管理等内容。

4.1 采购管理

小案例

在采购活动中，人们常说的一句话："买的不如卖的精"。所谓"精"，就是拥有较多的信息，能够利用信息来获得交易过程中的支配权。下面以一位老练的生活消费品采购者为例，看看她在采购过程中如何因为缺乏信息而不能进行正确采购，即以正确的价格购买到正确的商品。

乔娜是一位有点时装购买癖的时髦女青年。空闲时间，她最大的爱好就是在商业街逛时装店，各个时装店的时装风格、价格她几乎都了如指掌。此外，她还订阅了大量的时装杂志，巴黎、罗马、米兰、伦敦、纽约等 8 大时装流行中心最新发布的时装款式，她都一清二楚。虽然她的衣柜里已经挂满了各类服装，但她每次逛街仍然忍不住要购买最新款式的服装。

　　有一天，乔娜来到商业街，在一家服装店里发现了其服装杂志刚刚发布的新款时装，试穿之后，感觉非常合身。经过一番讨价还价，商家给出的最低售价是750元。当然，乔娜是聪明的购买者，不货比三家，她是不会贸然购买的。接着，乔娜又去了几家商店，发现好几家商店里都有同样的服装。经过一家接一家的讨价还价，乔娜最终以490元买下了这件衣服。

　　一个月后，乔娜到外地出差，发现在当地也在卖那件衣服，可是价格要比她买时便宜得多，一件只要80元。她以为自己看错了，于是反反复复地又看了几遍，发现产地、面料，甚至货号都与她买的完全一样，这时她才感觉上当了。

　　在这个案例中我们可以发现，乔娜上当的原因大致有3个：（1）乔娜缺乏有关该款式服装的进价信息和销售成本信息，难以确定正确的讨价还价目标。（2）服装的成本构成比较复杂，相同面料、款式和做工的服装，会因为品牌、产地、销售商店的不同而在价格上有较大的差异。（3）时装成本构成的复杂性，使买卖双方形成了天然的不平等关系，卖方拥有的信息多，可以轻而易举地欺骗买方；买方拥有的信息少，想识破卖方的骗局只能通过货比三家。但是，假如数个卖方联手欺诈，消费者将更容易上当。例如，在本案例中，我们可以设计两种情形：一是卖相同服装的商店实行价格联盟，大家的售价都一样，这样货比三家就失去了意义；二是通过将一家商店的价格标低，其余商店的价格标高的手法，使价格标高的商店为价格标低的商店促销，然后销售利润按比例分成。

　　信息不对称不仅会使乔娜这样的个人采购者上当，就算以再生产、再销售为目的的企业采购者，有时也不免因信息不对称而上当。曾有人利用当前在批发企业广泛存在的代销行为为某个有大量积压产品的工厂策划过一个骗局：先派人将少量商品送到批发企业请其代销；然后派人到批发企业的下端——零售商那里大量回购自己的产品，给批发企业造成该种商品极其畅销的假象；当批发企业销售完商品要求再次代销时，工厂就会说这种商品市场供不应求，如果还想经营，就必须经销，而不能代销。批发企业在代销过程中获得了利益，很容易接受该种商品畅销的错误信息，所以往往会做出错误的采购决策。

　　（资料来源：阿里云资讯网）

　　案例点评：从本案例中不难看出，信息对于采购十分重要，而在获取相关信息之前，我们还需要了解何为采购以及采购流程等相关内容，如此才能实现合理的采购管理。

┏ 小资料 ┓

　　根据上面的案例，我们介绍几个概念，以帮助大家更好地理解采购过程中的信息不对称现象。

　　"私有信息"是现代经济学的行话，通俗地说，如果我知道一些你不知道的东西，我之所知就是我的私有信息。信息，归根结底是有关某些事物的一些信息，如有关一些产品是否具有严重的缺陷的信息，这样的信息往往只被能接近和熟悉这种产品的人"私下"获取，那些无法接近这种产品的人却无从了解或者难以了解。相反，如果一则信息是大家都知道的，或者是所有有关的人都知道的，它就叫作"公共信息"或者"公共知识"。"私有信息"的存在导致了"信息的不对称性"，这使得一些人了解的情况比其他的人要多。把你掌握的关于这件事物的信息放在天平的一边，把他掌握的关于同一件事物的信息放在天平的另一边，一边轻，一边重，即信息不对称。有时我们也用"隐藏的信息"或"隐蔽的信息"来称呼"私有信息"。

4.1.1　采购与采购管理

采购是企业从供应商处获得商品或服务的一种商业行为。企业经营活动所需要的物资绝大部分是通过采购来获得的，采购是企业物流管理的起点。

一般来说，一个完整的采购过程大体上应该包括以下几个步骤。

1. 接受采购任务，制订采购单

这是采购工作的任务来源，通常是企业各个部门把任务报到采购部门，采购部门给各个采购员下采购任务单。也有很多是采购部门主动根据企业的生产销售情况，自己主动安排各种物资的采购计划，给每个采购员下采购任务单。

2. 制订采购计划

采购员在接受采购任务单后，要制订具体的采购工作计划。首先是进行资源市场调查，包括对商品、价格、供应商的调查分析，选定供应商，确定采购方法、采购日程计划及运输方法、货款支付方法等。

3. 根据既定的计划联系供应商

通过各种方式，如出差、电话、E-mail 等和供应商取得联系。

4. 与供应商洽谈、成交，最后签订订货合同

这是采购工作的核心步骤。要和供应商反复进行磋商谈判、讨价还价，讨论价格、质量、送货、服务及风险赔偿等各种限制条件，最后把这些条件用订货合同的形式规定下来，形成订货合同。订货合同签订以后，才意味着已经成交。

5. 运输进货及进货控制

订货合同签订以后，就是履行合同，就要开始运输进货，运输进货可以由供应商负责，也可以交给专业的运输公司负责或者自己提货。无论采取哪种方式，采购员要监督进货进程，确保按时进货。

6. 到货检验、入库

采购员要监督有关人员进行检验、验收和入库，包括数量和质量的检验和入库。

7. 支付货款

货物到达后按照合同的规定支付货款。

8. 善后处理

一次采购完成后，要进行采购直接评估，并妥善处理好一些未尽事宜。但是不同类型的企业，在采购时又有不同的特点，具体实施起来还要与企业的实际情况相结合。

针对以上采购过程可得出，采购管理是对采购全过程中物流运动的各个环节状态进行严密的跟踪与监督，实现对采购活动执行过程的科学管理。采购管理是企业经营管理和生产运作管理的一个重要的问题，是物流供应链管理的起始环节。

4.1.2 采购管理的内容

1. 供应商管理

采用供应商投标竞价等方法选择供应商，并建立供应商信息资料库，后期维护供应商关系，必要时可外延进行供应商培训等。

2. 采购最佳批量与采购时期的管理

根据历史消耗情况，建立模型，用最佳经济批量计算求得采购量，并考虑实际情况进行修改后，在合理的提前期进行采购，保证原料的及时供应并控制冗余。

3. 采购价格管理

对不同供应商，采取招标竞价的方法确定合理价格；对长期供应商，可采取批量采购打折的方法确定价格；建立价格数据库，及时更新；对公司有剩余能力可生产的原材料，与相关生产部门共同决定是外购还是自制。

4. 付款时间管理

合理利用供应商的赊销期及相关现金折扣，与财务部门共同确定付款时间，按期付款。

4.1.3 现代采购管理与传统采购管理的差异

现代采购管理与传统采购管理存在如下差异，如表 4-1 所示。

（1）在传统采购管理思想中，买卖双方的关系是相互对立的；在现代采购管理思想中，买卖双方是合作伙伴关系。

（2）传统采购管理思想认为，供应商数量越多越好；现代采购管理思想则认为，供应商数量越少越好。

（3）传统采购是定期交货，现代采购是及时交货。

（4）传统采购是先设计产品后质询价，现代采购是供应商参与商品设计。

（5）传统采购管理中的信息交换是定期的，库存较大；而现代采购管理中的信息交换是及时的，库存较小。

表 4-1 现代采购管理与传统采购管理的差异

	传统采购管理	现代采购管理
买卖关系	相互对立	合作伙伴
合作关系	可变的	长期的
合同期限	短	长
进货数量	大批量	小批量
运输策略	单一品种整车发送	多品种整车发送
质量问题	检验或再检验	无须入库检验
与供应商的信息沟通	采购订单	口头发布
信息沟通频率	离散的	连续的
对库存的认识	资产	祸害
供应商数量	多，越多越好	少，甚至一个
设计流程	先设计产品后询价	供应商参与产品设计
库存	大量	少量

	传统采购管理	现代采购管理
交货安排	每月	每周或每天
供应商地理分布	很广的区域	尽可能靠近
仓库	大，自动化	小，灵活

4.2　存储管理

4.2.1　存储管理概述

存储管理是指在商品生产出来之后而又没有到达消费者手中之前所进行的商品保管的过程。存储可以在时间上协调原材料、产成品的供需量，起着缓冲和平衡调节的作用。企业可以为客户在需要的时间和地点提供适当的产品，从而提高产品的时间效用。存储管理能够促进企业提高客户服务的水平，增强企业的竞争力。

存储管理在物流系统中的作用主要表现在以下几个方面。

1. 降低运输成本、提高运输效率

在供应物流方面，企业大多是向多个供应商分别小批量购买原材料并运至仓库，然后将其拼箱并整车运输至工厂，由于整车运输费率低于零担运输费率，因此这将大大降低运输成本，提高运输效率。在销售物流方面，企业将各工厂的产品大批量运到市场仓库，然后根据客户的要求小批量运到市场或客户处，这种仓库不仅便于企业拼箱装运产品而且还可帮助企业按客户要求进行产品整合。

2. 进行产品整合

如果考虑颜色、大小、形状等因素，企业的一个产品线上包括了数千种不同的产品。这些产品经常在不同工厂生产，企业可以根据客户要求将产品在仓库中进行配套、组合、打包，然后运送给各地客户。仓库除了满足客户订货的产品整合需求外，对于使用原材料或零配件的企业来说，从供应仓库将不同来源的原材料或零配件配套组合在一起整车运到工厂以满足需求也是很经济的。

3. 支持企业的销售服务

仓库合理地靠近客户，使产品适时被送到客户手中，将提高客户的满意度并促进企业销售，这一点对于企业产成品仓库来说尤为重要。

4. 调节供需关系

由于生产和消费之间或多或少存在时间上或空间上的差异，存储可以提高产品的时间效用，调节均衡生产和集中消费（或均衡消费和集中生产）在时间上的矛盾。

4.2.2　存储管理流程

存储管理流程是指以保管活动为中心，从仓库接收商品入库开始，到按需要把商品全部完

好地发送出去的全部过程（见图4-1）。

图4-1 存储管理流程

4.3 ABC分类法

4.3.1 ABC分类法概述

ABC分类法（Activity Based Classification，ABC）全称ABC分类库存控制法。"二八法则"是ABC分类法的指导思想。所谓"二八法则"，简单地说就是20%的因素带来80%的结果。在库存管理中，同样存在"二八法则"，即少量库存占用大量资金的情况。由于此类库存价值较高，因此企业需要实施更为精细化的管理策略，以更好地控制库存成本。

> **┨ 小资料 ┠**
>
> 国际上有一种公认的企业法则——"二八法则"，其基本内容如下。
>
> 一是"二八管理法则"。企业主要抓好对20%的骨干员工的管理，再以20%的骨干员工带动80%的多数员工，以提高企业效率。
>
> 二是"二八决策法则"。企业抓住普遍问题中的最关键性的问题进行决策，以达到纲举目张的效果。
>
> 三是"二八融资法则"。企业要将有限的资金投入经营的重点项目，以此不断优化资金投向，提高资金使用效率。
>
> 四是"二八营销法则"。企业要抓住20%的重点商品与重点用户，渗透营销。
>
> 总之，"二八法则"要求企业要抓关键人员、关键业务、关键客户等关键问题。

根据"二八法则"，我们将库存物品依据所占资金的多少划分为A、B、C三类。其中，A

类存量少，但占用资金多，特别重要；C类存量多，但占用资金少，不太重要；B类介于A类、C类之间，一般重要。ABC分类曲线如图4-2所示。

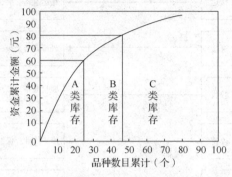

图4-2　ABC分类曲线

4.3.2　ABC分类法的分类标准和步骤

ABC分类法的分类标准如表4-2所示。

表4-2　ABC分类标准

类型	占库存总量的百分比	占库存总资金的百分比
A类（特别重要）	5%～20%	60%～70%
B类（一般重要）	20%～30%	20%左右
C类（不太重要）	50%～75%	20%以下

企业运用ABC分类法的步骤如下。

（1）计算每种库存物资在一定期间（通常为1年）内的占用资金情况，其计算方法是单价乘以库存物资的数量。

（2）计算库存物资占用资金占库存总金额的百分比。

（3）将库存物资按占用资金百分比降序排列，然后依次计算占用资金累计百分比，累计百分比为60%～70%的各种物资为A类，占余下累计百分比20%左右的为B类，其他为C类。

ABC分类示例如表4-3所示。

表4-3　ABC分类示例

产品序号	数量（件）	单价（元）	占用资金（元）	占用资金百分比（元）	累计百分比（元）	占产品项百分比（元）	分类（元）
1	10	680	6 800	68.0	68.0	10	A
2	12	100	1 200	12.0	80.0	20	B
3	25	20	500	5.0	85.0	30	B
4	20	20	400	4.0	89.0	40	B
5	20	10	200	2.0	91.0	50	C
6	20	10	200	2.0	93.0	60	C
7	10	20	200	2.0	95.0	70	C
8	20	10	200	2.0	97.0	80	C
9	15	10	150	1.5	98.5	90	C
10	30	5	150	1.5	100	100	C
合计			10 000	100			

4.3.3 ABC 分类法的分类管理策略

由于不同类别物资的重要程度不同，因此企业需要对库存物资实施分类管理策略。

（1）A 类物资。加强控制，包括做好完整、精确的记录，赋予最高的作业优先权，高层管理人员经常检查，小心精确地确定订货量和订货点，制定紧密的跟踪措施以使在库时间最短。

（2）B 类物资。正常监控，包括做记录和进行固定检查，只有在紧急情况下，才赋予较高的优先权，等等。

（3）C 类物资。简单控制，如进行简单的记录或者不记录，给予最低的优先作业次序，等等。

根据以上分类管理策略，企业对 A、B、C 类物资可采取不同的订货方式，如表 4-4 所示。

表 4-4 ABC 分类管理策略

分类结果	管理重点	订货方式
A 类	为了压缩库存，投入较大力量精心管理，将库存压到最低水平	采用定期订货方式
B 类	按经营方针调节库存水平，如要降低库存水平时，就减少订货量和库存	采用定量订货方式
C 类	集中、大量地订货，不投入太多精力，增加库存储备	采用订货点法进行订货

┃小资料┃

安全库存：为应对未来供应或需求的不确定性（如大量突发性订货、交货意外中断或突然延期等）而准备的缓冲库存。其多少取决于供应和需求的不确定性、顾客服务水平（订货满足率），及缺货成本和库存持有成本。如果安全库存量增加，则顾客服务水平提高（充分满足订货需求），此时缺货成本降低，而库存持有成本增加；相反，如果安全库存量减少，则顾客服务水平降低（不能充分满足订货需求），此时缺货成本增加，而库存持有成本下降。

订货点法：若某种物料或产品，由于生产或销售的原因而逐渐减少，当库存量降低到某一预先设定的点时，企业即开始发出订货单（采购单或加工单）来补充库存。

定量订货法：企业预先确定订货点和订货量，随时检查库存，当库存下降至订货点时就发出订单订货，每次订货量的多少按经济订购批量（后文将对经济订购批量模型进行重点介绍）确定。

定期订货法：按照预先确定的订货时间间隔，按期订货以补充库存。即每隔一个固定的时间周期，检查库存项目的储备量，根据库存盘点结果与预定目标库存水平之间的差值来确定每次订购批量。

4.4 库存控制模型

4.4.1 库存控制模型变量

库存的补充方式主要有两种，即采购方式和生产方式，这两种方式都应该以总费用最小作为库存控制目标。

如果通过采购方式补充库存，那么应该以总费用（库存费用+采购费用）最小为目标（见图 4-3）。同理，如果通过生产方式补充库存，那么应该以总

库存控制模型原理

费用（库存费用＋生产费用）最小为目标。

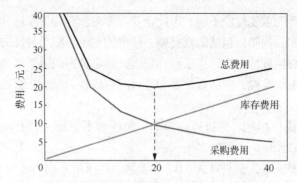

图 4-3 采购方式补充库存总费用示意图

针对以上两种库存补充方式设置的库存控制模型变量如下。

（1）存储费用 C_1，也称库存持有成本，是指维持一定库存水平所需耗费的相关成本。包括货物占用资金应付的利息以及因使用仓库、保管货物、货物损坏变质等支出的费用。

库存控制模型参数

企业要考虑的库存持有成本是库存投资的融资成本。企业贷款时，需要支付利息；即使企业使用自己的资金，也会产生机会成本，从而使得这些资金不能用于其他投资。这两种情况下，企业都会由于库存占用的资金而产生利息成本。资金成本通常用投资数量的百分率来表示。另外，很多其他库存持有成本，如保险、税金、损坏、盗窃以及仓储费用也取决于库存的价值。

（2）订货费用（或生产费用）C_3。在订货时，企业通过向其他厂商购买的方式来补充库存时需要支出的订货费用（也称订货成本），通常订货费用不考虑订单的大小，而认为每次订货的成本是一样的，该成本包括订单的准备及订单的处理（包括支付、邮寄、电话费、运输、发票确认、接收等）。实际上订货费用包括两项费用：一是订购费用（固定费用），如手续费、电信往来费用、派人员外出采购费用等，订购费用与订货次数有关，而与订货数量无关；二是货物的成本（可变费用），它与订货数量有关，如货物本身的价格，运费等。在后文模型推导过程中，订货费用 C_3 是指订购费用（固定费用），不包括货物的成本（可变费用）。

在生产中，企业通过自行生产的方式来补充库存，需要支出生产线启动费用（或生产线装配费用），通常生产线启动费用不考虑产量的大小，而认为每次生产线启动费用是一样的。实际上生产费用包括两项费用：一项是生产线启动费用（固定费用），该费用与生产线的启动次数相关；另一项是与产品数量有关的生产成本（可变费用），如材料费用、加工费用等。在后文模型推导过程中，生产费用 C_3 是指生产线启动费用（固定费用），不包括产品生产成本（可变费用）。

（3）缺货费用 C_2。它是存储供不应求时所引起的损失，如失去销售机会的损失、停工待料的损失以及不能履行合同而缴纳的罚款等。

4.4.2 经济订购批量模型

（1）模型假设（见图 4-4）。

① 缺货费用（C_2）无穷大；

② 当存储量降至零时，可以立即得到补充（即备货时间或拖后时间很短，可近似为零）；

经济订购批量模型

③ 需求是连续的、均匀的，设需求速度 R（单位时间的需求量）为常数，则 t 时间的需求量为 Rt；

④ 外购时，每次订货量不变，订货费用（C_3）不变；

⑤ 存储费用（C_1）不变。

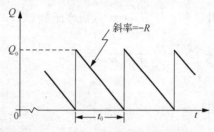

图 4-4　不允许缺货，备货时间很短

（2）订货费用。假定每隔 t 时间补充一次库存，那么订货量必须满足 t 时间的需求 Rt，记订货量为 Q，则 $Q=Rt$。每次订货费用为 C_3，货物单价为 K，则 t 时间内总订货费用=C_3+KRt，则 t 时间内的平均订货费用=$C_3/t+KR$。

（3）存储费用（库存持有成本）。设 Q 为订货数量，图 4-5 所示为在 t 时间内一个订单周期的库存模式。

如图 4-5 所示，在整个周期内，库存水平从最大存量 Q，向最小存量 0 以固定的速度降低，那么平均库存应为 $Q/2$。随着时间的推移，该模式会反复循环，如果每个周期内的平均库存都是 $Q/2$，则总平均库存也为 $Q/2$。

由于单位时间内单位物品的存储费为 C_1，则 t 时间内所需平均存储费用=$C_1 \times Rt \div 2$。

（4）经济订购批量。t 时间内总的平均费用是订货费用与存储费用之和，总成本是时间周期 t 的函数。

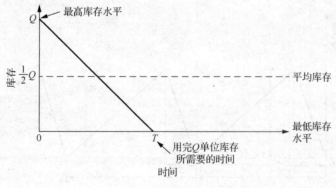

图 4-5　随时间变化的库存水平

$$C(t) = \frac{C_3}{t} + KR + \frac{1}{2}C_1Rt$$

对上式利用微分求最小值。令：

$\dfrac{\mathrm{d}C(t)}{\mathrm{d}t} = -\dfrac{C_3}{t^2} + \dfrac{1}{2}C_1R = 0$，得最佳订购周期 $t_0 = \sqrt{\dfrac{2C_3}{C_1R}}$。

因为 $\dfrac{\mathrm{d}^2C(t)}{\mathrm{d}t^2} > 0$，即每隔 t_0 时间订货一次可使费用 $C(t)$ 达到最小。

因此，最佳订购批量为 $Q_0 = Rt_0 = \sqrt{\dfrac{2C_3R}{C_1}}$ ，该式即为存储论中著名的经济订购批量（Economic Ordering Quantity）公式，简称 EOQ 公式。

由于 Q_0、t_0 皆与货物单价 K 无关，所以此后在费用函数中可略去 KR 这项费用。如无特殊需要不再考虑此项费用。因此，将 $t_0 = \sqrt{\dfrac{2C_3}{C_1R}}$ 代入成本函数 $C(t) = \dfrac{C_3}{t} + \dfrac{1}{2}C_1Rt$ ，得最小订购成本 $C_0 = C(t_0) = C_3\sqrt{\dfrac{C_1R}{2C_3}} + \dfrac{1}{2}C_1R\sqrt{\dfrac{2C_3}{C_1R}} = \sqrt{2C_1C_3R}$ 。

4.4.3 经济生产批量模型

经济生产批量模型

（1）模型假设。

① 生产需要一定时间；

② 其余与经济订购批量模型相同。

（2）经济生产批量模型。设生产批量为 Q，所需生产时间为 T，则生产速度为 $P=Q/T$。

已知需求速度为 R（$R<P$），生产的产品一部分用于满足需求，剩余部分被存储起来。如图 4-6 所示，在 $[0, T]$ 区间内，存储量以 $(P-R)$ 速度增加，在 $[T, t]$ 区间内存储以 R 速度减少。T 与 t 均为待定参数。

$(P-R)T=R(t-T)$，即 $PT=Rt$（等式表示以速度 P 生产 T 时间的产品产量等于 t 时间内的产品需求量），求出 $T=Rt/P$。

t 时间内的平均存储量为 $\dfrac{1}{2}(P-R)T$ ，t 时间内所需存储费用为 $\dfrac{1}{2}C_1(P-R)Tt$ 。

t 时间内所需装配费用为 C_3。

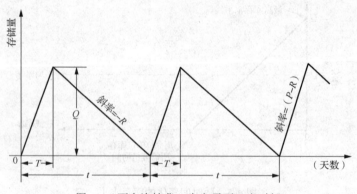

图 4-6　不允许缺货，生产需要一定时间

单位时间总费用 $C(t) = \dfrac{1}{t}\left[\dfrac{1}{2}C_1(P-R)Tt + C_3\right] = \dfrac{1}{t}\left[\dfrac{1}{2}C_1(P-R)\dfrac{Rt^2}{P} + C_3\right]$

设 $C(t)_{min} = C(t_0)$ ，利用微积分方法可求得：

最佳生产周期 $t_0 = \sqrt{\dfrac{2C_3P}{C_1R(P-R)}}$ ，最佳生产批量 $Q_0 = \sqrt{\dfrac{2C_3PR}{C_1(P-R)}}$ ，

电子商务物流管理（微课版 第3版）

最小生产成本 $C(t)_{\min} = C(t_0) = \sqrt{2C_1C_3R\dfrac{P-R}{P}}$。

与经济订购批量模型相比较，这里的 t_0、Q_0 只是多了一个因子 $\sqrt{\dfrac{P}{P-R}}$，当 P 相当大时，该因子趋近于 1，此时两个模型就相同了。

4.4.4　允许缺货的经济订购批量模型

（1）模型假设。

① 允许缺货，并把缺货损失定量化来加以研究。由于允许缺货，所以企业在存储量降至零后，还可以再等一段时间再订货。这就意味着企业可以少付几次订货的固定费用，少支付一些存储费用。一般来说，当顾客遇到缺货时不受损失，或损失很小，同时企业除支付少量的缺货费用外也无其他损失时，出现缺货现象可能对企业是有利的。

允许缺货的经济订购批量模型

② 其余与经济订购批量模型相同。

（2）允许缺货的经济订购批量模型。设单位时间单位物品存储费用为 C_1，每次订购费用为 C_3，缺货费用为 C_2（单位缺货损失），R 为需求速度。求最佳存储策略，以使平均总费用最小。

如图 4-7 所示，假设最初存储量为 S，可以满足 t_1 时间的需求，t_1 时间的平均存储量为 $S/2$，在（$t-t_1$）时间内的存储量为零，平均缺货量为 $\dfrac{1}{2}R(t-t_1)$。

由于 S 仅能满足 t_1 时间内的需求 $S=Rt_1$，因此有 $t_1=S/R$。

在 t 时间内所需存储费用为 $C_1\dfrac{1}{2}St_1 = \dfrac{1}{2}C_1\dfrac{S^2}{R}$。

在 t 时间内的缺货费用为 $C_2\dfrac{1}{2}R(t-t_1)^2 = \dfrac{1}{2}C_2\dfrac{(Rt-S)^2}{R}$。

订购费用为 C_3。

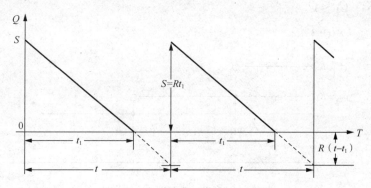

图 4-7　允许缺货，备货时间很短

平均总费用 $C(t) = \dfrac{1}{t}\left[C_1\dfrac{S^2}{2R} + C_2\dfrac{(Rt-S)^2}{2R} + C_3\right]$。

利用多元函数求极值的方法求 $C(t,S)$ 的最小值：

$$\dfrac{\partial C}{\partial S} = \dfrac{1}{t}\left[C_1\dfrac{S}{R} - C_2\dfrac{Rt-S}{R}\right] = 0。$$

由于 $R \neq 0$, $t \neq 0$, 因此 $C_1 S - C_2(Rt - S) = 0$, $S = \dfrac{C_2 Rt}{C_1 + C_2}$。

$$\frac{\partial C}{\partial t} = -\frac{1}{t^2}\left[C_1 \frac{S^2}{2R} + C_2 \frac{(Rt-S)^2}{2R} + C_3 \right] + \frac{1}{t}\left[C_2(Rt-S) \right] = 0$$

由于 $R \neq 0$, $t \neq 0$, 因此 $-C_1 \dfrac{S^2}{2} - C_2 \dfrac{(Rt-S)^2}{2} - C_3 R + tR\left[C_2(Rt-S) \right] = 0$

整理以上两个式子，可得：

最佳订货周期 $t_0 = \sqrt{\dfrac{2C_3(C_1 + C_2)}{C_1 R C_2}}$，最佳订购批量 $S_0 = \sqrt{\dfrac{2C_2 C_3 R}{C_1(C_1 + C_2)}}$，

最小订购成本 $C(t, S)_{\min} = C_0(t_0, S_0) = \sqrt{\dfrac{2C_1 C_2 C_3 R}{C_1 + C_2}}$。

与经济订购批量模型相比较，当 C_2 很大时（即不允许缺货），$C_2 \to \infty$，$\dfrac{C_2}{C_1 + C_2} \to 1$，

则 $t_0 \approx \sqrt{\dfrac{2C}{C_1 R}}$，$S_0 \approx \sqrt{\dfrac{2RC_3}{C_1}}$，与经济订购批量模型相同。

4.4.5 数量折扣的经济订购批量模型

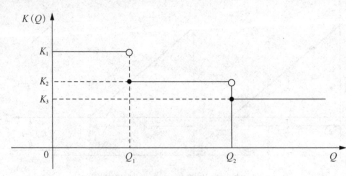

数量折扣的经济订
购批量模型

1. 模型假设

发生数量折扣的情形：当顾客大批量订购产品时，供应商往往会为了促使顾客增加订购批量而提供较低的购买价格。

假设货物单价为 $K(Q)$，设 $K(Q)$ 按 3 个数量等级变化。

$$K(Q) = \begin{cases} K_1 & 0 < Q < Q_1 \\ K_2 & Q_1 \leqslant Q < Q_2 \\ K_3 & Q_2 \leqslant Q \end{cases}$$，如图 4-8 所示。

图 4-8　价格随订购量变化

2. 数量折扣的经济订购批量模型

总成本最小的模型为：$C_{\min} = \dfrac{1}{2} C_1 Q + \dfrac{R}{Q} C_3 + K(Q) R$。

如图 4-9 所示，设最佳订购批量为 Q_0，在给出价格折扣的情况下，其求解步骤如下。

（1）根据 $C'(Q)$（不考虑定义域）求得极值点为 Q_0，最佳订购批量 Q_0 的总成本为：

$$C_0 = \sqrt{2C_1C_3R} + K(Q) \cdot R \text{。}$$

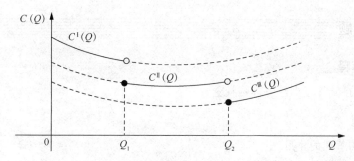

图4-9 数量折扣的经济订购批量模型

（2）若$Q_0 < Q_1$，则：

$$[0, Q_1] \quad C^{\mathrm{I}}(Q_0) = \sqrt{2C_1C_3R} + K_1(Q_0) \cdot R \text{；}$$

$$[Q_1, Q_2] \quad C^{\mathrm{II}}(Q_1) = \frac{1}{2}C_1Q_1 + \frac{R}{Q_1}C_3 + K_2(Q_1) \cdot R \text{；}$$

$$[Q_2, Q_3] \quad C^{\mathrm{III}}(Q_2) = \frac{1}{2}C_1Q_2 + \frac{R}{Q_2}C_3 + K_3(Q_2) \cdot R \text{。}$$

由$\min\{C^{\mathrm{I}}(Q_0), C^{\mathrm{II}}(Q_1), C^{\mathrm{III}}(Q_2)\}$得到经济订购批量$Q^*$。

例如，$\min\{C^{\mathrm{I}}(Q_0), C^{\mathrm{II}}(Q_1), C^{\mathrm{III}}(Q_2)\} = C^{\mathrm{II}}(Q_1)$，则取$Q^* = Q_1$。

（3）若$Q_1 \leqslant Q_0 < Q_2$，计算$C^{\mathrm{II}}(Q_0)$、$C^{\mathrm{III}}(Q_2)$。

$$[Q_1, Q_2] \quad C^{\mathrm{II}}(Q_0) = \sqrt{2C_1C_3R} + K_2(Q_0) \cdot R \text{；}$$

$$[Q_2, Q_3] \quad C^{\mathrm{III}}(Q_2) = \frac{1}{2}C_1Q_2 + \frac{R}{Q_2}C_3 + K_3(Q_2) \cdot R \text{。}$$

由$\min\{C^{\mathrm{II}}(Q_0), C^{\mathrm{III}}(Q_2)\}$决定经济订购批量$Q^*$。

（4）若$Q_2 \leqslant Q_0$，则取经济订购批量$Q^* = Q_0$。

 要点回顾

采购管理是对物料从供应商到组织内部物理移动的管理过程，是企业经营管理和生产运作管理的一个重要的问题，是物流供应链管理的起始环节。采购管理的内容包括：（1）供应商管理；（2）采购最佳批量与采购时期的管理；（3）采购价格管理；（4）付款时间管理。

存储管理是指在商品生产出来之后而又没有到达消费者手中之前所进行的商品保管的过程。存储管理的作用为：（1）降低运输成本、提高运输效率；（2）进行产品整合；（3）支持企业的销售服务；（4）调节供需关系。

如果企业通过采购的方式补充库存，则要求总费用（库存费用＋采购费用）最小；如果通过生产方式补充库存，那么要求总费用（库存费用＋生产费用）最小。根据以上原理，库存控制的模型包括：经济订购批量模型、经济生产批量模型、允许缺货的经济订购批量模型和数量折扣的经济订购批量模型。

 本章习题

一、名词解释

采购管理　存储管理　经济订购批量

二、简答题

1．简述采购管理的作用。

2．简述现代采购管理与传统采购管理的差异。

3．简述存储管理的目标。

4．简述 ABC 分类法的分类管理策略。

三、计算题

（1）某商店销售的甲商品的成本单价为 500 元，年存储费用为成本的 20%，年需求量为 365 件，需求速度为常数。甲商品的订货费用为 20 元，提前期为 10 天，求经济订货批量及最低费用。

（2）某肥皂公司拥有年产量为 60 000 箱的生产线。估计每年市场的需求量为 26 000 箱，全年的需求量不变。与生产线有关的清洗、准备及启动成本大约为 135 元。每箱的制造成本为 4.50 元，年持有成本率为 24%。则 C_1=0.24×4.50 元=1.08 元。那么你建议的生产批量为多少呢？若生产准备时间为 5 天，那么什么时间开始订货？（一年按 250 个工作日计算）

（3）某收音机配件公司有一种产品，并且对该产品的延迟订货模型的假设是有效的。从该公司得到的信息如下：年需求量 R=2 000 单位；产品单位成本为 50 元；年存储费用为成本的 20%，每个订单费用为 25 元。公司正在考虑允许延迟订货。预计每年延迟订货的单位成本为 30 元。试确定最佳订货量和最低订货成本。（一年按 250 个工作日计算）

（4）假设有一种产品，供应商采用数量折扣报价，产品数量折扣如表 4-5 所示。

表 4-5　产品数量折扣表

折扣类型	订单大小（件）	折扣（%）	单位成本（元）
1	0～999	0	5.00
2	1 000～2 499	3	4.85
3	2 500 以上	5	4.75

某公司年度库存持有成本率为 20%，每份订单的订购成本为 49 元，年需求量为 5 000 单位，该公司应该如何选择订货数量？

 拓展案例

R&B 饮料公司是一家啤酒、葡萄酒以及软饮料产品的经销商。公司的中央仓库位于俄亥俄州哥伦布市，向近 1 000 家零售商供应饮料产品。其中，啤酒的平均库存量大约为 50 000 箱，占公司总库存的 40%。在每箱啤酒的库存成本大约为 8 美元的情况下，R&B 估计其啤酒库存成

本达 400 000 美元。

仓库经理已决定对该公司销量最大的 Bub 牌啤酒做一项详细的库存费用研究。该研究的目的是针对 Bub 牌啤酒做出关于订货批量和订货时间的决定，以便尽可能降低其总成本。仓库经理得到了过去 10 周需求总箱数为 20 000 箱的信息。

R&B 饮料公司估计库存资金成本率为每年 18%，另外其他持有成本如保险、税金、损坏、盗窃以及仓储费用每年占其库存价值的 7%。

R&B 饮料公司订货成本中的很大一部分用于支付采购员的薪水。公司对一个采购过程的分析显示，一个采购员在采购 Bub 牌啤酒时，需花费近 45 分钟来进行订单的准备和处理，每个员工的工资为 20 美元/小时，另外订货纸张消耗、邮费、电话费用、运输费用以及订单的接收成本等，为每份订单 17 美元。

应用本章所学知识，回答以下问题。

（1）计算最佳订货批量及总成本。（按每年 52 周计算）

（2）如果库存持有成本率增加 1%，单位订单成本增加 2 美元，计算最佳订货批量及总成本，如果仍然按照问题（1）中的最佳订货批量订货，总成本会增加多少？这样的计算结果有何意义？（按每年 52 周计算）

（3）根据以上计算结果，为 R&B 饮料公司的采购与存储计划提出建议。

第5章 包 装

内容提要

在电子商务的背景下，商品物流呈现规模化、复杂化等特点，为了保证商品安全，便于商品流通，促进商品销售，我们需要对商品包装进行更为科学化的管理。本章介绍了包装的含义、作用、种类以及包装合理化的途径等知识。

学习完本章后，希望读者掌握如下内容。

（1）包装的含义。

（2）包装的作用。

（3）包装合理化的途径。

引导案例

苏宁云商集团股份有限公司成立于 1996 年 5 月 15 日，经营范围包括家用电器、电子产品、办公设备、通信产品及配件的连锁销售和服务等，其旗下的苏宁物流成立于 1990 年，早期主要为苏宁提供物流服务，2012 年，苏宁物流从苏宁的内部服务体系中剥离出来，转型成为第三方物流公司，2015 年更名为苏宁物流集团，提高了物流业务板块产业化发展速度和独立化运营的能力。苏宁物流集团目前的业务涉及供应物流、仓配物流、揽件速递、冷链物流及跨境物流，后续还将涉及农村电商物流。

随着电子商务物流的快速发展，大量的包装浪费以及随之而来的环境污染问题，让物流包装的"绿色化"迫在眉睫。苏宁物流集团及时发现了这一问题，进行了一系列的包装设计优化，着重发展绿色包装物流。为此，其研发团队推出了"智能包装解决方案"，即结合客户订单信息、商品主数据、包装耗材数据等相关数据进行大数据算法模型优化，自动为商品确认包装材料类型、包装应用，确定装箱顺序和装箱位置，实现包装的智能化应用。"智能包装解决方案"的具体内容如下。

（1）合单与拆包。合单与拆包是两个"相反"的操作，简而言之，合单是将同一时间窗口内的相同收货地址的订单合并，化零为整，拆包则是将一个订单根据业务逻辑拆成多个包裹。

（2）包装推荐。装箱问题在物流系统中是一个经典并且非常重要的问题。包装推荐即系统通过包装推荐功能找到合适大小的包装材料，推荐给业务操作人员进行商品包装。其本质就是合理地放置商品以达到包装箱的装填率最大化，系统通过运用装箱数学模型、遗传算法等，优化装箱顺序与装箱位置，寻找较好的装箱方案，如图 5-1 所示。

（3）并行计算。苏宁物流集团在全国拥有很多仓库，每天有大量包裹需要其实时推荐包装材料，单机版的算法并不能满足业务要求，苏宁物流集团通过算法并行，满足了日常大规模订单的物流需求。

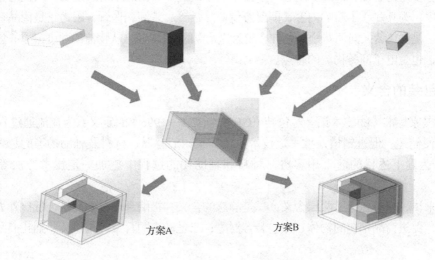

图 5-1　包装推荐功能效果示意

除此之外，苏宁物流集团还对包装箱进行研发改进，首创了气泡包装袋、零胶纸箱和共享快递盒，具体如下。

（1）气泡包装袋。苏宁物流集团研发团队设计的气泡包装袋目前被用于 3C 数码商品包装，具有零胶带、零填充的特点，相比传统纸箱，气泡包装袋可以大幅减少对填充物和胶带的使用，降低了环境污染，同时也大大提高了商品包装的效率。

（2）零胶纸箱。零胶纸箱纯粹借助物理力学原理，不仅做到了真正零胶带污染浪费，还更容易打开，具有表面刚度高、不容易开裂、轻便易用的特点。该种包装可循环使用 5 次以上，单次使用价格比普通纸箱低 15%以上。

（3）共享快递盒。共享快递盒采用环保高科技材料，重量轻、无毒无害、坚固耐用，可 100%回收再循环，生产过程中不排放任何有毒气体、不排放污水。共享快递盒无须胶水及封箱胶带即可成型封箱，兼具防水、耐腐蚀、耐酸碱等特性。

（资料来源：苏宁物流公众号、百度百科等）

【案例思考】

在此案例中，苏宁物流采用"智能包装解决方案"，首创了气泡包装袋、零胶纸箱和共享快递盒，从包装设计方面减少了包装材料的浪费，实现了绿色包装，承担起了保护环境的社会责任。

通过以上案例，不难看出对包装方案进行优化不仅可以实现在运输、存储等物流环节保护商品的功能，还可以减少包装材料浪费，降低环境污染。那么什么是包装？包装有哪些作用？如何对包装进行改进呢？希望读者能够通过本章的学习得出答案。

5.1　包装概述

人们对包装的理解、应用，是随着社会生产力水平的发展不断变化的。起初人们对商品进行包装，主要是为了保护商品。随着科学技术的不断进步和商品经济的发展，人们对包装的认识不断深化，为其赋予了新的内容，即要方便商品运输、装卸和保管，因为它是商品在生产领域的延续。现代包装又向消费领域延伸，成为"无声的推销员"。从物流的角度来看，包装是生产的终点，也是电子商务物流的起点。

5.1.1 包装的含义

我国国家标准《物流术语》对包装（GB/T 4122.1—1996）的定义：为在流通过程中保护产品、方便储运、促进销售，按一定技术方法而采用的容器、材料及辅助物等的总体名称。也指为了达到上述目的而采用容器、材料和辅助物的过程中施加一定技术方法等的操作活动。

具体来讲，包装包含了两层含义：一是静态的含义，指能合理容纳商品，抵抗外力，保护宣传商品，促进商品销售的物体，如包装容器等；二是动态的含义，指包裹、捆扎商品的工艺操作过程。

> **┃小案例┃**
>
> 三只松鼠是一家以坚果、干果、茶叶、休闲零食等食品的研发、分装及销售为主的产业链平台型企业。创业伊始，三只松鼠大胆创新，跳出了传统的商业模式，选择不断强化购物体验和文化认同。从喊一声"主人"的卖萌营销，到开箱器、湿巾和垃圾袋的贴心服务，三只松鼠紧紧围绕消费者的需求，带给消费者超预期的消费体验。
>
> 三只松鼠的包装外箱是有松鼠头像的包装箱，它有个可爱的名字——鼠小箱。外包装箱的设计简洁大方，突出"松鼠"设计元素。箱上贴着一个给快递员的便条，提醒轻拿轻放，爱护箱子。这个设计既人性化又有创意，给消费者一种非常受重视的感觉。除此之外，外箱上还附有一个塑料开箱器——鼠小器，用来裁开箱子外面的透明胶。
>
> 坚果的包装有不同的风格，但基本元素都是松鼠大头。三只松鼠将其设计成双层的，外包由防水牛皮纸构成，内包是真空铝塑袋子，这保证了食品在物流运输过程中不受潮。
>
> （资料来源：三只松鼠官网、百度文库）
>
> **案例点评：**通过以上案例，我们不难看出，一方面，企业选用优质的材料包装产品，可以实现在运输、存储等物流环节保护商品的作用；另一方面，企业在外包装上加入贴心的设计，让消费者体验到品牌的用心和专业，可以提高消费者的认同感，进而促进产品的销售。

5.1.2 包装的作用

一般来说，包装的作用主要有以下几个。

1. 保护商品

保护商品是包装的重要作用之一。商品在流通过程中，可能因受到各种外界因素的影响而破损、污染、渗漏或变质，失去使用价值。科学合理的包装能使商品抵抗各种外界因素的破坏，从而保护商品的性能，保证商品质量。

2. 便于流通

包装为商品流通提供了条件和方便。将商品按一定的数量、形状、规格、大小及以不同的容器进行包装，并在商品包装外面印上各种标志，反映被包装物的品名、数量、规格、颜色以及整体包装的体积、毛重、净重、厂名、厂址及储运中的注意事项等，这样既有利于商品的分配调拨、清点计数，也有利于合理运用各种运输工具，提高运输、装卸、堆码效率和储运效果，加速商品流转，提高商品的经济效益。

3. 促进销售

精美的包装，可起到美化商品、宣传商品和促进销售的作用。包装既能提高商品的市场竞争力，又能以其新颖独特的艺术魅力吸引消费者并成为促进消费者购买的主导因素，是商品的"无声推销员"。

4. 方便消费

包装随商品的不同而形式各样，包装大小适宜，便于消费者携带、保存和使用。包装上的绘图、商标和文字说明等，既方便消费者辨认，又介绍了商品的成分、性质、用途、使用和保管方法，起着方便与指导消费的作用。

5. 节约费用

商品包装与生产成本密切相关。合理的包装可以使零散的商品集成一体，从而大大提高装载容量并方便装卸运输，可以节省运输费、仓储费等费用。有的包装还可以多次回收利用，这有利于企业降低成本，提高经济效益。

> **小案例**
>
> 说起可口可乐的玻璃瓶包装（见图 5-2），至今仍为人们所称道。1898 年，鲁特玻璃公司一位年轻的工人亚历山大·山姆森在同女友约会时，发现女友穿着一件筒型连衣裙，显得臀部突出，腰部和腿部纤细，非常好看。约会结束后，他根据女友的裙子设计出了一个玻璃瓶。经过反复的修改，亚历山大·山姆森不仅将瓶子设计得非常美观，很像一位亭亭玉立的少女，他还把瓶子的容量设计成刚好一杯水大小。瓶子试制出来之后，获得广泛称赞。有经营意识的亚历山大·山姆森立即到专利局申请专利。
>
>
>
> 图 5-2　可口可乐的玻璃瓶包装
>
> 当时，可口可乐的决策者坎德勒在市场上看到了亚历山大·山姆森设计的玻璃瓶，认为非常适合作为可口可乐的包装。于是他主动向亚历山大·山姆森提出购买这个瓶子的专利。经过一番讨价还价，最后可口可乐公司以 600 万美元的天价买下此专利。要知道在 100 多年

前，600 万美元可是一笔巨大的投资，然而实践证明可口可乐公司的这一投资是非常正确的。

亚历山大·山姆森设计的瓶子不仅美观，而且使用起来非常安全，易握不易滑落（见图 5-2）。更令人叫绝的是，其中下部是扭纹型的，如同少女所穿的条纹裙子；而瓶子的中段则圆满丰硕，如同少女的臀部。此外，由于瓶子的结构是中大下小，当它盛装可口可乐时，给人的感觉是分量很多的。采用亚历山大·山姆森设计的玻璃瓶作为可口可乐的包装以后，可口可乐的销量飞速增长，在两年的时间内，销量翻了一倍。此后，采用亚历山大·山姆森设计的玻璃瓶作为包装的可口可乐开始畅销美国，并迅速风靡世界。600 万美元的投入，为可口可乐公司带来了数以亿计的回报。

（资料来源：百度文库）

案例点评：一个小小的玻璃瓶为何会为可口可乐公司带来如此多的收益呢？从包装的作用来看，其有保护商品、便于流通、促进销售、方便消费等作用，是包装设计的一个成功典范。

5.1.3　包装的种类

（1）按形态分类，包装可以分为个装、内装和外装。

① 个装又称商品包装，是市场销售的最小包装单位，可作为商品标志。

② 内装，指包装货物的内部包装，是保护产品的基本包装。其作用是使水分、湿气、光热、冲撞、挤压等外力因素不会引起内装物破损。它还需具有促销商品的视觉展示作用。

③ 外装又称工业包装。其作用一是促进货物运输，包括木箱、瓦楞纸箱、塑胶盒、输送袋等，二是保护商品及便于搬运。

（2）按功能分类，包装可以分为商业包装和工业包装。

① 商业包装，或称销售包装或内包装，为了吸引消费者的注意力，成功的商业包装能够方便消费者、引起消费者的购买欲，并能提高商品的价格。但是，理想的商业包装从物流的角度看又往往是不合理的。例如，对于重量只有 24 克的洋参胶囊，为了引起消费者的注意，企业设计的包装盒体积为 3 100 立方毫米，这样做会过大地占用运输工具和仓库的空间，是不合理的。

② 工业包装，或称运输包装或外包装。工业包装又有内包装和外包装之分。例如，卷烟的条包装为内包装，大箱包装为外包装。运用包装手段，将单个的商品或零部件用盒、包、袋、箱等方式集中成组，以提高物流管理的效率。这种将单个分散的商品组装成一个更大单元的方式称为成组化或集装化。

（3）按物资运输工具的不同，包装可分为铁路货物包装、卡车货物包装、船舶货物包装、航空货物包装等。

（4）按包装方法分类，包装可分为防湿包装、防锈包装、缓冲包装、收缩包装、真空包装等。

（5）按商品种类划分，包装可分为食品包装、药品包装、蔬菜包装、机械包装、危险品包装等。

（6）按包装使用次数划分，包装可分为一次性使用包装和重复使用包装。

> **小资料**
>
> 市面上常见的纯牛奶包装，包括无菌枕包装、无菌砖包装、屋顶盒包装、百利包包装、爱克林立体式包装、塑料桶包装、玻璃瓶包装等。不同材质的包装，其特点不尽相同。

（1）无菌枕包装（见图5-3）。

包装材质：PE/纸板/铝箔。

包装成本：0.2元左右。

特点：具有良好的阻隔性、避光性，成本相对较低。

图5-3　无菌枕包装

（2）无菌砖包装（见图5-4）。

包装材质：PE/纸板/铝箔。

包装成本：0.4元左右。

特点：安全性好，便于长途运输。但抗压性能差，容易破损，且成本高。

图5-4　无菌砖包装

（3）屋顶盒包装（见图5-5）。

包装材质：PE/纸板/PE 3层保鲜层。

包装成本：0.5元左右。

特点：可防止氧气、水分进入，能有效隔光；可保持牛奶的鲜度；可被微波炉加热，卫生环保性好；外观时尚、货架展示效果好；拧盖设计，方便开启和倒取。

图5-5　屋顶盒包装

（4）百利包包装（见图5-6）。

包装材质：高密度聚乙烯。

包装成本：0.1元左右。

特点：成本低、避光性很好，运输方便、存储空间小；安全卫生，具有一定的保鲜性。但携带不方便；外观不够美观。

图5-6　百利包包装

（5）爱克林立体式包装（见图5-7）。

包装材质：碳酸钙和聚烯烃混合而成的材料。

作用：抗冲击度高；阻隔性能优越，能有效隔光、隔热，防渗漏，抵抗微生物渗透；侧方鼓起处方便手持，不易因过度挤压造成牛奶涌出。

图5-7　爱克林立体式包装

（6）塑料桶包装（见图5-8）。

包装材质：HDPE材料/BOPP材料。

作用：易携带；易储存、不易变形，不易损坏；容量大。

图5-8　塑料桶包装

（7）玻璃瓶包装（见图5-9）。

包装材质：玻璃瓶由纯碱、石灰石做成的材料。

作用：能重复使用，十分环保，并且成本低；造型美观。但易破碎、运输不方便，同时增加了洗瓶和消毒成本。

图5-9　玻璃瓶包装

5.2　包装容器

从包装的概念可以看出，选择合适的包装材料是保证包装质量的关键。不同的包装采用不同的包装材料，以适应不同商品的包装要求。

5.2.1　木制包装容器

木制包装容器的主要特点是能抗弯曲破裂，它采用的材料主要是木材，一般作为商品的外包装。这主要是因为它抗压、抗冲击，机械性能较好；同时它便于垛码，对商品能起到良好的保护作用。

木制包装容器主要有以下两种类型。

1. 木制箱

它是企业广泛采用的一种包装容器，其用量仅次于瓦楞纸箱。木制包装箱主要有以下几种。

（1）钉板箱。它是一种用钉子钉制而成的包装箱，体型较小，能装载多种性质不同的商品。优点：具有抗碰撞和冲击的良好性能，能耐较大的堆积负荷，制作方便，便于整齐排列和设置支撑。缺点：钉板箱的箱体较重，体积大，不便回收，而且防水性能差。

（2）捆板箱。它是一种轻量木制包装箱。箱的六面拆开后可以折合起来，其主要特点是可折叠，占用的存放空间小，质轻板薄，装载的货物重量一般不应超过 200 千克。

（3）框架箱。它以木板条钉合成的各种结构的框架为基础。由于框架实质上成了箱子的骨架，因此它具有较好的抗震和抗阻能力。框架箱按其外板的覆盖方法和组合方式可以分为密封式、密封胶合板式和条板式 3 种。

2. 木桶、圆桶

（1）木桶。它是一种传统的木制容器，用来盛装酒、酱油、醋等液体。其主要优点是耐盐碱的腐蚀，可使内装物不变味，不变色。

（2）圆桶。它是一种圆形的木制包装容器。优点：可滚动搬运，减轻搬运人员的工作量；成本低，可反复使用；有较强的化学抵抗力；有较强的耐冲击力，牢固耐用。缺点：圆桶储运不便，且占用的空间大。

5.2.2　纸制包装容器

纸制包装容器在商品包装中占有非常重要的位置，这种容器的材料主要是各种纸。商品的内包装、中包装及外包装，根据商品的要求，都可采用纸制包装。纸制包装容器主要包括纸板箱，瓦楞纸箱，纸盒、纸筒和纸罐等。

1. 纸板箱

它是一种按照国际纸板箱协会的规定，使用各种纸制成的不同形状、规格的包装箱，用来包装不同的商品。国际通用统一编号的纸箱从 0200 开始到 0900，有几百种箱型。例如，0510（双层滑动式箱）主要用来包装印刷品及作为邮寄包装，或作为内包装容器。

2. 瓦楞纸箱

它是指用瓦楞纸板制成的箱型容器。其强度较大，一般用于商品外包装。按照瓦楞纸箱的外形结构，其可分为 3 种：折叠式瓦楞纸箱、固定式瓦楞纸箱和异形瓦楞纸箱。在使用瓦楞纸箱包装时，应考虑包装容器所能承受的压缩强度，它由原纸的强度、箱的尺寸和形状、瓦楞纸箱含水率等因素决定。所以，瓦楞纸箱的实际压缩强度主要是通过压缩实验测定的，也可通过近似的计算方法求得。

3. 纸盒、纸筒和纸罐

（1）纸盒。用纸板做成盒形的包装容器为纸盒，其形状主要为长方体。纸盒一般分为固定纸盒、折叠纸盒和瓦楞纸盒。纸盒的特点：对商品有包装和保护作用；对商品有宣传和促进销售的作用；成本较低，便于推销。

（2）纸筒、纸罐。它是一种预先制造成型，由主体和盖子两个大件所组成的纸质包装容器。纸筒一般分为：耐水（不漏水）型（制作时先对包装纸进行防水处理，然后制成包装容器），如冰淇淋等的包装；不耐水（漏水）型（制作这种包装容器一般不做防水处理），主要适用于粉状商品，如爽身粉、化妆品、药品等。

5.2.3 金属包装容器

金属包装容器具有机械强度高、抗冲击能力强、不易破碎等优点。金属包装容器所用材料主要有马口铁、铝箔、焊接剂、内层涂料（防腐、防毒）、外层涂漆等。金属包装容器按外形和使用方式一般分为罐和桶。下面介绍几种主要的金属包装容器。

1. 马口铁罐

马口铁是一种很薄的镀锡薄钢板（俗称白铁皮），它是制作金属罐的主要材料。马口铁罐可以较长时间保存食品，它是由法国的阿佩尔在 1804 年首创的。传统的马口铁罐主要由罐身（筒型）、罐盖和罐底三片马口铁制成，所以又称"三片罐"。

之后，人们又发明了"两片罐"。"两片罐"是由一片金属（马口铁或铝箔）拉伸而成的一种新型金属罐（俗称易拉罐），主要用来盛装饮料、啤酒，在市场上很受消费者欢迎。它与"三片罐"比较主要有 3 个特点：不需焊接，采用机械加工可保证不污染；耐高温，能够保证商品不变质；罐壁厚度可拉伸到 0.135～0.32 毫米，可节省金属材料费用 25%～30%；容器轻、不易破碎、便于运储等。

2. 铝箔软管

铝箔软管主要用于包装化妆品及膏脂状的药品。这种软管具有三大优点：空气不易侵入，能防止产品氧化变质；挤压操作方便卫生，防止污染；携带方便。以后，这种包装会得到更大的发展。

3. 金属桶

金属桶主要在以石油为主的非腐蚀性半流体粉状、固体等的运输中使用，容量一般为 20～200 升。

5.2.4 玻璃包装容器

玻璃是一种无机物，它的基本材料是石英、烧碱和石灰石，这些材料在高温下熔融后迅速冷却，而形成的透明固体即玻璃。玻璃包装容器主要用于包装液体、固体药物及液体饮料类商品。优点：原材料丰富，价格便宜；生产连续，供应稳定；玻璃的化学稳定性好，适宜包装液体；可回收利用；透明度好；造型多样，有利于宣传和美化商品；没有气味，不会产生污染；长期保存不变质；不透气；坚硬而不变形。由于具有以上的优点，玻璃广泛地被用于包装商品，但同时也存在着耗能高、易破碎、重量大等缺点。

玻璃包装容器按形状分为圆瓶、方瓶、高瓶、长颈瓶、矮瓶、曲线型玻璃瓶等。玻璃包装容器一般盛装下列商品：片状商品、半固体商品、黏性液态商品、自由流动的液态商品、易挥发的液态商品、含气体的液态商品、颗粒状商品、粉末状商品。

下面介绍几种主要的玻璃包装容器。

（1）覆盖塑料保护层的玻璃瓶。这种玻璃包装容器的外表覆盖着一层起保护作用的塑料薄膜，它具有较强的抗撞击能力，能适应温度的变化，而且保护层不易脱落，是一种新型的玻璃包装容器。

（2）轻量瓶。玻璃包装容器尽管有诸多优点，但易破碎、重量大等缺点影响了其发展。世界各国都在研究如何使玻璃包装瓶轻量化，并由此发明了轻量瓶。所谓轻量瓶，就是在保证使用质量的前提下，通过降低瓶壁厚度、减轻瓶重量的方法制作而成的一种玻璃包装瓶。轻量瓶可分为一次性使用瓶和多次回收瓶两种。

（3）强化轻玻璃瓶。强化玻璃的方法主要有急速冷却的冷强化和化学方法强化两种。通过这两种方法制成的瓶子具有重量轻、耐热性能好、强度高等优点。

> **┤小资料├**
>
> 包装标志是指在运输包装外部标注的特殊的图形、符号和文字，可以赋予运输包件信息传达功能，如图 5-10 所示。其作用有三：一是识别货物，实现货物的收发管理；二是明示物流中应采用的防护措施；三是识别危险货物，暗示应采用的防护措施，以保证物流安全。因此，包装标志也分为三类：一是收发货标志，或叫包装识别标志；二是储运图示标志；三是危险货物标志。
>
>
>
> 图 5-10　常用的包装标志

5.3　包装方法

由于产品特性不同，在流通过程中会受到内、外各种因素影响，其物性会发生人们所不需要的变化，或称变质，如受潮变质，受振动冲击损坏等，因此我们需要采用一些特殊的包装方法来保护产品免受流通环境各因素的影响。

5.3.1　缓冲（防震）包装

所谓缓冲（防震）包装，是指为减缓内装物受到的冲击和振动、保护其免受损坏所采用的具有一定防护作用的包装。缓冲（防震）包装的作用主要是克服冲击和振动对内装物的影响。

常用的缓冲（防震）包装材料有泡沫塑料、木丝、弹簧等。发泡包装是缓冲（防震）包装的新形式，它是通过特制的发泡设备，将能产生塑料泡沫的原料直接注入内装物与包装容器之间的空隙中，几十秒后，原料自己发生化学反应，进行 50～200 倍的发泡，成为紧裹内装物的泡沫体，对于一些体形复杂或小批量的商品最为合适。

5.3.2　防湿（水）包装

防湿（水）包装可以隔绝大气中的水分对内装物品的影响，但由于每种物品吸湿特性不同，因此对水分的敏感程度各异，对包装防湿性能的要求也有所不同。防湿（水）包装的作用就是防止水蒸气通过，或将水蒸气的通过量减少至最低。

一定厚度和密度的包装材料，可以阻隔水蒸气的透入，其中金属和玻璃的阻隔性最佳，防潮（水）性能较好；纸板结构松弛，阻隔性较差，但若在表面涂上防潮（水）材料，就会具有一定的防潮（水）性能；塑料薄膜也具有一定的防潮（水）性能，其透湿能力的强弱与塑料材料有关。

5.3.3　防锈包装

防锈包装是指能防止金属制品生锈的包装。可以采用在金属表面进行处理的方法使其成为防锈包装，如镀金属（包括镀锌、镀锡、镀铬等），镀层可以阻隔钢铁制品表面与大气接触，以保护钢铁制品；也可采用氧化处理（俗称发蓝）和磷化处理（俗称发黑）的化学防护法；还可采用涂油防锈、涂漆防锈等方法。

5.3.4　防虫鼠害包装

防虫鼠害包装通过各种物理元素（光、热、电、冷冻等）或化学药剂作用于虫鼠的肌体，破坏虫鼠的生理机能和肌体结构，劣化虫鼠的生存条件，促使虫鼠死亡或抑制虫鼠繁殖，以达到防虫鼠的目的。防虫鼠害包装分为 4 类：①高温防虫鼠害包装；②低温防虫鼠害包装；③电离辐射防虫鼠害包装；④微波与远红外线防虫鼠害包装。

5.3.5　防霉包装

防霉包装是防止包装和内装物霉变的包装，其主要材料为耐霉腐和结构紧密的材料，如铝箔、玻璃和高密度聚乙烯塑料、聚丙烯塑料、聚酯塑料及其复合薄膜等，这些材料具有微生物不易透过的特质、有较好的防霉功能。这类包装还有较好的密封性，既可阻隔外界潮气侵入包装，又可抑制霉菌的生长和繁殖。

5.3.6　脱氧包装

脱氧包装又称除氧封存剂包装，即利用无机系、有机系、氢系 3 类脱氧剂，降低密封包装内氧气浓度，从而有效阻止微生物的生长繁殖，起到防霉、防褐变、防虫蛀和保鲜的目的。脱氧包装适用于某些对氧气特别敏感的物品。

5.3.7　保鲜剂包装

保鲜剂包装采用固体保鲜剂法或液体保鲜剂法进行果实、蔬菜的保鲜。固体保鲜剂法是将保鲜剂装入透气小袋，封口后再装入内包装，以吸附鲜果、鲜菜散发的气体而延缓后熟过程的方法。液体保鲜剂法的原理则是为鲜果浸涂液。鲜果被浸后，表面会形成一层极薄的可食用保鲜膜，该保护膜既可堵塞果皮表层呼吸气孔，又可起到防止微生物侵入和隔温、保水的作用。

5.3.8 充气包装和真空包装

充气包装的原理是利用二氧化碳气体或氮气等不活泼气体置换包装容器中的空气。它通过改变包装容器中的气体组成成分，降低氧气浓度，达到防霉腐和保鲜的目的。真空包装是将物品装入气密性容器后，抽空里面的空气，使密封后的容器内基本保持真空状态的包装。一般肉类食品、谷物加工食品及一些易氧化变质商品适用此包装。

5.3.9 高温短时间灭菌包装

高温短时间灭菌包装的使用方法为，将食品充填并密封于复合材料制成的包装内，然后使其在短时间内保持135℃左右的高温，以杀灭包装容器内的细菌。这种包装可以较好地保持肉、蔬菜等内装食品的鲜度、营养价值等。

5.4　包装合理化

作为物流的起点，包装对整个物流过程有着重要的作用。实现包装合理化，不仅需要对各种包装进行合理运用，还需要用整体物流效益与微观包装效益对其进行统一衡量。

5.4.1 包装不合理的表现

1. 包装不足

包装不足的表现包括包装强度不足，从而使包装防护性不强，造成被包装物的损失；包装材料不足，材料不能很好发挥运输防护及促进销售的作用；包装成本过低，不能保证有效的包装。包装不足造成的主要问题是增加物流过程中产生的损失和降低促销能力。

2. 包装过剩

包装过剩的表现包括包装物强度设计过高，使包装防护性过高；包装材料选择不当，如可以用纸板却采用镀锌、镀锡材料等；包装技术过高；包装成本过高。包装过剩一方面可能使包装成本支出大大超过减少损失可能获得的效益；另一方面，使包装成本在商品成本中比重过高，这将损害消费者利益。

5.4.2 包装合理化的途径

1. 包装的轻薄化

在强度、寿命、成本相同的条件下，采用更轻、更薄的包装，可以提高装卸搬运的效率，而且轻薄的包装一般价格比较便宜，如果作为一次性包装还可以减少废弃包装材料的数量。

2. 包装的标准化

包装的规格和托盘、集装箱关系密切，我们应考虑和运输车辆、搬运机械的匹配，进而确定包装的尺寸标准。

3．包装的机械化

为了提高作业效率和包装现代化水平，各种包装机械的开发和应用很重要。

4．包装的绿色化

绿色包装是指无害少污染的符合环保要求的各类包装，主要包括纸包装、可降解塑料包装、生物包装和可食用包装等，包装绿色化是包装合理化的主流趋势。

5．包装设计合理化

设计包装需要运用专门的设计技术，将物流需求、加工制造、市场营销及产品设计等因素结合起来综合考虑，尽可能满足多方面的需要。

 **要点回顾**

包装是指为在流通过程中保护产品、方便储运、促进销售，按一定技术方法而采用的容器、材料及辅助物等的总体名称。

商品包装的作用：（1）保护商品；（2）便于流通；（3）促进销售；（4）方便消费；（5）节约费用。

包装合理化的途径：（1）包装的轻薄化；（2）包装的标准化；（3）包装的机械化；（4）包装的绿色化；（5）包装设计合理化。

 **本章习题**

一、名词解释

包装

二、简答题

1．简述包装的作用。

2．简述玻璃包装容器的用途和优点。

3．实现包装合理化的途径有哪些？

三、案例分析

1921年5月，当香水创作师恩尼斯·鲍将他发明的多款香水呈现在香奈尔夫人面前让她选择时，香奈尔夫人毫不犹豫地选择了第五款，即现在誉满全球的香奈尔5号香水。然而，除了那独特的香味以外，真正让香奈尔5号香水成为"香水贵族中的贵族"的却是那个看起来不像香水瓶，反而像药瓶的创意包装。

服装设计师出身的香奈尔夫人，在设计香奈尔5号香水的瓶子时别出心裁。"我的美学观点跟别人不同：别人唯恐不足地往上加，而我一项项地减除。"这一设计理念让香奈尔5号香水瓶在众多繁复华美的香水瓶中脱颖而出。香奈尔5号香水瓶以其宝石切割般形态的瓶盖、透明水晶的方形瓶身造型、简单明了的线条，迅速俘获了消费者。从此，香奈尔5号香水在全世界畅销至今。

1959年，香奈尔5号香水瓶以其所表现出来的独有的现代美荣获"当代杰出艺术品"称号，跻身成为纽约现代艺术博物馆的展品。香奈尔5号香水瓶成了名副其实的艺术品。对此，中国工业设计协会副秘书长宋慰祖表示："香水作为一种奢侈品，最能体现其价值和品位的就是包装。香水的包装本身不但是艺术品，也是其最大的价值所在。包装的成本甚可以占香奈尔5号整件商品价值的80%。香奈尔5号香水的成功，依靠的就是它独特的、颠覆性的创意包装。"

思考题：

（1）香奈尔5号香水的包装成本较高，但购买香水的人却一直很多，这是为什么？

（2）为什么香奈儿5号香水能够成为"香水贵族中的贵族"？

 拓展实践

利用课余时间到附近超市进行商品包装调查，观察不同商品的包装（如外形、材料、商标、条码等），分析商品包装的功能，并以PPT的形式进行课堂汇报。

第6章 装卸搬运

内容提要

装卸搬运是在物流各个环节（如运输、存储等）之间起衔接作用的活动，是物流活动得以进行的必要条件，在物流活动中占有重要地位。本章介绍了装卸搬运的含义、分类、作用、装卸搬运设备以及装卸作业优化方法等知识。

学习完本章后，希望读者掌握以下内容。

（1）装卸搬运的作用。

（2）装卸搬运管理的原则。

（3）装卸活性指数。

（4）装卸作业优化方法。

引导案例

云南双鹤医药有限公司是一个以市场为核心、现代医药科技为先导、金融支持为框架的新型公司，是西南地区经营药品品种较多、较全的医药专业公司。虽然云南双鹤已形成规模化的产品生产和网络化的市场销售模式，但其流通过程中物流管理严重滞后，造成物流成本居高不下，无法形成价格优势。

装卸搬运活动是衔接物流各环节活动正常进行的关键，而云南双鹤医药有限公司以前恰好忽视了这一点，由于搬运设备的现代化程度低，只有几个小型货架和手推车，大多数作业仍以人工作业为主，工作效率低，且易损坏商品。另外，由于仓库设计不合理，造成长距离的搬运；并且库内作业流程混乱，形成重复搬运，大约有70%的搬运工作是无效的，这种过多的搬运次数，损坏了商品，也浪费了时间。

为了控制装卸搬运成本，降低物流总成本，云南双鹤医药有限公司采取了一些有效措施，在允许的情况下，减少作业环节。

1. 采用"二就直拨"的方法

（1）就厂直拨。企业可以根据订单要求，直接到制药厂提货，验收后不经过仓库就将商品直接调运到各店铺或销售单位。

（2）就车直拨。对外地运来的商品，企业可事先安排好短途运输工具，在原车边直接进行分拨，装上其他车辆，转运至收货单位，省去入库后再外运的工作。

以上这两种措施既减少了入库中的一切作业环节，又降低了储存成本。

2. 减少装卸搬运环节

改善装卸作业，就要设法提高装卸作业的机械化程度，还必须尽可能地实现作业的连续化，从而提高装卸效率，缩短装卸时间，降低物流成本。

（1）防止和消除无效作业。尽量减少装卸次数，努力提高装卸作业效率，选择最短的作业路线等都可以防止和消除无效作业。

（2）提高商品的装卸搬运活性指数。企业在堆码商品时事先应考虑装卸搬运作业的方便性，把分类好的商品集中放在托盘上，以托盘为单元进行存放，这样既方便装卸搬运，又能妥善保管好商品。

（3）积极而慎重地利用重力原则，实现装卸作业的省力化。装卸搬运要使商品发生垂直和水平位移，必须通过做功。在有条件的情况下利用重力进行装卸，如将有动力装置的小型运输带（板）斜放在货车、卡车上进行装卸，使商品在倾斜的输送带（板）上移动，这样就能减轻劳动强度和能量的消耗。

（4）进行正确的设施布置。采用"L"形和"U"形布局，以保证商品流向单一，这既避免了商品的迂回和倒流，又减少了搬运环节，从而节省了成本。

除此之外，云南双鹤医药有限公司还重视对原有仓库的技术改造，根据实际需要，尽可能引进国外先进的仓储管理经验和现代化物流技术，有效地提高仓库的储存、配送效率和服务质量，同时也有利于装卸搬运有效衔接仓储和运输。

云南双鹤医药有限公司通过以上措施取得了可喜的成绩，降低了装卸搬运成本，同时，使得装卸搬运环节充分衔接了物流其他各环节，从而降低了仓储、运输等成本，公司总的物流成本也有很大的降低。

（资料来源：百度文库等）

【案例思考】

云南双鹤医药有限公司通过采取一系列措施降低公司装卸搬运成本，从而使得公司总的物流成本得到降低，这表明装卸搬运活动是衔接物流各环节活动正常进行的关键。通过本案例不难看出，使装卸搬运合理化的途径主要包括减少操作次数、提高装卸搬运活性指数、实现装卸作业的省力化以及进行正确的设施布置等。

那么，什么是装卸搬运？实施装卸搬运管理的原则是什么？装卸搬运的设备有哪些呢？这些内容将会在本章进行详细介绍。

6.1　装卸搬运概述

装卸搬运是物流系统的构成要素之一，属于衔接性的物流活动。任何其他物流活动都是以装卸搬运来衔接的，因此，装卸搬运往往成为整个物流系统的"瓶颈"，是物流各功能之间能否形成有机联系和紧密衔接的关键。在实际操作中，装卸与搬运是密不可分的，因此，在物流学科中我们并不过分强调两者的差别而是将其作为一种活动来对待。

6.1.1　装卸搬运的含义

装卸搬运是在物流各环节（如运输、储存等）之间起衔接作用的活动，是物流各项活动中出现频率最高的一个作业活动，装卸活动效率的高低，直接会影响物流整体效率。

据统计，在生产物流中，我国机械工厂每生产 1 吨成品，需进行 252 吨次的装卸搬运，其成本为加工成本的 15.5%；在铁路物流中，我国铁路货运以 500 000 米为分界点，当运距低于 500 千米时，装卸搬运时间则超过实际运输时间；在国际远洋物流中，往返美国与日本之间的远洋运输需 25 天，其中运输时间 13 天，装卸搬运时间 12 天。可见，装卸搬运是生产和运输物流中的一个非常重要的环节。

虽然装卸搬运活动本身并不产生效用和价值，但是，由于装卸搬运活动对劳动力的需求量大，需要使用装卸设备，因此物流成本中装卸搬运费用所占的比重较大，装卸搬运活动的合理化对于物流整体的合理化至关重要。

装卸搬运是指在物流过程中，为运输、保管和配送的需要而对货物进行的装卸、搬运、堆码、取货、分类、理货等，或与之相关的作业。装卸搬运活动的基本动作包括装车（船、机）、卸车（船、机）、堆垛、入库、出库以及连接上述各项活动而做的短程输送，是伴随运输、保管和配送等活动而产生的必要活动。装卸搬运原理如图 6-1 所示。

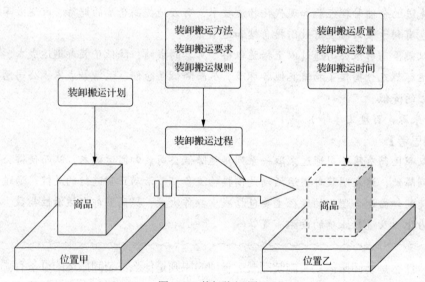

图 6-1　装卸搬运原理

装卸搬运过程如下。

（1）装卸：将商品装上运输机或由运输机卸下。

（2）搬运：使商品在较短的距离内移动。

（3）堆码：对商品或包装货物进行码放、堆垛等有关作业。

（4）取货：从保管场所取出商品。

（5）分类：将商品按品种、发货方向、消费者需求等进行分类。

（6）理货：将商品备齐，以便随时装货。

> 小资料
>
> 装卸活性是指货物的存放状态对装卸搬运作业的方便（或难易）程度，被称为货物的"活性"。活性一般用"活性指数"定量衡量，根据物料所处的状态，即物料装卸、搬运的难易程度，可分为不同的级别。一般来说，活性指数用数字 0，1，2，3，4 表示，具体代表的含义如下。

0——物料杂乱地堆在地面上的状态。

1——物料装箱或经捆扎后的状态。

2——箱子或被捆扎后的物料，下面放有枕木或其他衬垫后，便于叉车或其他机械作业的状态。

3——物料被放于台车上或用起重机吊钩钩住，即刻移动的状态。

4——被装卸、搬运的物料，已经被起动、直接作业的状态。

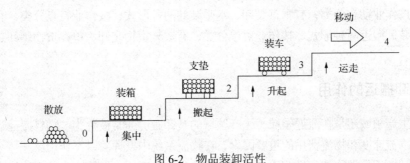

图 6-2　物品装卸活性

如图 6-2 所示，工厂的物料处于散放状态的活性指数为 0，装箱、支垫、装车和在传送设备上移动的物料，其活性指数分别为 1，2，3，4。在货场装卸搬运过程中，下一道工序比上一道工序的活性指数高，因此下一道工序比上一道工序更便于作业时，被称为"活化"。装卸搬运的工序应被设计得使货物的活性指数逐步提高，即"步步活化"。

6.1.2　装卸搬运的分类

1. 按装卸搬运的设施、设备分类

（1）仓库（或配送中心）装卸搬运：是配合入库、维护保养、出库等活动进行的，并且以堆垛、上架、取货等操作为主的活动。

（2）铁路装卸搬运：是对火车车皮的装进及卸出，其特点是一次作业就需实现一车皮的装进或卸出，很少有像仓库装卸时出现的整装零卸或零装整卸的情况。

（3）港口装卸搬运：既包括码头前沿的装船卸船，也包括后方的支持性装卸搬运。有的港口装卸还采用小船在码头与大船之间"过驳"的方式，因其装卸的流程较为复杂，往往经过几次的装卸及搬运作业才能最后实现船与陆地之间货物过渡的目标。

（4）汽车装卸搬运：是对汽车车厢的装进及卸出，一次装卸批量不大。由于汽车具有灵活性，因此我们可以减少或根本减去一些搬运活动，直接或单纯利用装卸作业达到车与物流设施之间货物过渡的目的。

（5）飞机装卸搬运：是对飞机机舱的装进及卸出，一般通过传送带搬运，自动化程度较高。

2. 按装卸搬运的作业方式分类

（1）吊上吊下方式：采用各种起重机械将货物吊起，依靠起吊装置实现装卸，并在吊车运行范围内或回转范围内实现搬运或依靠搬运车辆实现搬运。

（2）叉上叉下方式：采用叉车托起货物，并依靠叉车进行货物位移，搬运完全靠叉车本身，货物可不经中途落地直接被放置到目的地。

（3）滚上滚下方式：主要用于港口装卸，利用叉车或半挂车、汽车承载货物，连同车辆一起上船，到达目的地后再从船上开下。采用滚上滚下方式需要有专门的船舶，这种专门的船舶

被称为"滚装船"。

（4）移上移下方式：即在两车之间（如火车及汽车）进行靠接，然后利用各种方式，不使货物垂直运动，而以水平移动方式从一辆车上被推移到另一辆车上。汽车与仓库或配送中心货台高度一致时，也可采用移上移下方式。

（5）散装散卸方式：这是集装卸与搬运于一体的装卸方式，一般从装点直到卸点，货物在中间不再落地，适用于对散装物进行装卸。

此外，按作业动态分类，有垂直装卸、水平装卸两种形式；按作业特点分类，有连续装卸搬运、间歇装卸搬运两种形式。按作业对象分类，有散装货物装卸、单件货物装卸、集装货物装卸等形式。

6.1.3　装卸搬运的作用

无论在生产领域还是在流通领域（生产领域的装卸搬运通常被称为"物料搬运"），装卸搬运都是影响物流速度和物流费用的重要因素，在物流系统中发挥着以下作用。

（1）装卸搬运是把物流各环节连接成一体的接口，是运输、保管、包装等物流作业得以顺利实现的根本。

（2）装卸搬运的基本功能是改变物品的存放状态和空间位置，是影响物流速度和物流费用的重要环节。

（3）装卸搬运的质量、效率对整个物流过程有重大影响。

6.1.4　装卸搬运管理的原则

1. 尽量不进行装卸搬运原则

装卸作业本身并不产生价值。在物流过程中，货损发生的主要环节是装卸搬运环节，而在整个物流过程中，装卸搬运作业又是反复进行的，从发生的频率来讲，超过任何其他活动。所以，过多的装卸搬运次数必然导致损失的增加。从发生的费用来看，一次装卸搬运的费用相当于几十千米的运输费用。因此，每增加一次装卸搬运作业，费用就会有较大比例的增加。此外，装卸搬运又会大大减缓整个物流的速度。如图6-3所示，无计划作业将导致装卸搬运次数增加，致使物流速度减缓，为此，我们应该通过合理的规划布局设计，合理安排作业计划，采用合理的作业方式，实现物品装卸搬运次数最小化。

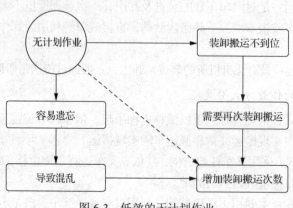

图 6-3　低效的无计划作业

2. 装卸连续性原则

装卸连续性是指两处以上的装卸作业要配合好。进行装卸作业时,为了不使连续的各种作业中途停顿,而能协调地进行,整理其作业流程是很有必要的。因此,进行"流程分析",对商品的流动进行分析,使经常相关的作业配合在一起,也是很有必要的。例如,把商品装到汽车或铁路货车上,或把商品送往仓库进行保管时,应当考虑合理取卸,或出库是否方便。所以进行某一次的装卸作业、某一个装卸动作时,要考虑下一次装卸作业而有计划地进行。要使一系列的装卸作业顺利地进行,合理确定作业动作的顺序、作业动作的组合或选择及运用装卸机械是很重要的。

3. 减轻人力装卸原则

减轻人力装卸就是把人的体力劳动改为机械化劳动。关于"减轻人力装卸"问题,主要是在减轻体力劳动、缩短劳动时间、防止成本增加等方面推进省力化、自动化。

4. 提高"搬运灵活性"原则

在物流过程中,从便于搬运作业角度考虑,物品的堆放方法是很重要的,这种便于移动的程度,被称为"搬运灵活性"。衡量商品堆存形态的"搬运灵活性",用活性指数表示。一般活性指数分为 5 个等级,即散堆于地面上为 0 级;装入箱内为 1 级;装在托盘或垫板上为 2 级;装在车上为 3 级;装在输送带上为 4 级,如表 6-1 所示。

表 6-1 活性指数表

物品状态	物品移动的机动性	作业需求（依次）				作业数目	活性指数
		集中	搬起	升起	运走		
直接置地	移动时需逐个用人力搬到运输工具中	是	是	是	是	4	0
置于箱内	可人工一次搬运,但不便于机械使用	否	是	是	是	3	1
置于托盘或垫板上	可方便地使用机械搬运	否	否	是	是	2	2
置于车内	不需借助其他机械便可移动	否	否	否	是	1	3
置于传送带上	物品已处于移动状态	否	否	否	否	0	4

5. 把商品整理为一定单位的原则

为便于装卸搬运作业,我们可把商品汇集成一定单位数量,然后再进行整体装卸搬运,这样既可避免损坏、消耗、丢失,又容易查点数量,而且最大的优点在于使装卸搬运的单位加大,使机械装卸成为可能,以及使装卸、搬运的灵活性增强等。

6. 从物流整体的角度去考虑的原则

在整个物流过程中,要综合考虑运输、储存、保管、包装与装卸的关系。装卸要适合运输、储存保管的规模,即装卸要起着支持并提高运输、储存保管能力、效率的作用,而不是起阻碍的作用。

6.2 装卸搬运设备

装卸搬运设备是进行装卸搬运作业的劳动工具或物质基础。

6.2.1 装卸搬运设备分类

装卸搬运设备大致可分为工业车辆类、起重机类、输送机类、升降机类和绞车类等。

1. 工业车辆类

在厂区、仓库、运输的起止点内专用于搬运的车辆统称工业车辆，它们有的以内燃机为动力，也有的使用电池组驱动，主要有叉车、拖车、卡车、手推车、单轮手推车、手推托盘车等搬运车或跨运车（将集装箱等大型货物吊在门形架内进行搬运的车辆，常用在集装箱码头上）等。

2. 起重机类

起重机是将货物吊起在一定范围内做水平移动的机械，是在采用输送机之前曾被广泛使用的具有代表性的装卸搬运设备。

起重机按其构造或形状可分为天车、悬臂起重机、集装箱起重机、巷道堆垛机或库内理货机、汽车起重机、龙门起重机等各种悬臂（转臂）式起重机。

3. 输送机类、升降机类和绞车类

输送机是连续搬运货物的设备，根据用途和所处理货物形状的不同而种类各异。有带式输送机、辊子输送机、链式输送机、重力式辊子输送机、伸缩式辊子输送机、振动输送机、液体输送机等。输送机还可以分为移动式输送机和固定式输送机，此外还有重力式输送机和电机驱动式输送机。

升降机和绞车是使物体做垂直方向移动的设备。升降机被广泛用于多层楼房仓库，绞车是使用缆绳和链条吊升重物的装置，有电动和手动两种。

▌小资料▐

图 6-4～图 6-7 所示为港口集装箱作业过程中的装卸搬运设备。

图 6-4　岸吊

图 6-5　集装箱牵引车

图 6-6　龙门吊

图 6-7　重箱正面吊

电子商务物流管理（微课版 第3版）

98

图 6-8～图 6-11 所示为港口散货作业过程中的装卸搬运设备。

图 6-8　抓斗机

图 6-9　带式输送机

图 6-10　斗轮堆取料机

图 6-11　堆料机

6.2.2　装卸搬运设备的选择

选择装卸搬运设备主要考虑以下 5 个方面。

（1）货物特性：根据货物本身和包装等特性，选择适宜的装卸搬运设备。

（2）作业特性：根据是不是单纯的装卸或搬运，选择不同功能的设备。

（3）环境特性：根据作业场地、建筑物的构造、设置的配置、地面的承受力等选择相应的设备。

（4）作业速率：按货物的物流速度、进出量要求确定是高速作业还是平速作业，是连续作业还是间歇作业，据此选择合适的设备。

（5）经济效益：考虑以上各因素后，还要从经济性角度加以分析，在多个方案中优中选优。

6.3　装卸作业优化

6.3.1　装卸的机械化

实现装卸作业的机械化，是装卸作业的必经之路。过去的装卸作业主要是依靠人力手搬肩扛，劳动效率低，劳动强度大，从而严重地影响了装卸效率和装卸能力的提高，随着我国国民经济的迅速发展，商品流通量的增加，单纯依靠人工装卸，已无法满足客观形势发展的需要。

1. 装卸机械化的作用

（1）实现装卸机械化可以大大节省劳动力和减轻装卸工人的劳动强度。例如，装卸自行车作业，每箱重180千克左右，使用人工装卸，则比较费力，而使用铲车装卸，则轻而易举，这充分显示了机械化的好处。

（2）装卸机械化可以缩短装卸作业时间，加快车船周转速度。各种运输工具在完成运输任务的过程中，有相当一段时间是在等待装卸。如能缩短装卸时间，我们就能用现有的运输工具完成更多的运输任务，这样不仅提高了物流的经济效益，还有利于社会经济效益的提高。

（3）有利于商品的完整和作业安全。虽然商品的种类、形状极其复杂，但我们仍可以根据商品的不同特性来选择或设计不同的装卸设备，以保证商品的完整。如果工人把超过自身重量二三倍的木箱，从3米高处拿下，想不使商品受损是很难的。

（4）有效地利用仓库库容，加速货位周转。随着生产的发展，流通速度的加快，仓储的任务不断增加，无论是库房还是货场都要充分利用空间，提高库容利用率。因此，必须增加堆垛和货架的高度。但人工作业使堆码高度受到限制，若采用机械作业，就可提高仓库的空间利用率，同时机械作业速度快，可及时腾空货位。

（5）装卸机械化可大大降低装卸作业成本，从而有利于物流成本的降低。由于装卸效率的提高，作业量大大增加，因此，平均到每一吨商品的装卸费用相应减少，进而降低装卸成本。

2. 装卸机械化的原则

（1）符合装卸商品种类及特性的要求。不同种类的商品的物理、化学性质及其外部形状是不一样的，因此，在选择装卸设备时必须使其符合商品的品种及其特性要求，以保证作业的安全和商品的完好。

（2）适应运量的需要。运量的大小直接决定了装卸的规模和装卸设备的配备、机械种类以及装卸机械化水平。因此，在确定机械化方案前，我们必须了解商品的运量情况。对于运量大的，应配备生产率较高的大型设备；而对于运量不大的，宜采用生产率较低的中小型设备；对于无电源的场所，则宜采用一些无动力的简单装卸设备。这样既能发挥设备的作用，又使方案经济合理。

（3）适合运输车辆类型和运输组织的工作特点。装卸作业与运输是密切相关的，因此，在考虑装卸设备时，必须考虑装载商品所用的运输工具的特性，包括车船种类、载重量、容积、外形尺寸等，同时要了解运输组织的情况，如运输取送车（船）次数、运行图、对装卸时间的要求、货运组织要求、短途运输情况等。例如，在港口码头装卸商品和在车站装卸商品，所需要的装卸设备是不同的。

（4）经济合理，适合当地的自然、经济条件。在确定选择机械化方案时，要做技术分析，尽量达到经济合理的要求。对现有的设施、仓库和道路要加以充分利用，同时要充分考虑装卸场所的材料供应情况、动力资源，以及电力、燃料等因素。要充分利用当地的地形、地理条件，因地制宜、就地取材。

6.3.2 装卸的集装化

装卸的集装化就是把许多需要运输的商品集中成一个单元，进行一系列的运输、储存和装卸作业。集装化主要有以下几种形式。

1. 集装箱化

（1）专用集装箱，包括通风式集装箱、折叠式通风集装箱、多层合成集装箱等。通风式集装箱适用于不怕风吹雨淋的商品和怕闷热的农副土特产品，如日用陶瓷、水果等。折叠式通风集装箱适合装运瓜果、蔬菜、陶瓷等商品。多层合成集装箱主要用于装运鲜蛋，既通风又稳固，其每一层中都有固定的格子。

（2）集装袋，是一个大型口袋，上下都能开口。装货时将下口拴住，从上口装货；卸货时将下口拉开，货物可自动出来。集装袋主要用于装运化肥、碱粉等商品。

（3）集装网，是指用麻绳或钢丝绳制成的网，麻绳网主要用于装运水泥等商品，钢丝绳网主要用于装运生铁。

（4）集装盘，它是类似托盘的木盘，与托盘的不同之处在于木盘随货而去，不能回收。

2. 托盘化

托盘一般是由木材、钢材、塑料等材料制成的。托盘除了起搬运工具的作用外，还起集合商品的作用。托盘化有许多优点：可以提高装卸效率；可以有效地保护商品，减少破损；可以节省物流费用，还可以推动包装的标准化。多年来，我国商业物流部门在使用托盘方面积累了不少经验，不少物流企业都已开始进行托盘作业。

6.3.3 装卸的散装化

装卸的散装化即对大宗商品，如煤炭、矿石、水泥、原盐、粮食等的运输采用散装的方法。装卸的散装化作业与成件商品的集装化作业已成为装卸现代化的两大发展方向。装卸的散装化，具有节省包装用具、节省劳动力、减轻劳动强度、减少损耗、减少污染、缩短流通时间等优点。对提高装卸效率，加速车船周转、提高经济效益，具有重要意义。

开展装卸的散装化作业必须具备一定的条件和物质基础，必须配备专用的设备，包括专用散装运输工具及设施、仓库、港口、车站的装卸设备，做到装、卸、运、储各个环节的工具设备成龙配套。发、转、收各部门之间要加强横向联系，如果有一个环节在设备的衔接上，或工作的配合上脱节，都将影响散装化作业的开展。

6.3.4 其他装卸作业优化方法

（1）在汽车运输方面，采用集装箱专用挂车和底盘车。例如，集装箱装卸桥从船舱吊起集装箱后，直接将其卸在专用挂车上，如此汽车就可以直接将货物接走了；又如，散装粮食专用车在装卸时，采取汽车的载荷部位自动倾翻的办法，不用装卸即可完成卸货任务。

（2）在船舶运输方面采用滚装船。滚装船是在海上航行的专门用于装运汽车和集装箱的专用船。它是在火车、汽车渡轮的基础上发展而来的一种新型运输船舶，其船尾有一类似登陆艇的巨大跳板和两根收放跳板的起重柱。世界上第一艘滚装船是美国于1958年制造完成并投入使用的。近年来，世界各国相继制造了一定数量的滚装船，成了远洋船队中的现代化新生力量。

> **小资料**
>
> 滚装船又称"开上开下"船，或称"滚上滚下"船，它是利用运货车辆来载运货物的专用船舶，用牵引车牵引载有箱货或其他件货的半挂车或轮式托盘直接进出货舱进行装卸作业。
>
> 我国使用滚装船已有多年，在运载汽车作业上，效果十分显著。例如，上海江南造船厂

建造的 24 000 吨级滚装船，可载 4 000 辆汽车或 350 个集装箱。在装卸时，集装箱挂车用牵引车拉进拉出船舱；汽车则可直接开进开出。这种船的装卸速度比一般集装箱船快 30%，装卸费用比集装箱低 60% 左右，也无须大型超重装卸设备辅助。

在船舶运输方面，国外又开始使用载驳船。载驳船又称子母船。载驳船用于河海联运。其作业过程是先在驳船（尺度统一的船，又称子船）上装上货物，再将驳船装上载驳船（又称母船），运至目的港后，将驳船卸下，由内河分送至目的港。载驳船的优点是不需要码头和堆场，装卸效率高，停泊时间短，便于河海联运。其缺点是造价高，需配备多套驳船以便周转，需要在泊稳条件好的宽敞水域才能作业，且适宜货源比较稳定的河海联运航线。因此，虽然早在 1963 年美国就建造了第一艘载驳船，但未得到很大发展。

 要点回顾

装卸搬运是在物流各环节（如运输、储存等）之间起衔接作用的活动，是物流各项活动中出现频率最高的一个作业活动，装卸活动效率的高低，直接会影响物流整体效率。

装卸搬运过程：装卸、搬运、堆码、取货、分类及理货。

装卸搬运设备可分为：工业车辆类、起重机类、输送机类、升降机类和绞车类等。

装卸活性是指货物的存放状态对装卸搬运作业的方便（或难易）程度，被称为货物的"活性"。

改善装卸作业的途径主要有装卸的机械化、装卸的集装化、装卸的散装化等。

 本章习题

一、名词解释

装卸搬运　装卸活性

二、简答题

1．简述商品搬运的过程。

2．简述商品装卸搬运的作用。

3．简述装卸搬运活性分析的步骤。

三、案例分析

码垛指的是将商品按一定要求堆叠起来，方便叉车运输到仓库，或者进行装箱、出货等的物流活动，常见于自动化生产线、码头和仓库等场景。机器人比人力更适合从事码垛工作，尤其是重型物品的堆叠，可以防止安全问题的出现，而在效率方面，机器人比人工高出几倍。

人工搬运和叠放货品的时候，一个小时只能完成少量的工作，特别是叠放到高处或者是处理大件重量型货物时，人工的效率是极低的。而机器人则不同，不管货物大小、轻重如何，它们都能高效完成叠放任务。

随着人工智能等新技术的出现，机器人的功能开始变得更多。例如，加入机器视觉的机器人，将不再需要昂贵的托盘定位系统。因为，其利用工业相机构建立体视觉，就可以确定每个箱子、袋子或托盘的方向。机器人通过软件能计算产品的位置，然后就能轻松执行装货或卸货任务。

　　在码垛工位上，末端工具是码垛机器人的重要部分，通常由不同的手爪、自动拆或叠盘机组成。为了使其具有更高的灵活性，厂商会采用混合托盘，使机器人基本上能够和工人一样灵活。此外，机器人末端还可以配置称重、检测、贴标签和通信系统，如此其就能够完成一系列的包装工作。

　　思考题：与人工作业相比，码垛机器人有哪些优势？

 拓展实践

　　通过实地走访货场（如铁路、港口等），观察货场中的货物摆放情况，根据本章所学知识，评估其活性指数，并撰写一份评估报告。

第7章 流通加工

内容提要

规模化、专业化的现代生产方式，一方面降低了生产成本，增加了经济效益，另一方面却无法满足日益多样化的客户需求，而流通加工是解决此问题的有效途径。本章介绍了流通加工的含义、流通加工的内容、流通加工的设备以及流通加工合理化的途径等知识。

学习完本章后，希望读者掌握以下内容。

（1）流通加工产生的原因。

（2）流通加工与生产加工的区别。

（3）生产资料、食品以及消费资料的流通加工。

（4）流通加工合理化的途径。

引导案例

安踏（ANTA）是中国领先的体育用品企业，专注于为广大的消费者提供性价比高的专业体育用品。安踏公司总部位于中国福建省晋江市。该公司主要从事设计、开发、制造和行销安踏品牌的体育用品，包括运动鞋、服装及配饰。在消费群体年轻化以及需求差异化愈加强烈的背景下，现有规模化、批量化的生产模式已无法满足个性化的消费需求。为了更好地张扬个性，安踏公司开始通过专属定制满足消费者的需求。目前，这一措施已经在一些地区的安踏鞋店和官方网站得到了成功实践。

消费者可以对钟爱的运动鞋、服装和运动配件进行个性化设计，通过选择多种配色和材质，设计一款专属于自己的 ANTAUNI 产品。ANTAUNI 专属定制设计能充分展现个人创意，消费者可以随时随地通过网站或者前往开设 ANTAUNI 业务的安踏店中选择喜爱的安踏产品，并进行个性化的设计，定制一款独一无二又最具个性的安踏产品。

通过安踏网站，消费者可以随时体验专属定制服务，具体流程如下。

（1）选择一款安踏的运动鞋，如图 7-1 所示。

（2）选择尺寸，如图 7-2 所示。

（3）设计鞋面的颜色和花纹，如图 7-3 所示。

（4）完成设计，生成订单，如图 7-4 所示。

（5）在线支付，如图 7-5 所示。

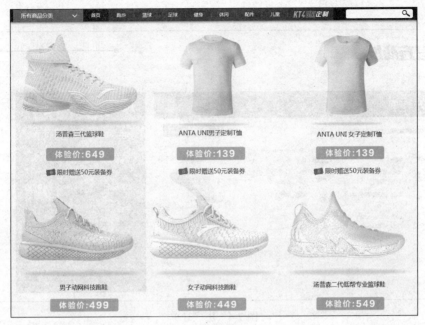

图 7-1　选择基本款式

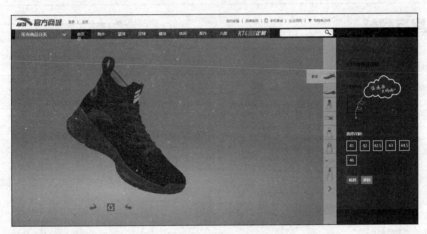

图 7-2　选择尺寸

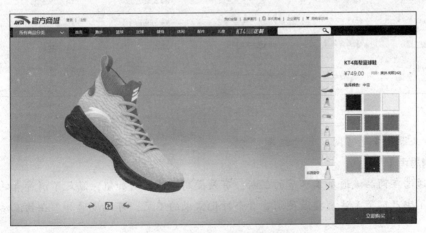

图 7-3　设计鞋面和配饰

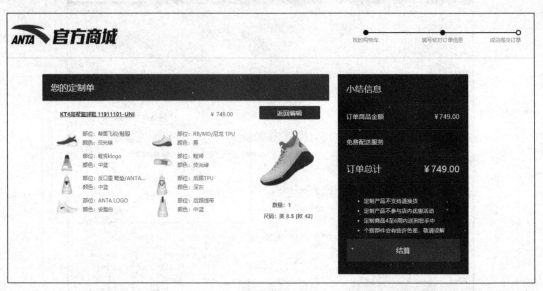

图 7-4　生成订单

图 7-5　在线支付

（资料来源：安踏官网、百度文库）

【案例思考】

安踏通过在商品流通加工环节的创新，有效提高了商品附加值，满足了消费者的多样化需求，弥补了生产环节无法直接满足消费者个性化需求的不足，可见流通加工在物流活动中是十分重要的。

你认为流通加工与生产加工有什么区别。如何通过流通加工更好地实现商品价值？希望读者能够通过本章的学习得出答案。

7.1 流通加工概述

流通加工的重要作用不可轻视，它起着补充、完善、提高、增强商品销售价值的作用，还具有运输、储存等环节没有的功能。所以，流通加工是提高物流水平，促进流通向现代化发展的重要环节。

电子商务的繁荣使得物流行业重新崛起，而现代物流的发展又离不开流通加工环节的不断优化。现代化的物流背景要求企业更加关注流通加工环节，创造更为高效、合理的流通环境。

7.1.1 流通加工的含义

流通加工是一种特殊的物流功能要素，是企业在物品从生产领域向消费领域流动的过程中，为了促进销售、维护产品质量和提高物流效率，对物品进行的加工；使物品发生物理变化、化学变化或形态变化，以满足消费者多样化需求和提高服务水平的附加值需要。

我国国家标准《物流术语》对流通加工的定义：在物品从生产地到使用地的过程中，企业根据需要施加的包装、分割、计量、分拣、刷标志、拴标签、组装等简单作业的总称。流通加工是指某些原材料或产成品从供应领域向生产领域，或从生产领域向销售领域流动的过程中，企业为了有效利用资源、提高物流效率、方便用户、促进销售和维护产品质量，在流通领域对产品进行的初级或简单再加工。

7.1.2 流通加工产生的原因

1. 流通加工的出现与现代生产方式有关

现代生产发展趋势之一就是生产规模大型化、专业化，依靠单品种、大批量的生产方法降低生产成本获取规模经济效益，这样就出现了生产相对集中的趋势。这种生产规模的大型化、专业化程度越高，生产相对集中的程度也就越高。生产的集中化进一步引起产需之间的分离，产需分离的表现首先为人们认识的是空间、时间及人的分离。弥补上述分离的手段则是运输、储存及交换。近年来，人们进一步认识到，现代生产引起的产需分离并不局限于上述 3 个方面。"少品种、大批量、专业化"的现代生产方式，使得产品的功能（规格、品种、性能）往往不能和消费需要密切衔接，弥补这一分离的方法，就是流通加工。所以，流通加工的诞生实际是现代生产发展的一种必然结果。

2. 流通加工不仅是大工业的产物，也是网络经济时代服务社会的产物

流通加工的出现与现代社会消费的个性化有关。消费的个性化和产品的标准化之间存在着一定的矛盾，使本来就存在的产需第四种形式的分离变得更加严重。本来，弥补第四种形式的分离可以采取增加一道生产工序的方法，但在个性化问题十分突出之后，采取上述弥补措施将会使生产及生产管理的复杂性及难度增加，按个性化生产的产品难以组织高效率、大批量的流

通。所以，消费个性化的新形势及新观念的出现，为流通加工的发展开辟了道路。

3. 流通加工的出现还与人们对流通作用的观念转变有关

在社会生产向大规模生产、专业化生产转变之后，社会生产越来越复杂，生产和消费的发展呈标准化和个性化趋势，生产过程中的加工制造常常满足不了消费的要求。而由于流通的复杂化，生产过程中的加工制造也常常不能满足流通的要求。于是，加工活动开始部分地由生产及再生产过程向流通过程转移，在流通过程中形成了某些加工活动，这就是流通加工。流通加工的出现使流通过程明显地具有了某种"生产性"，流通过程从价值观念来看是可以主动创造价值及使用价值的，而不单是被动地"保持"和"转移"的过程。因此，人们必须研究流通过程孕育着多少创造价值的潜在能力，如此就有可能通过努力在流通过程中进一步提高商品的价值和使用价值。

4. 效益观念的树立也是促使流通加工得以发展的重要原因

20 世纪 60 年代以后，效益问题逐渐引起人们的重视，过去人们盲目追求高技术，引起了燃料、材料投入量的大幅度增加，虽然采用了新技术、新设备，但往往得不偿失。20 世纪 70 年代初，第一次石油危机的发生证实了效益的重要性，使人们牢牢树立了效益观念，流通加工可以以少量的投入获得很大的效果，是一种高效益的加工方式，自然就获得了很快的发展。所以，流通加工从技术上来讲，可能不需要采用什么先进技术，但这种方式是现代观念的产物，在现代的社会再生产过程中起着重要作用。

7.1.3 流通加工与生产加工的区别

流通加工是在流通领域从事的简单生产活动，具有生产制造活动的性质。流通加工和一般的生产加工在加工方法、加工组织、生产管理等方面并无显著区别，但在加工对象、加工程度等方面存在较大差别，其主要差别如表 7-1 所示。

表 7-1 流通加工和生产加工的区别

	生产加工	流通加工
加工对象	原材料、零配件、半成品	进入流通过程的商品
所处环节	生产过程	流通过程
加工程度	复杂的加工	简单的加工
附加价值	创造价值和使用价值	完善其使用价值并提高价值
加工单位	生产企业	流通企业
加工目的	为交换、消费	为消费、流通

（1）流通加工的对象是进入流通过程的商品，具有商品的属性，而生产加工的对象不是最终商品，而是原材料、零配件、半成品。

（2）流通加工程度大多是简单加工，而不是复杂加工，一般来讲，如果必须进行复杂加工才能形成人们所需的商品，那么，这种复杂加工应专设生产加工过程，生产加工理应完成大部分加工活动，流通加工对生产加工则是一种辅助及补充。特别需要指出的是，流通加工绝不是对生产加工的取消或代替。

（3）生产加工的目的在于创造价值及使用价值，而流通加工则在于完善其使用价值并在不进行大的改变情况下提高价值。

（4）从加工单位来看，流通加工活动由流通企业完成，而生产加工活动则由生产企业完成。

（5）从加工目的来看，生产加工的目的是交换、消费，而流通加工的目的则是消费（或再生产），这一点与生产加工有共同之处。但是流通加工有时候也以自身流通为目的，纯粹是为流通创造条件，这种为流通所进行的加工与直接为消费进行的加工从目的上来讲是有区别的，这又是流通加工不同于生产加工的特殊之处。

7.2 流通加工的内容

7.2.1 生产资料的流通加工

生产资料的流通加工是进行社会再生产的必要环节，它能够实现社会再生产的连续性和高效性。生产资料的流通加工中最具代表性的是钢材、水泥、木材的流通加工。例如，钢材的流通加工是对薄板的剪裁和切断、型钢的熔断、厚钢板的切割、线材的切断等集中下料、线材冷拉加工等；水泥的流通加工利用水泥加工机械和水泥搅拌运输车进行；木材的流通加工是在流通加工点将原木锯裁成各种规格的木材，同时将碎木、碎屑等集中加工成各种规格板，甚至还可以进行打眼、凿孔等初级加工。除此之外，平板玻璃、铝材等同样可以在流通阶段进行剪裁、切断、弯曲、打眼等各种流通加工。这种流通加工以适应消费者需求的变化、服务消费者为目的，不仅能够提高物流系统的效率，而且还可以促进生产的标准化和计划化，提高商品的价值和销售效率。

7.2.2 食品的流通加工

进行流通加工最多的是食品行业，因为食品行业的产品大都具有易变质、易腐坏、时效性强的特点，而且食品的加工程度还会影响国家的公共卫生安全。为了便于保存，提高流通的效率，食品的流通加工是不可缺少的。食品的流通加工主要有以下几种。

（1）冷冻冷藏加工。它是人们为解决鲜肉、鲜鱼，一些易变质的水果、蔬菜等在流通加工中的保鲜及装卸搬运问题而采取的低温、冷冻的加工方式。

（2）分选加工。农副产品的规格、质量差异较大，为获得一定规格的产品，人们常采取人工或机械分选的方式加工。这种方式有利于产品的等级划分，从而制定合理的价格，其广泛用于果类、瓜类、谷物等。

（3）精制加工。农、牧、副、渔等产品的精制加工是指在产地或销售地设置加工点，去除无用部分，甚至进行切分、洗净、分装等加工的方式。例如，鱼贩会将鱼内脏去除，并将其洗净后切成块状，这种加工不但大大方便了购买者，而且还可对加工的淘汰物进行综合利用。再如，因精制加工被剔除的鱼内脏可以用来制造某些药物或饲料，鱼鳞可以被用来制高级黏合剂、头尾可以制鱼粉等；蔬菜的加工剩余物可以制饲料、肥料等。

（4）分装加工。许多企业为保证其高效输送，多使用大包装，也有一些采用散装运输方式运达销售地区。为了便于销售，企业会在销售地区按消费者要求进行分装，即大包装改小包装、散装改小包装、运输包装改销售包装，这种加工方式为分装加工。例如，超市工作人员把散装大米用多个小袋子盛装，便于消费者购买。

7.2.3 消费资料的流通加工

消费资料的流通加工以服务消费者、促进销售为目的，如对衣料品增加标识和印记商标、粘贴标价、安装做广告用的幕墙、对家具的组装、地毯剪接等，其主要起到增强消费者对消费资料商标、标签的认知和广告促销的作用。所以，对消费资料进行流通加工的总标准是，既要吸引消费者、促成交易，又要美观、有艺术感。

> **小资料**
>
> 下面介绍几种常见的流通加工形式。
>
> （1）钢板剪切流通加工。汽车、冰箱、冰柜、洗衣机等生产制造企业每天需要大量的钢板，除了大型汽车制造企业外，一般规模的生产企业如若自己单独剪切，难以解决因用料高峰和低谷的差异引起的设备忙闲不均和人员浪费问题。如果委托专业钢板剪切加工企业，则可以解决这个问题。专业钢板剪切加工企业能够利用专业剪切设备，按照用户设计的规格尺寸和形状进行套裁加工，精度高、速度快、废料少、成本低。专业钢板剪切加工企业在国外数量很多，大部分由流通企业经营，这种流通加工企业不仅提供剪切加工服务和配送服务，还出售加工原材料和加工后的成品。
>
> （2）水泥的流通加工。即水泥流通服务中心先将水泥、沙石、水以及添加剂按比例进行初步搅拌，然后装进水泥搅拌车。并事先计算好时间，使水泥搅拌车一边行驶，一边搅拌，以保证到达工地后，水泥刚好被搅拌均匀。
>
> （3）木材的流通加工。一种情况是，砍伐树木后，人们先在原地去掉树权和树枝，将原木运走，将剩下的树权、树枝、碎木、碎屑掺入其他材料，到当地木材加工厂进行流通加工，做成复合板；也可以将树木在产地磨成木屑，对其进行压缩处理后运往外地造纸厂。另一种情况是，在消费地建木材加工厂，将原木加工成板材或按用户需要加工成各种形状的材料，供给家具厂、木器厂。对木材进行集中流通加工、综合利用，出材率可提高到72%，原木利用率达到95%，经济效益可观。
>
> （4）玻璃的流通加工。平板玻璃的运输货损率较高，玻璃运输的难度比较大。在消费比较集中的地区建玻璃流通加工中心，按照用户的需要对平板玻璃进行套裁和开片，可使玻璃的利用率从62%~65%提高到90%以上，这大大降低了玻璃破损率，增加了玻璃的附加价值。
>
> （资料来源：百度文库）

7.3　流通加工设备

7.3.1 贴标机

在流通加工作业中，贴标签作业是作业量较大的一种，以自动化程度而言贴标机可分为手工、半自动、全自动3种。在物流中心的作业中，半自动的贴标机较为普遍，因为物流中心大部分贴标签作业是属于多种少量的情形，然而对于少种多量的商品来说，自动化的贴标设备更为合适。全自动贴标机如图7-6所示。

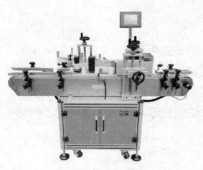

图 7-6　全自动贴标机

7.3.2　封箱机

封箱机作业是指在流通加工完成，把商品放入纸箱后的一个封上箱口的作业。封箱机主要适用于纸箱的封箱包装，既可单机作业，也可与流水线配套使用，广泛应用在家用电器、纺织、食品、百货、医药、化工等行业。封箱机采用胶带对纸箱封口，经济快速、容易调整，可一次完成上、下自动封箱动作，如采用印字胶带，更可提高产品形象。封箱机如图 7-7 所示。

图 7-7　封箱机

7.3.3　热收缩包装机

热收缩包装机是目前市场上比较先进的包装机器之一，以收缩膜包裹在产品或包装件外边，经过加热使收缩薄膜裹紧产品或包装件，充分显示产品外观，提高产品的展销性，增加美观及价值感。同时包装后的产品能密封防潮、防污染，并保护产品免受外部冲击，具有一定的缓冲性能，尤其当包装易碎品时，能防止器皿破碎时飞散。热收缩包装机如图 7-8 所示。

图 7-8　热收缩包装机

7.3.4 剪切设备

剪切设备是用于物品分割、剪切等作业的专用机械设备,主要有剪板机、切割机等。剪板机是借用运动的上刀片和固定的下刀片,采用合理的刀片间隙,对各种厚度的金属板材施加剪切力,使板材按所需要的尺寸断裂分离的设备,如图 7-9 所示。切割机分为火焰切割机、等离子切割机、激光切割机、水切割机等。激光切割机效率和切割精度最高,切割厚度一般较小,如图 7-10 所示。等离子切割机的切割速度也很快,用其切割后的切割面有一定的斜度,而火焰切割机主要用于切割较厚的碳钢材质。

图 7-9　剪板机

图 7-10　激光切割机

7.4　流通加工的合理化

7.4.1　不合理的流通加工形式

1. 流通加工地点设置不合理

流通加工地点设置即布局状况,是整个流通加工环节能否有效运作的重要因素。一般而言,为衔接单品种大批量生产与多样化需求的流通加工,流通加工地设置在需求地区,才能发挥大批量的干线运输与多品种末端配送的物流优势。

如果将流通加工地设置在生产地区,其不合理之处在于:第一,多样化的需求要求多品种、小批量产品由生产地向需求地的长距离的运输;第二,在生产地增加了一个加工环节,同时增加了近距离运输、储存、装卸等一系列物流活动。

所以，在这种情况下，不如由原生产单位完成这种加工而无须设置专门的流通加工环节。一般而言，为方便物流的流通加工环节，流通加工应设在产出地，设置在进入社会物流之前，如果将其设置在社会物流之后，即设置在消费地，则不但不能解决物流问题，又在流通中增加了中转环节，因此也是不合理的。

即使以产地或需求地为流通加工地的选择是正确的，还有流通加工在小地域范围的正确选址问题。如果处理不善，仍然会出现不合理问题。这种不合理主要表现在交通不便，流通加工与生产企业或用户之间距离较远，流通加工点的投资过高，流通加工地周围社会、环境条件不良等。

2. 流通加工方式选择不当

选择流通加工方式应考虑流通加工对象、流通加工工艺、流通加工技术、流通加工程度等因素。流通加工方式的确定实际上是与生产加工的合理分工相关的。若分工不合理，将本来应由生产加工完成的作业，错误地由流通加工完成，或将本来应由流通加工完成的作业，错误地在生产过程中完成，都会造成不合理。

流通加工不是对生产加工的代替，而是对生产加工的补充和完善。所以，一般来说，如果工艺复杂，技术装备要求较高，或加工可以由生产过程延续或轻易解决的加工，都不宜再设置流通加工。

3. 流通加工作用不大，形成多余环节

有的流通加工过于简单，或者对生产和消费的作用都不大，甚至有时由于流通加工的盲目性同样未能解决品种、规格、包装等问题，相反却增加了作业环节，这也是流通加工不合理的重要表现形式。

4. 流通加工成本过高，效益不好

流通加工之所以能够有生命力，重要优势之一是有较高的投入产出比，具有补充、完善的作用。如果流通加工成本过高，则不能实现以较低投入获得更高使用价值的目的。

┃小案例┃

某地区稻农将大米卖给加工企业的价格为 1 元/千克，每千克大米的加工成本约为 0.4 元，但该大米的最高售价却可达 99.5 元/千克。加工企业通过设置不合理订单控制稻农，压制收购价，以致稻农和加工企业获利悬殊。

对于稻农和消费者而言，这是一个双输的结果：稻农没有享受到终端销售价格的益处，消费者也没有因稻农的低价出售而受惠。既然作为生产和消费两个终端的群体都没有从高价中受益，那么因收购价和销售价之间差价所带来的巨额利润，无疑就留在了流通环节。正如有稻农给出的估算：按水稻出米率 60%计算，如果加工企业以每千克 50 元出售大米的话，水稻价格应该是每千克 30 元。可是企业收购价平均每千克却不足 1 元，去掉加工费、包装费，企业利润很高。

这种现象，从经济学上讲就是"流通暴利"，在农产品领域表现得尤为明显。每每在 CPI 一路攀升时，我们总能看到一些蔬菜的价格在销售市场上不断飙升，那些生产这些农产品的菜农，却收入甚微，这说明在农产品从生产到终端市场的长产业链条上，处于两端的生产者和消费者在产品价格上没有太多话语权。

（资料来源：新华网）

第 7 章 流通加工

案例点评：在从生产到终端市场的产业链条上，流通环节会使商品价值增加，但如果流通成本过高，将会伤及生产者和最终消费者的利益。流通环节不应该借助自己居间的地位来谋求不合理的高额利润，如果这种不合理的利益分配格局长期持续下去，其结果一方面会挫伤广大农户的积极性，危及农业的基础地位，另一方面也会扭曲经济链条，推高物价，侵害消费者的利益。

7.4.2 流通加工合理化的途径

流通加工合理化的含义是实现流通加工的最优配置，不仅要做到避免各种不合理现象，使流通加工有存在的价值，而且要做到最优的选择。为避免各种不合理现象，对是否设置流通加工环节，在什么地点设置，选择什么类型的加工方式，采用什么样的技术装备等，需要做出正确抉择。实现流通加工合理化的途径主要有以下几个。

1. 加工和配送相结合

将流通加工环节设置在配送点中，如此一方面能按配送的需要进行加工，另一方面加工又是配送业务流程中分货、拣货、配货的重要一环，加工后的产品直接投入配货作业，这就无须单独设置一个加工的中间环节，使流通加工有别于独立的生产，从而使流通加工与中转流通巧妙地结合在一起。同时，由于配送之前有加工，因此其可以使配送服务水平大大提高。这是当前合理流通加工的重要形式，在煤炭、水泥等产品的流通中已经表现出较大的优势。

2. 加工和配套相结合

在对配套要求较高的流通加工环节中，配套的主体来自各个生产单位，但是完全配套有时无法全部依靠生产单位，进行适当的流通加工，可以有效促成配套，大大提高流通加工的"桥梁与纽带"的作用。

3. 加工和合理运输相结合

前面已提到流通加工能有效衔接干线运输和支线运输，促进两种运输形式的合理化。利用流通加工，我们可在支线运输转干线运输或干线运输转支线运输等这些必须停顿的环节，不进行一般的支转干或干转支，而是按干线或支线运输合理的要求进行适当加工，从而大大提高运输及运输转载水平。

4. 加工和合理商流相结合

通过流通加工有效地促进销售，提高商流的合理化程度，是流通加工合理化的重要考虑方向之一。例如，流通加工与配送相结合，通过流通加工，提高配送水平，达到促进销售的目的，是流通加工与合理商流相结合的一个成功例证。此外，通过简单地包装加工形成方便用户的购买量，通过组装加工减少用户组装、调试的麻烦，都是流通加工有效促进商流的例子。

5. 加工和节约相结合

节约能源、节约设备、节约人力、节约耗费是流通加工合理化的表现之一，也是目前我国设置流通加工环节时衡量其是否合理的重要因素。

若要判断流通加工是否合理，主要是看其是否能实现社会和企业本身的效益，而且要看是否取得了最优效益。对流通加工企业而言，与一般生产企业的一个重要不同之处是，流通加工企业更应树立社会效益第一的观念。如果只是片面追求企业的微观效益，不适当地进行流通加工，甚至与生产企业争利，这将违背流通加工的初衷，或者其本身已不属于流通加工的范畴。

要点回顾

流通加工是指在物品从生产地到使用地的过程中，企业根据需要施加的包装、分割、计量、分拣、刷标志、拴标签、组装等简单作业的总称。

流通加工和一般的生产加工在加工方法、加工组织、生产管理等方面并无显著区别，但在加工对象、加工程度等方面存在较大差别。

流通加工的内容包括生产资料的流通加工、食品的流通加工以及消费资料的流通等。

流通加工的设备有贴标机、封箱机、热收缩包装机、剪切设备等。

不合理的流通加工形式：（1）流通加工地点设置不合理；（2）流通加工方式选择不当；（3）流通加工作用不大，形成多余环节；（4）流通加工成本过高，效益不好。

流通加工合理化的途径：（1）加工和配送相结合；（2）加工和配套相结合；（3）加工和合理运输相结合；（4）加工和合理商流相结合；（5）加工和节约相结合。

 本章习题

一、名词解释

流通加工　生产加工

二、简答题

1．简要介绍流通加工产生的原因。

2．简述流通加工与生产加工的区别。

3．简述实现流通加工合理化的途径。

三、案例分析

某钢材仓库占地近 150 000 平方米，拥有 4 条铁路专用线、10～30 吨起重龙门吊车 10 台，年吞吐钢材近 100 万吨。过去钢卷进出仓库都要用一种专用钢架固定后运输，以防钢卷滚动。因此，客户在购买钢卷时，必须租用钢架，这样既要支付钢架租金，又要支付钢架的返还运费。

后来一些钢厂开始使用不需返还的草支垫来加固运输，但有些钢卷过大（如 35 吨 1 卷），这使有些客户无法一次购买使用，此时我们如果建议这些客户购买钢厂成品平板，其成本又会增加很多。因为钢厂成品平板一般以 2 米倍尺交货，即长度分别为 2 米、4 米、6 米等，而一些客户需要的板面长度与之不同，如 3.15 米、4.65 米甚至 9.8 米，因此这样的平板不是长度不够就是边角余料大。

思考题：针对案例中的问题，从流通加工的角度提出有效解决方案。

 拓展阅读

随着经济的快速发展，消费者的需求也越来越多样化。为了应对这种情况，企业要向产品多样化方向发展。而产品多样化必然带来库存产品的增加进而增加物流成本，物流成本的增加可能会削弱产品多样化策略的优势。为此，人们提出了延迟化策略。国际上一些著名的公司，如戴尔、IBM 等已经实施了供应链延迟化策略，并取得了巨大成功。

延迟就是要推迟关键性流程的时间，在这些关键性的流程中，最终产品将形成其特定的功能、特点、标志，或者说是个性特色。如今，这一策略被广泛运用于供应链管理。延迟策略在提高供应链的价值增值水平，降低库存成本，满足客户的多样化需求方面有着举足轻重的作用。

请同学们在课后登录中国知网、万方数据库等网站，查找更多有关延迟策略在物流方面应用的案例，深入理解流通加工过程中延迟策略给企业带来的好处。

第8章 配送与配送中心

内容提要

提高客户对电子商务的满意度，需要一个高效、安全的配送体系，更需要对配送中心的地址进行合理的前期规划。本章介绍了配送、配送中心、配送中心作业、配送中心选址及其模型等知识。

学习完本章后，希望读者掌握以下内容。

（1）配送的含义。

（2）配送中心的功能。

（3）配送中心选址原则。

（4）配送中心选址模型（包括连续选址模型、离散选址模型）。

引导案例

2014年11月，每日优鲜成立，作为一个围绕生鲜及日用品的B2C电商类平台，首创了"前置仓模式"，在主要城市建立了"城市分选中心+社区前置仓"的极速达冷链物流体系，为上亿消费者提供了良好的生鲜购买服务。

每日优鲜首先在华北、华东、华南等地区建立城市分选中心，并根据订单密度在商圈和社区建立前置仓，覆盖周边半径三千米范围，以保证2小时内交付。与此同时，每日优鲜在干线选择用冷藏车运输，最大化地以集约型运输代替单包裹运输，减少对制冷剂以及包装材料的使用，这不但降低了冷链成本，还降低了时间成本。

在每日优鲜"产地→城市中心仓→前置仓→消费者"的配送模式中，前两段物流配送交由冷藏车完成，配送员承担"最后一公里"配送工作。传统生鲜电商的损耗率通常在10%左右，有的甚至高达30%，而每日优鲜通过这种方式将其损耗率降到了1%。目前，每日优鲜80%的订单已经实现1小时送达。值得一提的是，每日优鲜还在加速扩展前置仓城市，同时对现有覆盖城市进行前置仓加密。

每日优鲜对前置仓的地址选择上主要考虑两个重要因素，一是距离近，二是价格便宜。以北京为例，北京有两万个小区，几十万栋楼，楼下的铺面达上百万个，而每日优鲜前置仓的位置大多选择在相对隐蔽的地方，店内的布置和普通的快递点没什么差别，由于租金相对较低，算上人力成本、空间利用率等，同样大小的前置仓的营业额大概是普通便利店的几十倍。目前，每日优鲜在全国共有600多个前置仓，其中在北京的有200多个，只要每个前置仓日订单超过100单，其就可以获得正现金流；超200单就可以实现微利；超300单就可以获得"健康"的现金流，这是每日优鲜在一线城市实现盈利的重要保障。

每日优鲜的步伐并不止于前置仓，它还推出了"云冰箱"战略。所谓"云冰箱"，就是将所有的生鲜产品都集中放在离用户三千米之内的一个个"云冰箱"中，大家只需要在每日优鲜 App 上下单，就能满足"随吃随买随到"的需求，节省了家用冰箱空间。

为了满足未来更多的需求，每日优鲜与腾讯云达成合作，采用了腾讯云智能货柜解决方案。相比传统的货柜，腾讯云智能货柜采用了人脸识别开柜技术，以及通过射频识别技术、微重力感应识别系统、物品识别技术，自动检测消费者购买的商品，并做到商品补货的定向优化。在腾讯云的助力下，每日优鲜进一步节约了物流成本，提高了补货效率。

在选品方面，每日优鲜采用"全品类精选"策略。若说前置仓、腾讯云智能货柜满足的是消费者对"快"的需求，那么"全品类精选"策略主要满足消费者对"好"的需求。每日优鲜目前的库存量单位（Stock Keeping Unit，SKU）数量为 600 个左右，相对大型生鲜电商动辄 5 000～6 000 个 SKU，每日优鲜的数量明显偏少。虽然每日优鲜的 SKU 数量不及大型生鲜电商，但每日优鲜想做的是，用最少的 SKU，最大化地击中用户。精选 SKU 可以在很大限度上提高运营效率、降低运营成本。与此同时，每日优鲜的生鲜名单是不断变化的，根据时令季节和用户调研进行每周更新，并采用末位淘汰制度以提高库存周转率。

（资料来源：中国知网）

【案例思考】

从案例中可以看出，每日优鲜创新了生鲜物流配送模式，通过前置仓实现了生鲜 2 小时速达，又通过精选 SKU 保证了生鲜的质量，让消费者切实体验到了购买生鲜的便捷性，同时也提高了消费者的回购率和企业的竞争力。可见，对于电商企业来说，物流配送体系建设十分重要。

那么，什么是配送？配送有哪些环节？配送中心如何进行科学选址？本章将对这些内容进行详细介绍。

8.1 配送

从物流角度来讲，配送的距离较短，位于物流系统的最末端，处于支线运输、二次运输和末端运输的位置。配送具有其他的物流功能（如装卸、储存、包装等），是多种功能的组合，可以说配送是物流的一个缩影或在某一小范围中是物流全部活动的体现，也可以说是一个小范围的物流系统。

8.1.1 配送概述

配送是指按用户的订货要求，在物流据点进行分货、配货等工作，并将配好的货物按时送达指定的地点和收货人手中的物流活动。我国国家标准《物流术语》（GB/T 18354—2006）将配送定义为在经济合理区域范围内，根据用户要求，对物品进行拣选、加工、包装、分割、组配等作业，并按时送达指定地点的物流活动。

配送是流通领域中一种以社会分工为基础的，综合性、完善化和现代化的送货活动。可以从两个方面理解。

（1）配送的实质是送货。配送是一种送货活动，但和一般送货活动有区别，一般送货活动可以是偶然的，而配送却是一种固定的形态，甚至是一种有确定组织、确定渠道，有一套装备和管理力量、技术力量，有一套制度的活动。所以，配送是高水平的送货活动。

（2）配送是综合性的、一体化的物流活动。从作业环节看，其包含着货物运输、集货、储存、理货、拣选、配货、配装等活动；从运作程序上看，配送贯穿收集信息、备货、运送货物等环节。

在实际中，配送几乎包括了所有的物流功能要素，是物流的一个缩影或是在某小范围中物流全部活动的体现。一般的配送集装卸、包装、保管、运输于一身，通过这一系列活动完成将货物送达的目的。因此，配送的具体作用如下。

（1）促进物流运动合理化。配送不仅能够把流通推到专业化、社会化的高度，更重要的是，它能以其特有的运动形态和优势调整流通结构，使物流运动获得规模优势，并以规模优势降低运输成本，降低车辆的空驶率，提高运输效率和经济效益，并减少对空气的污染。

（2）完善了运输和整个物流系统。第二次世界大战之后，由于大吨位、高效率运输工具的出现，干线运输水平提高，长距离、大批量的运输活动成本降低。但是，在所有的干线运输完成之后，往往需要支线运输和小搬运来完成末端运输，这种支线运输及小搬运成了物流过程中的一个薄弱环节。这个环节有和干线运输不同的特点，如要求灵活性、适应性、服务性，致使运力往往利用不合理、成本过高等。企业采用配送方式，可将支线运输和小搬运活动统一起来，发挥灵活性、适应性和服务性的特点，使运输过程得以优化和完善。

（3）提高末端物流的效益。即采用配送方式，通过增大经济批量来达到经济进货，又通过将各种商品的用户集中在一起统一进行发货，代替分别向不同用户小批量发货来达到经济发货的目的，使末端物流经济效益得到提高。

（4）通过集中库存使生产企业实现低库存或零库存。实现了高水平的配送之后，尤其是采取准时配送方式之后，生产企业可以完全依靠配送中心的准时制配送进行生产，而不需要保持自己的库存。或者，生产企业只需保持少量保险储备而不必留有经常储备，这样，生产企业就可以实现企业追求"零库存"的目标，将企业从库存的困境中解脱出来，同时释放大量储备资金，从而改善企业的财务状况。企业实行集中库存，可使集中库存的总量远低于不实行集中库存时各企业分散库存的总量。同时增加了调节能力，也提高了社会经济效益。此外，采用集中库存可使企业利用规模经济的优势，使单位存货成本下降。

（5）简化事务，方便用户。采用配送方式，用户只需向一处订货就能达到向多处采购的目的，这极大地减轻了用户的工作量和负担，也节省了订货等一系列事务开支。

（6）提高供应保证程度。生产企业自己保持库存来维持生产，会受到库存费用的制约，提高供应的保证程度很难，保证供应和降低库存成本存在"二律背反"问题。若采取配送方式，配送中心则可以调节企业间的供需关系，同时集中存货的库存量大，降低了企业断货、缺货、影响生产的风险。

（7）配送为电子商务的发展提供了支持。从商务角度来看，电子商务要发展需要具备两个重要的条件：一是货款的支付；二是商品的配送。网上购物无论如何方便快捷，如何减少流通环节，唯一不能减少的就是配送，配送如不能与电子商务相匹配，则网上购物就不能发挥其方便快捷的优势。

8.1.2 配送环节

配送活动一般主要由备货、储存、理货、配装、送货和送达服务6个基本环节组成，如图8-1所示，而每个环节又包括若干具体的作业活动。详细内容分述如下。

图 8-1 配送的基本环节

1. 备货

这是配送活动的基础环节。备货包括组织货源、订货、采购、进货、验货、入库及相关的质量检验、结算等一系列作业活动。备货的目的在于把用户的分散需求集合成规模需求，通过大批量的采购来降低进货成本，在满足用户要求的同时也提高了配送的效益。

2. 储存

储存是进货的延续，是维系配送活动连续运行的资源保证。它包括入库、码垛、上架、上苫下垫、货区标识及货物的维护、保养等活动。

在配送活动中，储存有暂存和储备两种形态。

（1）暂存形态的储存是指按照分拣、配货工序的要求，在理货场地所做的少量货物储存活动。这种形态的储存是为了适应"日配""及时配送"的需要而设置的，其数量的多少，只会影响下一步工序的方便与否，而不会影响储存的总体效益。因此，在数量上并不进行严格控制。在分拣、配货之后，还会出现发送货物之前的暂存活动。这种形式的暂存时间一般不长，主要是为调节配货和送货的节奏而设置的。

（2）储备形态的储存是按一定时期的配送经营要求和货源到货情况而设置的，它是配送持续运作的资源保证。这种形态的储存数量大，结构较完善。企业可根据货源和到货的情况，有计划地确定周转储备及保险储备的结构与数量。货物储备合理与否，会直接影响配送的整体效益。储备形态的储存活动可以在配送中心的自有库房和货场中进行，也可以在配送中心以外租借的库房和货场中进行。

3. 理货

理货是配送活动中必不可少的重要内容，也是配送区别于一般送货的重要标志。理货通常包括分类、拣选、加工、包装、配货、粘贴货物标识、出库、补货等作业。

理货是配送活动中不可或缺的重要环节，是不同配送企业在送货时进行竞争和提高自身经济效益的重要手段。所以从某种意义上说，理货环节的好坏，直接关系着配送企业所创造的附加效益的高低。

4. 配装

配装是送货的前奏，是根据运载工具的运能，合理配载的作业活动。在单个用户的配送量达不到运载工具的有效载荷时，为了充分利用运能和运力，往往需要把不同用户的配送货物集中起来搭配装载，以提高运送效率，降低送货成本。所以配装也是配送系统中不可或缺的环节，是现代配送区别于传统送货的标志之一。

配装一般包括粘贴或悬挂货物重量、数量、类别、物理特性、体积、送达地、货主等的标识，登记、填写送货单，以及装载、覆盖、捆扎固定等作业。

5. 送货

送货是配送活动的核心。企业要确保在恰当的时间，将恰当的货物，以恰当的成本送给恰当的用户。由于企业在送货（或运输）时需要面对众多的用户，所以大多数的运送是多方向的。因此，在送达过程中，企业必须对运输方式、运送路线和运送工具做出规划和选择。选择时要贯彻经济合理、力求最优的原则。在全面计划的基础上，制订科学的、运距较短的货运路线，选择经济、迅速、安全的运输方式，采用适宜的运输工具。一般而言，在城市或区域内送货，由于距离较短，规模较小，频率较高，企业往往采用汽车、专用车等小型车辆作为交通工具。送货一般包括运送路线、方式、工具的选择，卸货地点及方式的确定，移交、签收和结算等活动。

6. 送达服务

送达服务是配送活动的最后一个环节。传统的配送、收件模式已成为制约快递业服务质量的关键因素。快递业的主要服务对象是白领、学生等人群，他们时间灵活性差，需要以更主动、可控的形式取件。这时，智能快递柜推出了，智能快递柜可暂时保存快件，并将投递信息通过短信等方式发送给用户，为用户提供 24 小时自助取件服务，它较好地满足了用户随时取件的需要，受到快递企业和用户的欢迎，为解决快件"最后一百米"问题提供了有效的解决方案。

> **小资料**
>
> 智能快递柜也叫智能自提柜、智能物流柜、智能快件箱等，是一个基于物联网的，能够将物品（快件）进行识别、暂存、监控和管理的设备。与 PC 服务器一起构成智能快递投递柜系统。PC 服务器能够对各个智能快递柜进行统一化管理，并对各种信息进行整合分析处理。快递员将快件送达指定地点后，只需将其存入智能快递柜，智能快递柜便自动为用户发送一条短信（包括取件地址和验证码信息），用户在方便的时间到达智能快递柜前输入验证码即可取出快件。
>
> 目前，国内主要的智能快递柜企业包括成都三泰控股集团股份有限公司（中邮速递易）、湖南湘邮科技股份有限公司（COPOTE 智能包裹柜）、浙江弛达信息科技股份有限公司（邮政 E 邮柜）、南京魔格信息科技有限公司（格格货栈）、深圳市丰巢科技有限公司（丰巢）、青岛日日顺乐家物联科技有限公司（日日顺乐家）、上海富友金融服务集团股份有限公司（收件宝）等。
>
> 2012 年，三泰控股集团股份有限公司率先成立"中邮速递易"进行全国网点的布局，自此，智能快递柜行业便如火如荼地进入高速发展时期，各地智能快递柜也如雨后春笋般出现在人们的视野中。作为快递业"最后 100 米"的新生解决方案，受益于国内快递市场规模的飞速扩张，其产量也呈极速增长趋势，2017 年，中国智能快递柜的产量达 18 万组。未来，智能快递柜的市场需求将以现有的趋势增长，由于智能快递柜行业的生产模式为"以销定产"，需求的增长将拉动产量的增加，预计至 2023 年，中国智能快递柜产量将超过 50 万组。
>
> 自 2016 年 11 月起，智能快递柜行业内的企业基本启动了全面收费模式。据统计，目前智能快递柜对每单收取 0.2～0.6 元的服务费，在此之前多为不收费，且广告收入较少，因此 2015 年以前无业务收入。而目前，智能快递柜的业务收入来自客户超期包裹收费、客户寄件收费、快递员投递收费、箱体广告业务收费和其他增值服务收费，业务收入迅速增长，2017 年，中国智能快递柜业务市场规模达 14.45 亿元。未来，智能快递柜业务的市场规模将不断扩大，预计至 2023 年，中国智能快递柜业务市场规模可以达到 78.8 亿元，市场发展前景良好。
>
> （资料来源：中商情报网）

8.2 配送中心

8.2.1 配送中心概述

我国国家标准《物流术语》(GB/T 18354—2006)对配送中心的定义:配送中心是从事配送业务且具有完善信息网络的场所或组织。它应符合下列要求:主要为特定客户或末端客户提供服务,配送功能健全,辐射范围小,提供高频率、小批量、多批次配送服务。

具体来讲,配送中心的含义可描述为:配送中心是从事货物配备(集货、加工、分货、拣货、配货)和组织送货活动,高效实现货物销售或供应的现代流通设施。

对于这个含义要注意以下几个问题。

第一,含义中的"货物配备",即配送中心按照生产企业的要求,对货物的数量、品种、规格、质量等进行的配备。这是配送中心最主要、最独特的工作,全部由其自身完成。

第二,含义中的"组织送货",即配送中心按照生产企业的要求,组织货物定时、定点、定量地被送至用户处。

第三,强调了配送活动和销售供应等经营活动的结合,使配送成了经营的一种手段。

第四,强调配送中心为"现代流通设施",使其和以前的流通设施诸如商场、贸易中心、仓库等区别开。这个流通设施以现代装备和工艺为基础,不但处理商流,而且处理物流、信息流,是集商流、物流、信息流于一身的全功能流通设施。

8.2.2 配送中心的类别

1. 按配送中心的经济功能分类

(1)供应型配送中心。顾名思义是向用户供应货物行使供应职能的配送中心。其服务对象有两类。一是组装、装配型生产企业,配送中心为其供应零部件、原材料或半成品;二是大型商业超级市场、连锁企业以及配送网点。其特点是配送的用户稳定,用户的要求范围明确、固定。因此,配送中心集中库存的品种范围固定,进货渠道稳定,都建有大型现代化仓库,占地面积大,采用高效先进的机械化作业方式。

(2)销售型配送中心。以配送为手段、商品销售为目的的配送中心为销售型配送中心。这种配送中心按其所有权划分为3种:一是生产企业为直接将自己的产品销售给消费者,以提高市场占有率而建的配送中心;二是专门从事商品销售的流通企业为促进产品销售而自建或合建的配送中心;三是流通企业和生产企业共建的销售型配送中心,这是一种公用型配送中心,这类配送中心的特点是用户不确定,用户多,每个用户购买的数量少,因此不易实行计划配送,集中库存的库存结构比较复杂。

(3)储存型配送中心。这是一类具有强大的储存功能的配送中心,主要是为了满足三方面的需要而建造的。第一个方面是企业在销售产品时,难免会出现生产滞后的现象,要满足买方市场的需求,客观上需要一定的产品储备;第二个方面是在生产过程中,生产企业也要储备一定数量的生产资料,以保证生产的连续性和应付急需;第三个方面是在配送的范围大,距离远时,或者满足即时配送的需要时,客观上企业也要储存一定数量的商品。可见储存型配送中心是为了保障生产和流通得以正常进行而出现的,其特点是储存仓库规模大,存储量大。

（4）流通型配送中心。流通型配送中心包括通过型或转运型配送中心，基本上没有长期储存的功能，仅以暂存或随进随出的方式进行配货和送货。典型方式为：大量货物整批进入，按一定批量零出。一般采用大型分货机作业，其进货时货物直接进入分货机传送带，被分送到各用户货位或直接分送到配送汽车上，货物在配送中心滞留的时间很短。

（5）加工型配送中心。加工型配送中心是以流通加工为主要业务的配送中心，根据用户需要对配送物品进行加工，而后进行配送。其加工活动主要有：分装、改包装、集中下料、套裁、初级加工、组装、剪切、表层处理等。主要应用于食品和生产资料的加工配送活动。

2. 按服务范围分类

（1）城市配送中心。向城市范围内的用户提供配送服务的配送中心为城市配送中心。这类配送中心有 2 个明显的特征：一是采用汽车将货物直接送达用户处，运距短，所以很经济；二是开展少批量、多批次、多用户的配送，实行"门到门"式的送货服务。因为汽车送货机动性强，供应快，调度灵活。城市配送中心所服务的对象大多是零售商，连锁店和生产企业大多采用与区域配送中心联网的方式运作，以"日配"的服务方式配送。

（2）区域配送中心。向跨市、跨省（州）范围内的用户提供配送服务的配送中心为区域配送中心。这类配送中心有 3 个基本特征：其一，辐射能力较强，经营规模较大，设施和设备先进；其二，配送的货物批量较大；其三，配送的对象大多是大型企业，采用"日配"或"隔日配"的服务方式。

（3）国际配送中心。向区域、国际范围内用户提供配送服务的配送中心为国际配送中心。其主要特征是：①经营规模大，辐射范围广，配送设施和设备的机械化、自动化程度高；②以大批量，少批次和集装单元方式配送；③配送对象主要是超大型企业；④存储吞吐能力强。

3. 按配送中心的拥有者分类

（1）制造商型配送中心。制造商型配送中心是以制造商为主体的配送中心。这种配送中心里的物品全部是由制造商生产制造的，如此，制造商可以降低流通费用，提高售后服务质量。在制造商型配送中心中，制造商对于商品条码和包装等多方面都较易控制，所以按照现代化、自动化的配送中心设计比较容易，但由于这种配送中心只服务于制造商，因此社会化服务程度较低。

（2）批发商型配送中心。批发商型配送中心是由批发商或代理商所建立的，是以批发商为主体的配送中心。批发是物品从制造者到消费者手中的传统流通环节之一。配送中心一般是按部门或物品类别的不同，把每个制造厂的物品集中起来，然后以单一品种或搭配向消费地的零售商进行配送。这种配送中心的物品来自各个制造商，它所进行的一项重要活动是对物品进行汇总和再销售，社会化服务程度较高。

（3）零售商型配送中心。零售商型配送中心是由零售商向上整合所成立的配送中心。零售商发展到一定规模后，就可以考虑建立自己的配送中心，为专业物品零售店、超级市场、百货商店、建材商场、粮油食品商店、宾馆饭店等服务，其社会化服务程度介于制造商型配送中心和批发商型配送中心之间。

（4）专业物流配送中心。专业物流配送中心是以第三方物流企业（包括传统的仓储企业和运输企业）为主体的配送中心。这种配送中心有很强的运输配送能力，地理位置优越，可迅速将货物配送给客户。它为制造商或供应商提供物流服务，而配送中心的货物仍为制造商或供应商所有，配送中心只是提供仓储管理和运输配送服务，这种配送中心的现代化程度往往较高。

4. 按配送货物的属性分类

根据配送货物的属性，配送中心可以分为食品配送中心、日用品配送中心、医药品配送中心、化妆品配送中心、家用电器配送中心、电子（3C）产品配送中心、书籍产品配送中心、服饰产品配送中心、汽车零件配送中心及生鲜处理中心等。

| 小资料 |

京东位于上海的"亚洲一号"现代化物流中心，是当今中国较先进的电商物流中心之一，一期于 2014 年 6 月完成设备安装调试后开始试运营。该物流中心位于上海嘉定，共分两期，规划的建筑面积为 20 万平方米，其中投入运行的一期被定位为中件商品仓库，总建筑面积约为 10 万平方米，分为 4 个区域——立体库区、多层阁楼拣货区、生产作业区和出货分拣区。其中，"立体库区"库高 24 米，利用自动存取系统，具有自动化高密度的储存和高速的拣货能力；"多层阁楼拣货区"采用了各种现代化设备，具有自动补货、快速拣货、多重复核手段、多层阁楼自动输送能力，实现了京东巨量 SKU 的高密度存储和快速准确的拣货和输送；"生产作业区"采用京东自主开发的任务分配系统和自动化的输送设备，实现了每一个生产工位任务分配的自动化和合理化，保证了每一个生产岗位的满负荷运转，避免了任务分配不均的情况，极大地提高了劳动效率；"出货分拣区"采用了自动化的输送系统和代表目前全球最高水平的分拣系统，分拣处理能力达 16 000 件/小时，分拣准确率高达 99.99%，彻底地解决了原先人工分拣效率差和分拣准确率低的问题。

京东上海"亚洲一号"的仓库管理系统、仓库控制系统、分拣和配送系统等整个信息系统均由京东自主开发，京东拥有自主知识产权，所有从国外进口的世界先进的自动化设备均由京东进行总集成。高度自动化的上海"亚洲一号"的投入运行，标志着京东的仓储建设能力和运营能力有了一个质的飞跃。

（资料来源：百度百科）

8.2.3 配送中心的功能

为了顺利有序地完成向用户配送货物的任务，更好地发挥保障生产和消费需要的作用，通常，配送中心内都建有现代化的仓储设施，如仓库、堆场等，存储一定量的商品，形成对配送的资源保证。

配送中心的功能如下。

1. 分拣功能

作为物流结点的配送中心，其客户是为数众多的企业或零售商，在这些众多的客户中，彼此之间存在着很大的差别，它们不仅各自的经营性质、产业性质不同，而且经营规模和经营管理水平也不一样。面对这样一个复杂的用户群，为满足不同用户的不同需求，有效地组织配送活动，配送中心必须采取适当的方式对组织来的货物进行分拣，然后按照配送计划组织配货和分装，强大的分拣能力是配送中心实现按客户要求组织送货的基础，也是配送中心发挥其分拣中心作用的保证，分拣功能是配送中心的重要功能之一。

2. 集散功能

在一个大的物流系统中，配送中心凭借其特殊的地位和其拥有的各种先进设备，完善的物流管理信息系统能够实现将分散在各个生产企业的产品集中在一起，通过分拣、配货、配装等环节向多家用户进行发送。同时，配送中心也可以把各个用户所需的多种货物有效地组合或配装在一起，形成经济、合理的批量，来实现高效率、低成本的物流。配送中心集散功能如图8-2所示。

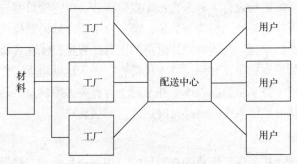

图 8-2　配送中心集散功能图

3. 衔接功能

通过开展货物配送活动，配送中心能把各种生产资料和生活资料直接送到用户手中，实现连接生产和销售的功能。另外，通过发货和储存，配送中心又起到了调节市场需求，平衡供求关系的作用。

4. 流通加工功能

配送中心的流通加工功能虽不是普遍的，但却是有着重要作用的功能要素，企业通过配送中心的流通加工，可以大大提高客户的满意程度。

5. 信息处理功能

配送中心连接着物流干线的运输和配送，直接面对着产品的供需双方，因此配送中心不仅是将物流过程连接起来，更重要的是实现了在物流过程中对信息的传递、交换和处理。

8.3　配送中心作业

配送中心是物流过程的一个重要环节，我们应根据配送中心作业流程，利用配送中心作业设备，为下游经销商、零售商、客户提供满意的配送服务。

8.3.1　配送中心作业流程

一般来说，配送中心执行如下作业流程。

1. 进货入库作业

进货入库作业主要包括收货、检验和入库 3 个环节。收货是指用户向供货厂商发出进货指令后，配送中心对运送的货物进行接收。对待收货工作一定要慎之又慎，因为一旦商品入库，配送中心就要担负起保护商品完整的责任。一般来说，配送中心收货员应及时掌握用户计划中或在途中的进货量、可用的库房空储仓位、装卸人力等情况，并及时与有关部门、人员进行沟通，做好以下接货计划：①使所有货物直线移动，避免出现反方向移动；②使所有货物移动距离尽可能短，动作尽可能减少；③使机器操作最大化、手工操作最小化；④将某些特定的重复动作标准化；⑤准备必要的辅助设备。

检验活动包括核对采购订单与供货商发货单是否相符、开包检查商品有无损坏、所购商品的品质与数量检查等。数量检查有 4 种方式：①直接检查，将运输单据与供货商发货单对比；②盲查，即直接列出所收到的商品种类与数量，待发货单到达后再做检查；③半盲查，即事先收到有关列明商品种类的单据，待货物到达时再列出商品数量；④联合检查，即将直接检查与盲查结合起来使用，如果发货单及时到达就直接检查，未到达就盲查。相关人员经检查准确无误后方可在厂商发货单上签字将商品入库，并及时上传有关入库信息，转达采购部，经采购部确认后开具收货单，从而使已入库的商品及时进入可配送状态。

2. 在库保管作业

配送中心对商品进行在库保管作业的主要目的是加强商品养护，确保商品质量安全。同时配送中心还要加强储位合理化工作和储存商品的数量管理工作。商品储位可根据商品属性、周转率、理货单位等因素来确定。储存商品的数量管理则需依靠健全的商品账务制度和盘点制度。商品储位合理与否、商品数量管理恰当与否将直接影响商品配送作业的效率。

3. 加工作业

加工作业主要是指对即将配送的产品或半成品按销售要求进行再加工，包括：①分割加工，如对大尺寸产品按不同用途进行切割；②分装加工，如将散装或大包装的产品按零售要求进行重新包装；③分选加工，如对农副产品按质量、规格进行分选，并分别包装；④促销包装，如搭配促销赠品；⑤贴标加工，如粘贴价格标签，制作条形码。加工作业完成后，商品即进入可配送状态。

4. 理货作业

理货作业是配货作业最主要的前置工作。即配送中心接到配送指示后，及时组织理货作业人员，按照出货优先顺序、储位区域、配送车辆趟次、门店号、先进先出等方法和原则，把配货商品整理出来，经复核人员确认无误后，放置到暂存区，准备装货上车。

理货作业主要有两种方式，一是"播种方式"，二是"摘果方式"。

所谓播种方式，是把所要配送的同一品种货物集中搬运到理货场所，然后按每一货位（按门店区分）所需的数量分别放置，直到配货完毕。在保管的货物较易移动、门店数量多且需要量较大时，可采用此种方式。

所谓摘果方式（又称挑选方式），就是搬运车辆巡回于保管场所，按理货要求取出货物，然后将配好的货物放置到在配货场所中的指定位置，或直接发货。在保管的商品不易移动、门店数量较少且要货比较分散的情况下，常采用此种方式。

在实际工作中，可根据具体情况来确定采用哪一种方式，有时两种方式亦可同时运用。

5. 配货作业

配送作业过程包括计划和实施两个方面。

（1）制订配送计划：配送计划是配送中心根据配送的要求，事先做好的全局筹划和对有关职能部门的任务安排和布置。制订具体的配送计划时应考虑以下几个要素：连锁企业各门店的远近及订货要求，如品种、规格、数量及送货时间、地点等；配送的性质和特点以及由此决定的运输方式、车辆种类；现有库存的保证能力；现时的交通条件。

（2）配送计划的实施：配送计划制订后，配送中心需要进一步组织落实，完成配送任务。

第一，应做好准备工作。配送计划确定后，配送中心将到货时间、到货品种、规格、数量以及车辆型号通知各门店，使其做好接车准备；同时向各职能部门，如仓储、分货包装、运输及财务等部门下达配送任务，使各部门做好配送准备。

第二，组织配送发运。理货部门按要求将各门店所需的各种货物进行分货及配货，然后进行适当的包装并详细标明门店名称、地址、送达时间以及货物明细。按计划将各门店货物组合、装车，随后运输部门按指定的路线将货物运送至各门店，完成配送工作。

如果门店有退货、调货的要求，相关人员则应将退、调商品随车带回，并完成有关单证手续。

8.3.2 配送中心作业设备

配送中心需要配置的作业设备如下。

1. 储存设备

（1）驶入式货架。驶入式货架去除了位于各排货架之间的通道，将货架合并在一起，使同一层同一列的货物互相贯通，如图 8-3 所示。托盘或货箱搁置于由货架立柱伸出的托梁上，叉车或堆垛机可直接进入货架每个流道内。每个流道既能储存货物，又可作为叉车通道。因此，这种货架能够提高仓库的空间利用率。当叉车只能在货架一端出入库作业时，货物的存取原则只能是后进先出，对于要求先进先出的货物，需要在货架的另一端，由叉车进行取货作业。因此，这种货架比较适合储存同类大批量货物。

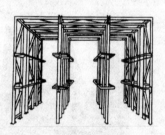

图 8-3　驶入式货架

（2）流动式箱货架。流动式箱货架如图 8-4 所示。该货架的流道内装有多排塑胶滚轮（流道有约 5 度的倾斜角），用于储存箱装物品。货箱在重力的作用下会自动向前端滑移。一般高端为入货端，低端为出货端。

图 8-4　流动式箱货架

（3）旋转式货架。传统的仓库由人或机械到货格前取货，而旋转式货架是将货格里的货物移动到人或拣选机旁，再由人或拣选机取出所需的货物。操作者可按指令使旋转货架运动，达到存取货的目的。旋转式货架适用于对电子零件、精密机件等少量、多品种、小物品的储存及管理。该货架移动速度快，可达每分钟 30 米，存取物品的效率很高，又能按需求自动存取物品，且受高度限制少，故空间利用率高。

旋转式货架按其旋转方式可分为垂直旋转货架和水平旋转货架，如图 8-5 所示。

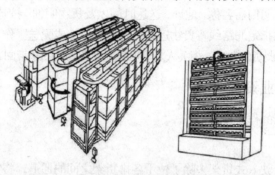

图 8-5　旋转式货架

2. 搬运设备

（1）平衡重式叉车。车体前方具有货叉和门架，车体尾部设有平衡重块的装卸作业车辆被称为平衡重式叉车，简称叉车。以内燃机为动力的平衡重式叉车简称内燃叉车，它机动性好，功率大，是应用最广泛的叉车，如图 8-6 所示。

图 8-6　平衡重式叉车

平衡重式叉车按动力可分为柴油（FD）、汽油（FG）、液化石油气（FL）和电动的 4 类；按传动方式可分为机械传动、液力传动和静压传动 3 类。

（2）侧面叉车。侧面叉车的门架、起升装置和货叉位于叉车的中部，可以沿着横向导轨移动。货叉位于叉车的侧面，侧面还有一货物平台。当货叉沿着门架上升到货物平台之上时，门架沿着导轨缩回，降下货叉，货物便被放在了叉车的货物平台上。侧面叉车的门架和货叉在车体一侧。叉车进入通道后，货叉面向货架或货垛，进行装卸作业时不必先转向再作业。因此，这种叉车适合在窄通道作业，适用于长大物料的装卸和搬运，如图 8-7 所示。侧面叉车按动力不同可分为内燃型、电瓶型；按作业环境不同可分为室外工作型（充气轮胎）、室内工作型（实心轮胎）。

（3）堆垛机。堆垛机是用货叉或串杆攫取、搬运和堆垛或从高层货架上存取单元货物的专用起重机。它是一种仓储设备，分为桥式堆垛起重机和巷道式堆垛起重机（又称巷道式起重机）两种。

图 8-7　侧面叉车

3. 输送设备

（1）链条输送机。动力式链条输送机（见图 8-8）可用于输送单元负载货物，如托盘、塑料箱，也可利用承载托板来输送其他形状物。动力式链条输送机根据输送链条所装附件的不同，可分为不同的类型（如滑动式、推杆式、滚动式等），而物流中心使用的则以滑动式和滚动式为主。

图 8-8　动力式链条输送机

（2）皮带输送机。皮带输送机是水平输送机中较经济的一种，可完成有一定坡度的输送工作（见图 8-9）。其皮带可由滚筒或金属滑板来支撑。其滚筒、骨架及驱动单元有很多组合方式，具体选用哪种组合方式由输送的物品及系统的应用需求来决定。

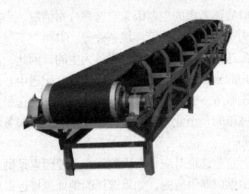

图 8-9　皮带输送机

8.4　配送中心选址

配送中心选址包括两个方面的含义：地理区域的选择和具体地址的选择。

企业进行配送中心选址首先要选择合适的地理区域：对各地理区域进行审慎评估，选择一个适当范围为考虑的区域，如欧洲、亚洲等，同时还需配合配送中心物品特性、服务范围及企业的规模和运营策略而定。

配送中心的地理区域确定后，还需确定具体的建址地点，如果是制造商型的配送中心，应以接近上游生产厂或进口港为宜；如果是日用品配送中心，则宜接近居民生活社区。

8.4.1　配送中心选址的原则

配送中心建设是物流基础设施建设，一旦建成就无法改变，因此，配送中心的选址不能有一丝的随意性，应遵循一定的原则。

（1）适应性原则。配送中心布点必须与国家及地区的经济发展方针、政策相适应，与我国物流资源分布和需求分布相适应；同时还要与一个地区或区域的经济发展特征和主产品特征相适应；既要考虑配送中心本身经营运作上的可行性，又要与区域物流系统规划相适应。

（2）协调性原则。配送中心布点要将国家乃至于国际的物流网络作为一个大系统来考虑，要确立自身在网络中的位置，与整个系统相协调。同时在配送中心的规模、设施与设备的选择，生产作业能力，配送商品的特性等方面要保持协调性、一致性。

（3）经济性原则。配送中心布点中的费用主要包括建设费用和经营费用两大部分。前者涉及的面广，一次性投入较大，如规划费用、设计费用、使用费用、基本建设材料费用、人工费用、设施与设备的选择与安装费用。后者主要是配送中心投入经营的相关费用。

（4）前瞻性原则。配送中心建设投资是一项长期投资，所以，配送中心布点要有全局观念和长远考虑，要有前瞻性。应结合国家物流系统的长期规划和现实状况，以及国家经济长期发展规划来考虑，既要符合目前需要，又要考虑日后发展的可能。应立足当前，放眼未来。

8.4.2　配送中心选址的影响因素

企业为配送中心选址时应该考虑的主要因素有客户分布情况、供应商分布情况、交通条件、土地条件、自然条件、人力资源条件、政策环境条件等。

（1）客户分布情况。配送中心主要是以客户服务为主的，因此，企业为配送中心选址时首先要考虑的就是所服务客户的分布情况。对于消费品来说，配送中心通常是寻找具有一定购买力的人群，并为其提供配送服务。它可能为商店、零售店提供配送服务，这些客户大部分是分布在人口密集的地方或大城市的，企业为了降低运输成本和提高服务水平，多选在城市边缘接近客户的地区建立配送中心。

（2）供应商分布情况。企业选址时应该考虑的一个重要因素是供应商的分布情况。因为配送中心的物品几乎全部是由供应商供应的，如果选择的地址越接近供应商，则其商品的运输费用就会越低，库存成本也会越低。

（3）交通条件。交通条件是影响配送成本及效率的重要因素之一，交通运输的不便将直接

电子商务物流管理（微课版　第3版）

影响配送的运输成本。因此企业在选址时必须考虑距离车站的远近、道路状况、车站的性质、交通连接状况、搬运状况，以及未来交通与邻近地区的发展状况等交通因素。最好选在重要的运输线路旁，以方便配送运输作业的进行。一般配送中心应尽量建在交通方便的高速公路、国道及快速道路附近，如果以铁路、轮船、飞机作为运输工具，则要考虑靠近火车编组站、港口、机场等。

（4）土地条件。企业为配送中心选址时还要考虑土地与地形的限制。对于土地的使用，必须符合相关法规及城市规划的要求，尽量选在物流园区或经济开发区。此外，规划时还应考虑建设用地的形状、长宽、面积与未来扩充的可能性。另外，还要考虑用地大小与地价，在实际选址中，地势好的土地地价都很高，因此在选址中，要考虑现有地价及未来增值状况，以及未来可能扩充的需求，以决定最合适的土地面积。

（5）自然条件。企业在为配送中心选址时，自然条件也是必须考虑的因素，事先了解当地的自然环境有助于降低建设的风险。例如，有的地方靠近海边，盐分比较高等，这些都会影响商品的品质。另外，是否容易出现自然灾害事故等对于配送中心选址的影响也非常大，必须特别留意并且避免被侵害。同时，还要重视配送中心选址建设对环境污染的影响与控制。

（6）人力资源条件。在配送作业中，配送中心最需要的资源为人力资源。由于一般物流作业仍属于劳动密集型作业，因此配送中心内部必须要有足够的人力资源，这就要求企业在为配送中心选址时必须考虑劳动力的来源、技术水准、工作习惯和工资水准等因素。

（7）政策环境条件。政策环境条件也是企业选址时要考虑的重要因素之一。政府政策的支持，则有助于物流业的发展。政策环境因素又分为企业优惠措施（土地提供、减税、补贴）、城市规划（土地开发、道路建设计划）、地区产业政策等。建在有补贴地区的配送中心，可享受资金优惠政策，如可向地方政府贷到利息较低的用来选址和建设厂房的资金，享受税赋减免，等等，这都有助于降低配送中心的营运成本。

8.4.3　配送中心选址决策

影响配送中心选址决策的因素很多，在配送中心选址过程中，定性分析和定量分析都是必要的。定性分析的主要任务就是提出影响配送中心选址的各个因素，并根据企业的要求，分清主次，明确关键因素，在此基础上确定各因素的权重，找出最佳选址方案。定性分析的方法是针对各个影响因素，提出配送中心选址应遵循的一些基本原则，如选择交通发达、交通条件便利的地点，接近消费区，靠近超市，等等。企业可从这些基本原则出发，对现有条件进行分析、评价、比较，从备选的地址中做出选择。而定量分析的方法是根据影响配送中心位置的各个因素，建立数学模型，通过反复迭代，从中选择、确定最优方案。

进行配送中心选址决策时应考虑以下几个方面的内容。

1. 基本条件

在配送中心选址时，事先要明确建立配送中心的必要性、目的和方针，明确研究的范围。另外，根据所确立的下属条件，缩小选址的范围。

（1）需要条件。它包括配送中心的服务对象——顾客的现在分布情况及未来分布情况预测，货物作业量的增长率及配送区域的范围预测。

（2）运输条件。应靠近铁路货运站、港口和汽车站等运输据点。

（3）配送服务的条件。向顾客报告到货时间、发送频度、根据供货时间计算的从顾客到配送中心的距离和服务范围。

（4）用地条件。是利用配送中心现有的土地还是重新取得地皮？如果必须重新取得地皮，那么地价如何？用地情况如何？

（5）法规制度条件。根据指定用地区域的法律规定，确定哪些地区不允许建设仓库和配送中心。

（6）管理与信息职能条件。配送中心是否要靠近本公司的营业、管理和计算机部门。

（7）流通职能条件。商流职能与物流职能是否要分开？配送中心是否也附加流通加工的职能？如果需要，从保证职工人数和通勤方便出发，要不要限定配送中心的选址范围。

（8）其他条件。不同类别的物流中心，有不同的特殊需要。如冷冻、保温设施，防止公害的设施或危险品保管设施等，对选址都有特殊要求，需要给予特殊考虑。

企业对上述各条件必须进行充分详尽的研究。这就要求企业对各种条件进行排列对比，描绘在地图上，经过反复研究，再圈定选址的范围和候选地址。

2. 必备资料

选择地址一般是通过成本计算，也就是将运输费用、配送费用及物流设施费用模型化，采用约束条件及目标函数建立数学公式，从中寻求费用最小的方案。但是，采用这种选择方法，寻求最优的选址时，必须对业务量和生产成本进行正确的分析和判断。

（1）掌握业务量。选址时，应掌握的业务量包括工厂至配送中心之间的运输量；向顾客配送的货物数量；配送中心保管的数量；不同配送路线的业务量。由于这些业务量在不同时期、不同周、不同月、不同季节内均有波动，因此，我们要对所采用的数据进行研究。另外，除了对现状的各项数值进行分析外，还必须确定设施使用后的预测数值。

（2）掌握费用。选址时应掌握的费用：①工厂至配送中心之间的运输费；②配送中心至顾客间的配送费；③与设施、土地有关的费用及人工费、业务费等。由于①和②两项费用随着业务量和运送距离的变化而变化，所以，我们必须对每项费用进行分析（成本分析）。第③项包括可变费用和固定费用，应根据可变费用和固定费用之和进行成本分析。

（3）其他。用缩尺地图表示顾客的位置、现有设施的配置方位及工厂的位置，并整理各候选地址的配送路线及距离等资料。对必备的车辆数、作业人员数、装卸方式、装卸机械费用等要与成本分析结合起来确定。

3. 选址方法

选择配送中心地址的方法有单设施选址方法和多设施的选址方法。随着应用数学和计算机的普及，设施选址的方法不再停留在理念上，而更多是有关数学的方法。

（1）单设施选址方法。单设施选址一个常用模型是重心法，在数学上，该模型可归为静态连续地址模型。显然，没有任何模型具有某一选址问题所希望的所有特点，我们也不可能由模型的解直接导出最终决策。因此，我们只能希望这些模型可以提供指导性解决方案。

（2）多设施选址方法。多设施选址问题对大多数企业更为重要，大规模、多设施选址模型给管理人员制定决策带来的帮助是巨大的，该类模型已广泛应用于国防、零售、消费品和工业品等行业。

尽管各种模型的适用范围和解法不同，但是任何模型都可以由具备一定技能的分析人员或管理人员用来得出有价值的结果，使现有技术更易于使用，更便于决策者利用。

4. 约束条件

当在所求出的选址点进行建设时，我们必须研究并判断该地址的障碍条件，特别是与地理、地形、地基、环境、交通、劳动等有关的条件，是否适合配送中心的作业要求，并调查预测将来业务量增大后是否能够满足扩建的需要，该地址是否适用，并做好解决障碍条件的准备工作。当按上述程序选址后，应再进行基本条件的整理，从而评价其满足企业物流系统基本条件的程度。

8.4.4 新趋势对配送中心选址决策的影响

在物流不断发展的过程中，很多趋势对配送中心选址决策产生重要影响。

（1）全球化对选址的影响。随着国际贸易的发展，许多重要的港口城市正成为更合理的仓储配送场所。

（2）电子商务的影响。对选址影响最大的趋势就是在因特网上达成的数十亿美元的交易。它不仅改变了全社会购买产品的方式，也改变了企业配送产品的方式。它也将改变传统订单的数额以及完成这些订单的方式。

（3）渠道整合的影响。随着大量批发商、分销商地位的弱化，企业正朝着更多使用来自制造商和其他供应链上游位置的"直接向客户交货"的方向发展。在很多情况下，这就绕过并减少了对完整的配送设施网络的需要。直接配送的更多使用实现了产品直接从制造商向顾客的转移，因此减少了对中间配送能力的需要。

（4）库存的战略定位。如快速流转、盈利性高的产品可以放在临近市场的物流设施里。流动速度慢、盈利性低的产品可以放在区域性或全国性的设施里。这些例子都与库存细分战略的有效执行保持一致。

（5）对战略性定位的转载直拨设施存在着不断增长的需求和应用。这些设施作为合并运送的转运点使用，统一运送的货物需要被分解或混合成小批量货物配送到客户手中。这方面的例子是将多个供应商的货物合并后配送到零售店或销售点。其应用到进货运送方面，可以极大地削减企业对内部配送设施的需要。

（6）第三方物流服务提供商得到了更多的应用，他们可以承担全部或部分将企业的产品运送到客户处，或将企业购买的原材料、零部件运送到制造过程中的职责。

（7）整车货运或零担货运配送都依赖于大宗运送。越来越多的企业不再完全采用这两种配送方式，转而使用小包裹速递服务。靠近包裹速递公司的集配中心成为配送中心选址时需要考虑的一个重要问题。

8.5 配送中心选址模型

选址问题是指已知若干现有设施的地址，确定一个或几个新设施的地址；或已知需要被服务的节点，建立一个最优设施点，以使其为节点提供最优服务。选址模型大致可分为连续选址模型（物流中心的地点可在平面上取任意点）和离散选址模型（物流中心的地点是有限的几个可行点中的最优点）。在通常情况下，由于运费和运距有关，因此配送中心选址问题常常被简化成最短距离的问题。企业用各种数学方法求解配送中心与预计供应点之间的最短理论距离或实际距离，以此作为配送中心布局的参考。

重心法

8.5.1 连续选址模型

1. 重心法

重心法是将物流系统的需求点看成是分布在某一平面范围内的物体系统，将各点的需求量和资源量分别看成是物体的重量，物体系统的重心将作为物流网点的初始设置点。企业利用确定物体重心的方法来确定物流网点的初选位置，然后在此基础上根据迭代计算的方法对重心法进行改进。

如图 8-10 所示，设在某选址的区域内，有 n 个需求点，各点的权重（如需求量）为 $w_i(i=1,2,\cdots,n)$，各点的坐标是 (x_i,y_i) $(i=1,2,\cdots,n)$，重心坐标为 (x_0,y_0)，物流总成本为 z。

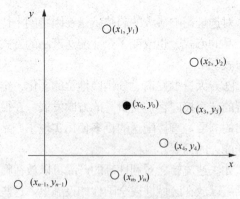

图 8-10 配送中心与需求点坐标网络

我们直接可以求出该区域的重心坐标为：

$$x_0 = \frac{\sum_{i=1}^{n} w_i x_i}{\sum_{i=1}^{n} w_i} , \quad y_0 = \frac{\sum_{i=1}^{n} w_i y_i}{\sum_{i=1}^{n} w_i}$$

重心法的目标函数为：

$$z_{\min} = \sum_{i=1}^{n} w_i \sqrt{(x-x_i)^2 + (y-y_i)^2}$$

这是一个双变量系统，令 $d_i = \sqrt{(x-x_i)^2 + (y-y_i)^2}$，再分别对 x、y 求偏导，并且令其为 0，这样就可以得到两个微分等式：

$$\frac{\partial z}{\partial x} = \sum_{i=1}^{n} \frac{w_i(x-x_i)}{d_i} = 0 , \quad \frac{\partial z}{\partial y} = \sum_{i=1}^{n} \frac{w_i(y-y_i)}{d_i} = 0$$

再分别对 x、y 进行求解，得到：

$$x^* = \frac{\sum_{i=1}^{n} \frac{w_i x_i}{d_i}}{\sum_{i=1}^{n} \frac{w_i}{d_i}} , \quad y^* = \frac{\sum_{i=1}^{n} \frac{w_i y_i}{d_i}}{\sum_{i=1}^{n} \frac{w_i}{d_i}}$$

由于公式等号右端含有未知数 x、y，因此，我们无法直接求出配送中心的位置坐标 (x, y)，但是可以推出如下的迭代公式：

$$x_{k+1} = \frac{\sum_{i=1}^{n} \dfrac{w_i x_i}{\sqrt{(x_k - x_i)^2 + (y_k - y_i)^2}}}{\sum_{i=1}^{n} \dfrac{w_i}{\sqrt{(x_k - x_i)^2 + (y_k - y_i)^2}}}$$

$$y_{k+1} = \frac{\sum_{i=1}^{n} \dfrac{w_i y_i}{\sqrt{(x_k - x_i)^2 + (y_k - y_i)^2}}}{\sum_{i=1}^{n} \dfrac{w_i}{\sqrt{(x_k - x_i)^2 + (y_k - y_i)^2}}}$$

迭代法的计算步骤如下。

第一步：先用重心公式求解需求点的初始坐标 (x_0, y_0)；

第二步：把初始点 (x_0, y_0) 代入目标函数求出结果 z_0；

第三步：把 (x_0, y_0) 代入迭代公式，计算物流中心的改善地点 (x_1, y_1)；

第四步：把 (x_1, y_1) 代入目标函数求出结果 z_1；

第五步：将 z_1 与 z_0 进行比较，如果 $z_1 \geq z_0$，则 (x_0, y_0) 为最优解，迭代停止；如果新的结果 $z_1 < z_0$，则说明计算结果得到了改善，并且有待更进一步的优化，需要返回第三步，把 (x_1, y_1) 代入迭代公式计算物流中心的再改善点 (x_2, y_2)；

第六步：一直这样重复迭代下去，直到 $z_{m+1} \geq z_m$，则 (x_m, y_m) 即为物流中心的最佳选址点。

2. 交叉中值模型

交叉中值模型是用来解决折线距离连续点选址问题的模型，其相应的目标函数如下：

交叉中值模型

$$z_{\min} = \sum_{i=1}^{n} w_i d_i = \sum_{i=1}^{n} w_i (|x_i - x_m| + |y_i - y_m|)$$

其中，(x_m, y_m) 为待选址物流中心的坐标，d_i 是第 i 个需求点到物流中心的距离；w_i 为第 i 个需求点对应的权重（如需求量）；(x_i, y_i) 为第 i 个需求点的坐标，n 为需求点个数。

这个目标函数可用两个不相关的部分来表达，即：

$$z_{\min} = \sum_{i=1}^{n} w_i |x_i - x_m| + \sum_{i=1}^{n} w_i |y_i - y_m| = F_x + F_y$$

对 F_x 进行分解，可得：

$$F_x = \sum_{i=1}^{n} w_i |x_i - x_m| = \sum_{i \in \{i | x_i \leq x_m\}} w_i (x_m - x_i) + \sum_{i \in \{i | x_i > x_m\}} w_i (x_i - x_m)$$

令 $\dfrac{\mathrm{d} F_x}{\mathrm{d} x_m} = 0$，可得：

$$\frac{\mathrm{d} F_x}{\mathrm{d} x_m} = \sum_{i \in \{i | x_i \leq x_m\}} w_i - \sum_{i \in \{i | x_i > x_m\}} w_i = 0$$

即

$$\sum_{i\in\{i|x_i\le x_m\}} w_i = \sum_{i\in\{i|x_i> x_m\}} w_i$$

由上式可以看出，物流节点在 x 方向上的最优值点是 x 对所有权重 w_i 的中值点。同理可以得出，物流节点在 y 方向上的最优值点是 y 对所有权重 w_i 的中值点。因此，使总成本 z 最小的最优位置应该就是从横、纵轴方向上所有权重的中值点。因为 x_m、y_m 可能同时或者分别是唯一值或某一范围，所以最优的位置也相应可能是一个点，或者是线，或者是一个区域。

例题：假设有 5 个需求点，位置和需求量如表 8-1 所示，你需要通过这些信息来确定一个合适的物流中心的位置，使总成本最小。

表 8-1　各需求点位置及需求量

需求点	位置	需求量
1	（3，1）	1
2	（5，2）	7
3	（4，3）	3
4	（2，4）	3
5	（1，5）	6

第一，确定需求量权重的中值：

$$\overline{w} = \frac{1}{2}\sum_{i=1}^{5} w_i = (1+7+3+3+6)/2 = 10$$

第二，分别从 x 轴和 y 轴两个方向上将需求点按位置从小到大、从大到小进行排列，计算找出达到中值 $\overline{w}=10$ 时的坐标 (x_m, y_m)。其中，从 x 轴方向进行求解的过程如表 8-2 所示，从 y 轴方向进行求解的过程如表 8-3 所示。

表 8-2　x 轴方向中值计算表

需求点	位置	$\sum w_i$
从左至右		
5	1	6
4	2	6+3=9
1	**3**	**6+3+1=10**
3	4	
2	5	

需求点	位置	$\sum w_i$
	从右至左	
2	5	7
3	**4**	**7+3=10**
1	3	
4	2	
5	1	

表 8-3　y 轴方向中值计算

需求点	位置	$\sum w_i$
	从上至下	
5	5	6
4	4	6+3=9
3	**3**	**6+3+3=12**
2	2	
1	1	
	从下至上	
1	1	1
2	2	1+7=8
3	**3**	**1+7+3=11**
4	4	
5	5	

可以看出，在 x 轴方向上需求点 1、3 之间是一样的，即 $x_m = 3 \sim 4$；在 y 轴方向上需求点 3 是一个有效的中值点，即 $y_m = 3$。综合考虑 x 轴方向和 y 轴方向的影响，最后可能的地址是 a（3，3）和 b（4，3）之间的一条线段。

在表 8-4 中，我们对 a、b 两个位置的加权距离进行了比较。从比较的结果可以看到，它们的直接加权距离是完全相等的，也就是说，我们可以根据实际情况选择 a、b 之间的任何一点。根据上面的例题，我们不难理解，如果在 y 轴方向上所计算的需求点位置也是一个范围，那么整个可能选择的范围就是一个矩形区域；如果 x 轴方向上所计算的需求点位置也是一个点，那么可选的地点就只有一个点了。利用交叉中值的方法可以为决策提供更多的选择和灵活性。

表 8-4　位置 a、b 加权距离

位置 a（3，3）				位置 b（4，3）			
需求点	距离	权重	总和	需求点	距离	权重	总和
1	2	1	2	1	3	1	3
2	3	7	21	2	2	7	14
3	1	3	3	3	0	3	0
4	2	3	6	4	3	3	9
5	4	6	24	5	5	6	30
加权距离			56	加权距离			56

8.5.2 离散选址模型

从总体上看，重心法和交叉中值模型属于连续选址模型，而连续选址模型对于地点的选择是不加限制的，这往往使得通过迭代计算求得的最佳地点实际上很难找到，或计算所得最佳地点可能在河川、街道中间等地方。与连续选址模型相比，离散选址模型则是在有限的候选位置里面，选取一个或一组位置为最优的地点，更具实际应用性。

1. 集合覆盖模型

集合覆盖模型是离散选址模型中常用的一种模型，研究在满足覆盖所有需求点的前提下，服务设施总的建站个数或建设费用最小的问题。

集合覆盖模型

（1）问题描述

设有 n 个需求点（用 i 表示，$i=1,2,3,\cdots,n$），需求点 i 的需求量为 d_i，有 m 个设施候选点（用 j 表示，$j=1,2,3,\cdots,m$），候选点 j 的容量为 C_j，每个候选节点有一定的覆盖范围，希望使用最少数量的设施去满足所有需求点的需求。

（2）模型描述

根据问题描述，首先设：

$$x_j=\begin{cases}1,\text{表示将物流设施设于节点 } j\\0,\text{表示未将物流设施设于节点 } j\end{cases} \quad j=1,2,\cdots,m$$

y_{ij} 表示需求节点 i 的需求中被分配给设施节点 j 的部分，$0 \leqslant y_{ij} \leqslant 1$。

目标是用最少的设施点满足所有需求点的需求，因此：

目标函数

$$\min \sum_{j=1}^{m} x_j \tag{8-1}$$

约束条件

$$\sum_{j \in B(i)} y_{ij} = 1, \qquad i=1,2,\cdots,n \tag{8-2}$$

$$\sum_{i \in A(j)} d_i y_{ij} \leqslant C_j x_j, \qquad j=1,2,\cdots,m \tag{8-3}$$

$$x_j \in \{0,1\}, \ j=1,2,\cdots,m \tag{8-4}$$

$$y_{ij} \geqslant 0, \quad i=1,2,\cdots,n; j=1,2,\cdots,m \tag{8-5}$$

其中，$A(j)$ 表示候选节点 j 可覆盖的需求点的集合；$B(i)$ 表示可覆盖需求点 i 的候选节点集合。式（8-1）为目标函数，表示最小化设施数量；式（8-2）表示每个需求节点的需求量都能得到满足；式（8-3）表示每个设施提供的需求服务不能超过其能力范围；式（8-4）、式（8-5）是对所有变量的取值约束。

2. 最大覆盖模型

最大覆盖模型研究的是在给定设施点数量的条件下，如何安排设施点的位置才能使覆盖的需求量尽可能多的问题。

最大覆盖模型

（1）问题描述

设有 n 个需求点（用 i 表示，$i=1,2,\cdots,n$），需求点 i 的需求量为 d_i，有 m 个设施候选点（用 j 表示，$j=1,2,\cdots,m$），候选点 j 的容量为 C_j，每个候选节点有一定的覆盖范围，现需要从候选节点中选择 p 个节点作为物流中心节点，使得尽可能多的需求点需求得到满足。

（2）模型描述

根据问题描述，首先设：

$$x_j = \begin{cases} 1, \text{表示将物流设施设于节点} j \\ 0, \text{表示未将物流设施设于节点} j \end{cases} \quad j=1,2,\cdots,m$$

y_{ij} 表示需求节点 i 的需求中被分配给设施节点 j 的部分，$0 \leqslant y_{ij} \leqslant 1$。

目标是用一定数量的设施满足尽可能多的需求点需求，因此目标函数可以表示为：

$$\max \sum_{i=1}^{n} \sum_{j=1}^{m} d_i y_{ij} \tag{8-6}$$

约束条件为：

$$\sum_{j \in B(i)} y_{ij} \leqslant 1, \qquad i=1,2,\cdots,n \tag{8-7}$$

$$\sum_{i \in A(j)} d_i y_{ij} \leqslant C_j x_j, \qquad j=1,2,\cdots,m \tag{8-8}$$

$$\sum_{j=1}^{m} x_j = p \tag{8-9}$$

$$x_j \in \{0,1\}, \ j=1,2,\cdots,m \tag{8-10}$$

$$y_{ij} \geqslant 0, \quad i=1,2,\cdots,n; j=1,2,\cdots,m \tag{8-11}$$

其中，$A(j)$ 表示候选节点 j 可覆盖的需求点的集合；$B(i)$ 表示可覆盖需求点 i 的候选节点集合。式（8-6）为目标函数，表示最大化满足需求点需求；式（8-7）表示每个需求节点的需求量可以得到完全满足或部分满足，也可能完全得不到服务；式（8-8）表示每个设施提供的服务不能超过其能力范围；式（8-9）表示选择 p 个节点作为物流中心；式（8-10）、式（8-11）是对所有变量的取值约束。

3．P-中值模型

P-中值模型是指在一个给定数量和位置的需求点集合和一个候选设施位置的集合下，分别为 p 个设施找到合适的位置，并给每个需求点指派一个特定设施，使之达到在设施和需求点之间的运输费用最低。

P-中值模型

P-中值模型主要解决两个问题：（1）为 p 个设施点选择合适的位置；（2）将所有需求点分配给 p 个设施。P-中值模型示意图如图 8-11 所示。

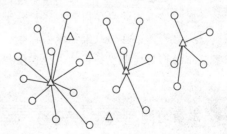

选址前　　　　　　　　　　　选址后

○ 需求点　　　△ 候选物流中心　　　$P=3$

图 8-11　P-中值模型示意图

（1）问题描述

设有 n 个需求点（用 i 表示，$i=1,2,3,\cdots,n$），需求点 i 的需求量为 d_i，有 m 个设施候选点（用 j 表示，$j=1,2,3,\cdots,m$），c_{ij} 为需求点 i 到设施点 j 的单位运输成本，现需从候选节点中选择 p 个节点作为物流中心节点，用来满足 n 个需求点的需求，使总的运输费用最低。

（2）模型描述

根据问题描述，设：

$$x_j=\begin{cases}1,\text{表示将物流设施设于节点} j\\0,\text{表示未将物流设施设于节点} j\end{cases}\quad j=1,2,\cdots,m$$

$$x_{ij}=\begin{cases}1,\text{需求点} i \text{由设施点} j \text{提供服务}\\0,\text{否则}\end{cases}\quad i=1,2,\cdots,n; j=1,2,\cdots,m$$

数学表达式为：

$$z_{\min}=\sum_{i\in I}\sum_{j\in J}d_ic_{ij}x_{ij} \qquad\qquad (8\text{-}12)$$

$$s.t.\sum_{j\in J}x_{ij}=1 \qquad \forall i\in I, \qquad\qquad (8\text{-}13)$$

$$x_{ij}\leqslant x_j \qquad \forall i\in I,\forall j\in J \qquad\qquad (8\text{-}14)$$

$$\sum_{j\in J}x_j=p \qquad\qquad (8\text{-}15)$$

$$x_{ij}\in\{0,1\} \qquad \forall i\in I,\forall j\in J \qquad\qquad (8\text{-}16)$$

$$x_j\in\{0,1\} \qquad \forall j\in J \qquad\qquad (8\text{-}17)$$

其中，I 为需求点集合，J 为潜在设施点集合。式（8-12）为目标函数，表示总成本最小；式（8-13）表示每个需求点都只能有一个设施为其服务；式（8-14）保证了没有选定的设施点不会为需求点提供服务；式（8-15）限制了设施点的个数为 p 个；式（8-16）、式（8-17）是对所有变量的取值约束。

要点回顾

配送是指按用户的订货要求，在物流据点进行分货、配货等工作，并将配好的货物按时送达指定的地点和收货人手中的物流活动。

配送中心是从事配送业务且具有完善信息网络的场所或组织。配送中心的功能：（1）分拣功能；（2）集散功能；（3）衔接功能；（4）流通加工功能；（5）信息处理功能。

配送中心选址原则：（1）适应性原则；（2）协调性原则；（3）经济性原则；（4）前瞻性原则。选址时应该考虑的主要因素：客户分布情况、供应商分布情况、交通条件、土地条件、自然条件、人力资源条件、政策环境条件等。

配送中心选址模型包括连续选址模型和离散选址模型。

本章习题

一、名词解释

配送　配送中心

电子商务物流管理（微课版 第3版）

二、简答题

1．简述配送的作用。
2．简述配送中心的功能。
3．简述配送中心选址原则。
4．简述配送中心选址程序。

三、计算题

1．假设在物流节点选址范围内有 5 个需求点，其坐标、需求量、运输费费率如表 8-5 所示。根据重心法，选择最佳物流设施位置。

表 8-5　各需求点的坐标、需求量及运输费率表

需求点	坐标	需求量	运输费费率
A	（3，8）	2 000	0.5
B	（8，2）	3 000	0.5
C	（2，5）	2 500	0.75
D	（6，4）	1 000	0.75
E	（8，8）	1 500	0.75

2．某连锁超市准备在已有分店中建立若干货物配送中心来满足下属的 6 个分店的需求，已知 6 个分店的年需求量分别为：60 吨、40 吨、35 吨、50 吨、55 吨和 50 吨。每建立一个新的配送中心都会产生一些固定费用，货物将从配送中心被运输到附近的分店，由于运输距离不同，每次运输的费用也不同。对于新建配送中心所投入的建设费用属于投资支出，一般在若干年后会抵消，而运输费用属于运营成本。为此，我们可以假定这两种费用是可比的，其中以年为单位计算配送中心的运营费用。有 6 个可以建造新配送中心的位置，并且需要从这些配送中心向 6 个分店供货，每个配送中心完全满足每个分店的需求，所需的总运输成本如表 8-6 所示。

表 8-6　满足各分店需求所需的总运输成本

可选配送中心	满足各分店需求所需的总运输成本　单位：千元					
	1	2	3	4	5	6
1	50	40	25	25	30	50
2	60	45	30	35	35	55
3	70	55	40	40	40	65
4	80	65	50	50	40	75
5	95	75	65	∞	∞	∞
6	100	90	75	∞	∞	∞

经专家分析，如果在可选位置新建配送中心会产生一些固定费用，即在 6 个可选位置建设配送中心的建设费用分别为：1 700 元、4 500 元、5 000 元、2 000 元、1 500 元、4 500 元。其

中每个配送中心的容量上限分别为：150 吨、125 吨、100 吨、90 吨、140 吨、150 吨。那么，在满足各个分店需求的情况下，在哪些位置建立配送中心会使总成本最小？

 拓展实践

完成本书第 11 章中"11.5 物流中心选址优化"案例。

学习本书第 11 章中"11.6 多目标配送优化"案例。

第9章 电子商务物流模式

内容提要

随着电子商务的不断发展，自营物流和第三方物流已成为电子商务企业的重要物流模式，除此之外，第四方物流、绿色物流、智慧物流、冷链物流、跨境物流等也开始得到广泛关注。本章介绍了自营物流的概念和优势，第三方物流的概念和产生原因，第四方物流的概念和运作模式，以及绿色物流、智慧物流、冷链物流、跨境物流等内容。

学习完本章后，希望读者掌握以下内容。

（1）自营物流。

（2）第三方物流。

（3）第四方物流。

（4）电子商务物流发展趋势。

引导案例

京东于 2004 年正式涉足电商领域，2007 年开始自建物流。京东从决定自建物流开始，在发展过程中遭到了不少人的质疑。从目前京东的发展来看，自建物流本身的问题仍旧存在，但这并没有将京东拖垮，反而使京东更具竞争力。

京东经过将近 10 年的物流建设，已成为一家拥有中小件、大件、冷链、B2B、跨境和众包（达达）六大物流网络的企业，实现了传统电商物流企业根本不可能具备的生态物流布局。2016年，京东首次入榜《财富》全球 500 强企业，成为中国首家、唯一入选的互联网企业。2018 年，京东第三次入榜《财富》全球 500 强企业，位列第 181 位。

"亚洲一号"是京东物流的重要组成部分，京东立志将"亚洲一号"打造成为亚洲范围内B2C 行业中建筑规模最大、自动化程度最高的现代化运营中心。首个"亚洲一号"现代化物流中心建于上海，于 2014 年 10 月 20 日正式投入使用，之后，"亚洲一号"扩展到广州、北京、武汉、昆山等多个城市。以上海"亚洲一号"为例，在硬件方面，拥有自动化立体仓库（AS/RS）、自动分拣机等先进设备；在软件方面，仓库管理、控制、分拣和配送信息系统等均由京东公司开发并拥有自主知识产权，整个系统由京东公司总集成，目前 90%以上操作已实现自动化，支持 5 万 SKU，每日可处理订单十几万个，高峰时处理订单可达二十五万个，彻底地解决了人工操作效率差和准确率低的问题。

在京东自建物流的过程中，持续地科技投入为京东物流的发展注入了强大驱动力。2016 年，京东成立"X 事业部"，专注于"互联网+物流"，致力于打造着眼未来的智能仓储物流系统。京东 X 事业部前身是京东物流实验室，而今在进化升级改名后，已经超越了原本单纯的物流，所有和无人机械、人工智能相关的项目都是它的研究领域。京东 X 事业部目前正自主研发京东全自动物流中心、京东无人机、京东仓储机器人以及京东自动驾驶车辆送货等一系列备受瞩目的尖端智能物流项目。随着京东无人技术战略的不断深化，京东智能物流将能够满足甚至创建更丰富的应用场景，满足复杂多变的用户需求，实现运营效率和用户体验的提升，成为京东智能化商业的重要一环。

（资料来源：百度百科、京东官方网站）

【案例思考】

随着电商的快速发展，消费者对物流优质服务的需求也日益提高，电商企业都在积极探索与实践适用的电子商务物流模式。京东投入上百亿元的资金自营物流，从现阶段看，这一之前备受争议的举措如今取得了巨大的成功。

那么，电商企业自营物流有什么优势？自营物流适合所有电子商务企业吗？本章将对电子商务物流模式进行详细介绍，希望读者能够通过本章的学习得出答案。

9.1 自营物流

9.1.1 自营物流的概念

在电子商务环境下，企业成本优势的建立和保持必须以可靠和高效的物流运作作为保证，这也是现代企业在竞争中取胜的关键所在。电子商务的快速发展使物流模式一步步地发生着变化。

自营物流是企业投资购置设施组建物流部，使用自己的设施和工具来完成的物流。我们将第一方物流与第二方物流统称为自营物流。第一方物流是由卖方、生产者或供应方组织的物流，这些组织的核心业务是生产和供应商品，为了自身生产和销售业务需要而进行物流自身网络及设施设备的投资、经营与管理。第二方物流是由买方、销售者组织的物流，这些组织的核心业务是采购并销售商品。为了销售业务，企业需要投资建设物流网络、物流设施和设备，并进行具体的物流业务运作组织和管理。

9.1.2 自营物流的优势

1. 保证用户体验

成功的电商企业都会聚焦用户体验，而配送速度是决定用户体验的关键。自营物流由于物流设施和配送队伍属于企业自身所有，企业能够自由调度和掌握配送的主动权，减少了向其他配送公司下达配送任务的环节，在网上接到订单后可以立即进行配送，保证了在最短的配送时间内把商品送到消费者手中，满足了消费者"即购即得"的购物心理。因此，自营物流能够在很大程度上保证服务质量和提高消费者满意度与忠诚度，维护企业和消费者的长期供应关系，保证消费者体验。

2. 塑造企业形象

目前国内大多数民营快递企业采用加盟商合作的方式，与这样的企业合作，在物流配送环节上有很多的不可控因素。消费者的投诉绝大多数是有关物流的，这会间接地损害电商企业在消费者心目中的形象。电商企业自建物流可以实现与消费者的对接，从根本上掌握物流速度和保证服务质量。其还可将所有的配送车辆统一涂漆，所有的配送人员统一服饰，统一服务方式，这不仅提高了消费者网购快捷、便利的物流体验，同时也对企业形象产生了很好的品牌宣传效应。

3. 信息沟通渠道畅通

自营物流由于全部由企业自己经营，物流管理人员都是本企业人员，管理更为方便。由于物流管理人员和其他部门人员的信息沟通渠道畅通，这将为提高企业整体效率提供良好的基础。在自营物流模式中，企业直接面对消费者，既可以尽全力为消费者服务，又可以在和消费者沟通时及时获得消费者的需求信息和需求变化，并根据消费者的反馈信息，及时改进企业服务，进而不断提高消费者的满意度和忠诚度。

9.1.3 自营物流存在的问题

1. 资金方面的问题

在疆域辽阔的中国建立辐射全国的物流运营网络，不是轻而易举就能实现的。网络购物消费者遍布全国，覆盖我国各大区域需要数十个物流运营中心和数以千计的仓库，而要保证运营中心和仓库的有效运作需要有充足的资金供给。进行物流基础设施投资，前期投入巨大，并且成本回收周期较长。自营物流企业需要将大量的资金投入物流建设，这会使企业面临资金短缺的状况，遇到突发事件时会缺少应急资金。这对缺乏资金的企业，特别是中小企业来说是个比较大的负担。因此，一般电子商务自营物流企业由于受资金限制，物流规模难以扩大。

2. 人力资源方面的问题

企业自营物流一般局限于企业自身的资源，物流设施的自动化程度低，缺少专业的物流人才，导致物流管理难以专业化。电商企业自建物流自然为社会创造了更多的就业机会，但与此同时企业也面临一些管理问题。覆盖全国的物流网络系统需要大量的工作人员，如供应链管理人员、仓库管理人员、快递人员等。管理庞大的物流团队需要公司的领导阶层投入相当多的人力和物力，这加大了企业的管理难度与协调难度。

3. 与合作快递企业的关系问题

电商企业自建物流后与原合作的快递服务提供商之间的关系是竞争大于合作，但是双方仍有利益共同点。电商企业自建物流不是一朝一夕就能够完成的，加之中国疆域辽阔，电商企业在三线城市、特别是农村市场需要专业物流快递公司的网络覆盖。那么双方面临的难题就在于如何合理地分配市场以及在细分领域开展双赢的合作。这个问题如果处理不好，有可能会导致合作终止，甚至打乱快递市场的节奏和布局。

9.2 第三方物流

9.2.1 第三方物流的概念

"第三方"源自管理学中的"外包"（Outsourcing）理念。外包是指企业动态地配置自身和其他企业的功能和服务，并利用企业外部的资源为企业内部的生产和经营服务。将外包引入物流管理领域，就产生了第三方物流管理的概念。第三方物流的主要含义是指物流服务提供者从事着发货人（甲方）和收货人（乙方）之间的第三方角色。由于企业越来越重视集中自己的核心资源和业务，而把其他资源和业务外包化，外包便成为企业的重要发展方向。而第三方物流也因其在专业技术和综合管理方面的显著优势得到了迅速发展。

第三方物流（Third Party Logistics，3PL）的概念是 20 世纪 80 年代中后期在欧美发达国家出现的。欧美研究者一般这样定义第三方物流：第三方物流是指传统的组织内履行的物流职能由外部公司履行。第三方物流公司所履行的物流职能，包括整个物流过程和物流过程中的部分活动。

美国物流管理协会于 2002 年 10 月 1 日公布的《物流术语词条 2002 升级版》的解释：第三方物流是指将企业的全部或部分物流运作业务外包给专业公司管理经营，而这些能为消费者提供多元化物流服务的专业公司为第三方物流提供商。它们的存在加速了原材料和零部件从供应商向定制商的顺畅流动，更为产品从制造商向零售商的转移搭建了良好的平台。第三方物流提供商所提供的集成服务涵盖了包括运输、仓储、码头装卸、库存管理、包装以及货运代理在内的诸多业务。

日本的物流书籍对第三方物流有两种解释：一种解释是，第三方物流是指为第一方生产企业和第二方消费企业提供物流服务的中间服务商组织的物流运作；另一种解释是，第一方物流是指生产企业和流通企业自己运作的物流业务，第二方物流是指那些提供诸如运输、仓储等单一物流服务的物流企业所运作的物流业务，第三方物流则是指为客户提供包括物流系统设计规划、解决方案以及具体物流业务运作等全部物流服务的专业物流企业所运作的物流业务。

中华人民共和国国家质量监督检验检疫总局和中国国家标准化管理委员会于 2007 年 5 月 1 日发布正式实施的国家标准《物流术语》（GB/T 18354—2006）对第三方物流的解释：第三方物流是接受客户委托为其提供专项或全面的物流系统设计以及系统运营的物流服务模式。第三方物流特指在物流渠道中，由中间商以合同的形式在一定期限内向供需企业提供所需要的全部或部分物流服务。第三方物流企业在货物的实际供应链中并不是一个独立的参与者，而是代表发货人或收货人，并通过提供一整套物流活动来服务于供应链。第三方物流企业本身不拥有货物，而是为其外部客户的物流作业提供管理、控制和专业化服务。

正如管理学大师彼得·德鲁克所说，物流管理是"降低成本的最后边界"，是降低资源消耗、提高劳动生产率之后的"第三利润源"。第三方物流企业出现之后，生产和销售企业要完成物流活动，只需委托第三方物流企业即可，这时生产和销售企业不仅避免了自营物流诸多的固有弊端，而且还最大限度地节约了交易成本。

▌小案例▐

当当是知名的综合性网上购物商城，由国内著名出版机构科文公司、美国老虎基金、美国 IDG 集团、卢森堡剑桥集团、亚洲创业投资基金（原名软银中国创业基金）共同投资成立。从 1999 年 11 月正式开通至今，当当的经营品类已从早期的图书拓展到图书音像、美妆、家居、母婴、服装和 3C 数码等几十个大类。

当当采用"自建仓储，第三方配送"的物流模式，其优势如下。

（1）将企业有限的资源集中于巩固和扩展自身核心业务。

（2）供应商难以满足其小批量、多批次的供货需求，第三方物流可根据情况在货物配送

电子商务物流管理（微课版 第3版）

中进行统筹安排，有效地降低成本。

（3）减少企业资金投资和资金短缺风险。

（4）与第三方物流公司形成战略联盟，满足消费者多样的个性化需求。

（5）第三方物流有利于提高社会效益。

（资料来源：百度百科、百度文库）

案例点评：采取第三方物流模式也存在一定的弊端。目前，国内大多数电子商务企业将物流直接外包给第三方物流公司，以节省人力和物力。然而，第三方物流公司很难完全满足电子商务企业的个性化需求，由第三方物流模式而引发的配送延误、信息泄密等问题已成为电子商务企业发展的瓶颈。

9.2.2　第三方物流产生的原因

美国哈佛商学院著名战略学家迈克尔·波特（Michael Porter）提出的"价值链分析法"（见图 9-1），把企业内外价值增加的活动分为基本活动和支持性活动。基本活动涉及企业的生产、销售、进料后勤、发货后勤、售后服务；支持性活动涉及人力资源管理、财务、计划、研究与开发、采购等，基本活动和支持性活动构成了企业的价值链。在不同的企业参与的价值活动中，并不是每个环节都创造价值，实际上只有某些特定的价值活动才真正创造价值，这些真正创造价值的经营活动，就是价值链上的"战略环节"。企业要保持的竞争优势，实际上就是企业在价值链某些特定的战略环节上的优势。运用价值链的分析方法来确定核心竞争力，就是要求企业密切关注组织的资源状态，要求企业特别关注和培养在价值链的关键环节上获得重要的核心竞争力，以形成和巩固企业在行业内的竞争优势。企业的优势既可以来源于价值活动所涉及的市场范围的调整，也可来源于企业间协调或者合用价值链所带来的最优化效益。

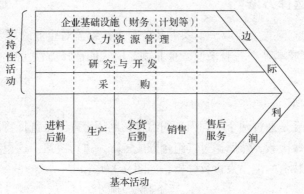

图 9-1　波特价值链

价值活动分为两类：基本活动和支持性活动。基本活动是涉及产品的物质创造及其销售、转移买方和售后服务的各种活动；支持性活动辅助基本活动，并通过提供采购投入、技术、人力资源以及各种公司范围的职能支持基本活动。

根据以上分析，价值链管理的核心就是价值增值，而价值增值的前提是掌握关键的价值活动。从价值链角度考虑，第三方物流产生的原因：首先是对传统价值链的解构，即把连在一个链条上的供、产、销一个个链环拆解下来，从中选择企业占有竞争优势的环节加以保留。然后再把非核心业务——物流（或者某一物流功能）分离出来，交给第三方物流，变内部的交易为外部的交易。

【小资料】

物流联盟是指两个或两个以上的经济组织为实现特定的物流目标而采取的长期联合与合作。其目的是实现联盟参与方的"共赢"。物流联盟具有相互依赖、核心专业化、强调合作的特点。物流联盟是一种介于自营和外包之间的物流模式，可以降低前两种模式的风险，使企业间形成相互信任、共担风险、共享收益的物流伙伴关系。企业之间不完全采取导致自身利益最大化的行为，也不完全采取导致共同利益最大化的行为，只是在物流方面通过契约形成优势互补、要素双向或多向流动的中间组织（见图9-2）。联盟是动态的，只要合同结束，双方又变成追求自身利益最大化的单独个体。

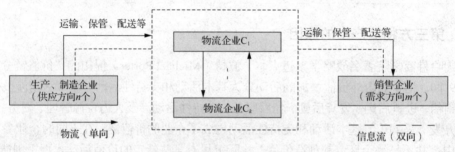

图9-2 物流联盟模式框架

电子商务企业与物流企业进行物流联盟，一方面有助于电子商务企业降低经营风险，提高竞争力，并且可以从物流伙伴处获得物流技术和管理技巧；另一方面也使物流企业有了稳定的货源。

（资料来源：李红霞，李琰. 电子商务物流[M]. 北京：中国铁道出版社，2012.）

9.2.3 物流模式选择方法

企业选择何种物流模式主要取决于以下几个因素：物流对企业的重要性、企业的物流能力、市场规模与物流成本等。一般来说，企业物流模式的选择方法主要有矩阵图决策法和比较选择法。

1. 矩阵图决策法

矩阵图决策法主要是通过两个不同因素的组合，利用矩阵图来选择物流模式的决策方法。其基本思路：选择决策因素，然后通过其组合形成矩阵图进行决策。这里我们主要围绕物流对企业的重要性和企业物流的能力来进行分析，如图9-3所示。

图9-3 矩阵图决策法

在实际经营过程中，企业根据自身的物流能力和物流对企业的重要性组成了图 9-3 所示的矩阵图。一般来说，企业可按下列思路来进行选择和决策。

（1）在状态Ⅰ下，物流对企业的重要性程度较高，企业也有较强的物流能力，在物流成本较低和地理区域较小但市场相对集中的情况下，企业可采取自营模式，以提高消费者的满意度和物流效率，与营销保持一致。

（2）在状态Ⅱ下，物流虽对企业的重要程度较高，但企业的物流能力较低，此时，企业可采取的策略是寻求物流伙伴来弥补自身在物流能力上的不足。可供选择的模式有 3 种：第一种是加大投入，完善物流系统，提高物流能力，采用自营模式；第二种是进行一些投入，强化与物流企业的合作，采用联盟模式；第三种是采取外包模式，将物流配送业务完全委托专业性的第三方企业来进行。一般来说，在市场规模较大，且相对集中及投资量较小的情况下，企业可采取自营模式；若情况相反，则企业可采取外包模式。

（3）在状态Ⅲ下，物流对企业的重要程度不高，但企业却有较强的物流能力，此时，企业可向外拓展物流业务，以提高资金和设备的利用能力，可以采取物流联盟模式。若企业在物流能力方面具有较强竞争优势时，也可适当地调整业务方向，向社会化的方向发展，成为专业的物流企业。

（4）在状态Ⅳ下，企业的物流能力较弱，且不存在较大的物流需求，此时，企业宜采取外包物流模式，将企业的物流业务完全或部分委托给专业的物流企业去完成，而将主要精力放在企业最为擅长的生产经营方面，精益求精，以获得更大的收益。

2. 比较选择法

比较选择法是企业通过对物流活动的成本和收益等进行比较而选择物流模式的一种方法。一般有确定型决策、非确定型决策和风险型决策等。

确定型决策

（1）确定型决策。确定型决策是指备选的物流模式的预期情况都是确定的，企业只要对各个备选方案进行比较，即可做出选择何种物流模式的决策。例如，某一企业为促进生产销售，现有 3 种物流模式可选择，各物流模式所需的成本费用与可能实现的销售额如表 9-1 所示。

表 9-1　各物流模式所需的成本费用与可能实现的销售额

物流模式	成本费用（万元）	预计销售额（万元）
自营模式	10	220
联盟模式	8	180
外包模式	5	140

确定型决策一般为单目标决策，此时企业可以运用价值分析来进行选择，即直接利用公式 $V=F/C$ 来计算各种物流模式的价值系数。式中，V 为价值系数，F 为功能（此例为预计销售额），C 为成本费用。根据计算结果，某一种物流模式的价值系数越大，则说明该种模式的预期收益越大，企业以此来选择最佳的物流模式或满意模式。此例中，自营、联盟、外包模式的价值系数分别为 22、22.5、28，因此，企业应采取外包模式。

在实际经营过程中，企业对物流模式的选择往往需要考虑许多因素，即需要进行多目标决策。此时，评价物流模式的标准是各模式的综合价值，一般可用综合价值系数来进行评价。某一模式的综合价值系数越大，则说明该模式的综合价值就越大，这种模式就是企业所要选择的物流模式。综合价值系数可用公式 $V = \sum M_i F_i$ 来计算。式中，V 为综合价值系数，M_i 为分数，F_i 为权数。例如，某企业在选择物流模式时主要考虑 4 个方面的目标，如表 9-2 所示。

表 9-2　某企业选择物流模式时主要考虑的目标

物流模式	成本费用（万元）	预计销售额（万元）	利润总额（万元）	客户满意度（%）
	权重 0.1	权重 0.3	权重 0.4	权重 0.2
自营模式	10	220	25	98
联盟模式	8	180	17	97
外包模式	5	140	15	99

根据表 9-2 中的数据计算，得出各模式的综合价值系数分别为：

$$V_{自营} = \frac{5}{10} \times 0.1 + \frac{220}{220} \times 0.3 + \frac{25}{25} \times 0.4 + \frac{98}{99} \times 0.2 = 0.95$$

$$V_{联盟} = \frac{5}{8} \times 0.1 + \frac{180}{220} \times 0.3 + \frac{17}{25} \times 0.4 + \frac{97}{99} \times 0.2 = 0.78$$

$$V_{外包} = \frac{5}{5} \times 0.1 + \frac{140}{220} \times 0.3 + \frac{15}{25} \times 0.4 + \frac{99}{99} \times 0.2 = 0.73$$

可以看出，自营模式的综合价值系数最大，是企业所要选择的最佳物流模式。

需要注意的是，在利用确定型决策选择物流模式时，要明确以下几个问题：一是决策的目标要明确；二是至少要有两个可供选择的物流模式；三是未来有一个确定的自然状态或一组确定的约束条件；四是各备选方案的自然状态或约束条件的效益值可以确定。

（2）非确定型决策。非确定型决策是指备选的物流模式的预期情况是不确定的，而企业又无法知道其概率时所进行的决策。其条件是决策者期望的目标明确，具有两个或两个以上可供选择的物流模式，备选的物流模式存在着不以决策者意志为转移的两种以上预期状态，不同模式在不同状态下相应的损益值可以获得。

非确定型决策

非确定型决策作为一种决策方法，虽带有较大的主观随意性，但也有一些公认的决策准则可供企业在选择模式时参考。下面我们以例题的形式进行说明。

例题：某企业计划通过提高物流效率，以满足市场需求。现可供选择的物流模式有 3 种（自营、联盟、外包），由于企业对未来几年的市场需求无法准确预测，只能大体估计为 3 种自然状态（市场需求大、市场需求一般、市场需求小）。3 种自然状态的发生概率是未知的，3 种自然状态下不同物流模式的成本费用如表 9-3 所示，请问企业该如何决策？

表 9-3　3 种自然状态下不同物流模式的成本费用　　　　　　　　　　单位：万元

自然状态	物流模式		
	自营模式	联盟模式	外包模式
市场需求大	90	70	65
市场需求一般	50	35	45
市场需求小	10	13	30

第一种方法：按乐观准则来决策。首先从每种模式中选择一个成本最小的自然状态，将其看作必然发生的自然状态。然后在这些成本最小的模式中，再选择一个成本最小的模式作为满意方案。此例中，3种模式的最小成本分别为：10万元、13万元、30万元。其中，自营模式的成本最小，可作为企业满意的模式。这种决策方法一般适用于把握较大和风险较小的情况。

第二种方法：按悲观准则来决策。首先从每种方案中选择一个最大成本的自然状态作为评价模式的基础，实际上是对每个局部模式持悲观态度，从不利的角度出发，把成本最大的自然状态作为必然发生的自然状态，将非确定型决策问题变为确定型决策问题来处理。然后，再从这些成本最大的模式中选择成本最小的模式。此例中，3种模式的最大成本分别为：90万元、70万元、65万元。其中，外包模式的成本最小，可作为企业满意的模式。在现实经济生活中，这种决策方法一般适合把握性小和风险较大的情况。

第三种方法：按折中准则或赫维斯准则来决策。赫维斯认为，决策者不应极端行事，而应在两种极端情况中求得平衡。具体的方法是根据决策者的估计，确定一个乐观系数 a，a 的取值范围为 $0<a<1$。给最好的结果和最坏的结果分别赋以相应的权数 a 和（$1-a$），中间结果不予考虑。接下来计算折中成本值，公式为：

折中成本值=a×最小成本值+（$1-a$）×最大成本值

在决策中，决策者根据分析，估计市场需求大的概率为40%，市场需求小的概率为60%，即乐观系数为0.4。此时3种模式的折中成本值分别为：42万元、35.8万元、44万元。根据计算结果可以看出，联盟模式的成本最低，可作为企业选择的模式。

第四种方法：按等概率准则或拉普拉斯准则来决策。拉普拉斯认为，在非确定型决策中，各种自然状态发生的概率是未知的，若按最好或最坏的结果进行决策，都缺乏依据。解决的办法是给每种可能出现的结果都赋以相同的权数，权数的和为1。然后计算各个方案（物流模式）在各种自然状态下的加权平均值，并据此进行决策。

在本例中，自然状态有3种（市场需求大、市场需求一般、市场需求小），因此每种自然状态发生的概率为1/3，各种模式的成本加权值分别为50万元、39.3万元和46.7万元。可以看出，联盟模式的加权成本值最小（39.3万元），可作为企业选择的模式。

第五种方法：按最小后悔值准则来决策。这种决策方法以每个模式在不同自然状态下的最小成本值作为理想目标。如果在该状态下，企业没有采取这一理想模式，而采取了其他模式，会使成本增加，从而感到"后悔"，这样，每个自然状态下的其他模式成本值与理想值之差所形成的损失值，就称为"后悔值"。企业按模式选出最大后悔值，在最大后悔值中选出后悔值最小的，其对应的模式就是企业所要选择的模式，这种决策方法是较为保险的一种决策方法。

根据此例所给的资料，计算各种状态下各模式的后悔值，如表9-4所示。

表9-4　某企业在3种自然状态下3种模式的后悔值　　　　　单位：万元

自然状态	物流模式		
	自营模式	联盟模式	外包模式
市场需求大	90（90-65=25）	70（70-65=5）	65（65-65=0）
市场需求一般	50（50-35=15）	35（35-35=0）	45（45-35=10）
市场需求小	10（10-10=0）	13（13-10=3）	30（30-10=20）

根据表 9-4 可以看出，3 种模式的最大后悔值分别为 25 万元、5 万元和 20 万元。其中联盟模式的最大后悔值最小，此时企业可选择该模式为满意的模式。

从上面介绍的 5 种准则可以看出，同一问题按不同的准则来决策，决策的结果也会存在差异。因此，企业在用非确定型决策方法选择物流模式时，应结合实际情况，选择适合的决策准则进行决策。

（3）风险型决策。风险型决策是指在目标明确的情况下，依据预测得到不同自然状态下的结果及出现的概率所进行的决策。由于自然状态并非决策所能控制的，所以，该决策在客观上具有一定的风险性，故被称为风险型决策。

风险型决策

风险型决策通常采用期望值准则。一般是先根据对自然状态的预测结果及出现的概率计算期望值，然后根据指标的性质及计算的期望值结果进行决策。对于产出类性质的指标，一般选择期望值大的方案；对于投入类性质的指标，一般选择期望值小的方案。

例题：某企业计划通过选择合适的物流模式，以满足市场需求，从而提高产品的销售收入。现有 3 种物流模式（自营、联盟、外包）可供企业选择，相关资料如表 9-5 所示，问企业应选择哪种物流模式？

表 9-5　资料表

单位：万元

自然状态	概率	销售收入		
		自营模式	联盟模式	外包模式
市场需求大	0.5	1 000	1 200	1 500
市场需求一般	0.3	800	700	1 000
市场需求小	0.2	500	400	300

根据以上资料，计算 3 种物流模式的期望销售收入分别为：840 万元、890 万元和 1 110 万元。外包模式的期望值最大为 1 110 万元，故该模式可作为企业比较满意的模式。

例题中市场需求规模的概率是主观假设的，可能与真实的市场需求存在偏差。若该企业可以开展市场调查研究，则可获得信息，进而提高估计自然状态概率的准确性。

为了了解这种信息的潜在价值，我们假设调查研究能提供自然状态的完美信息，也就是说，在做出决策之前，企业十分确定哪种自然状态会发生。

当完美信息能被获取时，企业的最优决策应表述如下。

如果市场需求大，那么最优决策方案就是外包模式，销售收入为 1 500 万元；

如果市场需求一般，最优决策方案也是外包模式，销售收入为 1 000 万元；

如果市场需求小，最优决策方案是自营模式，销售收入为 500 万元。

因此，该决策的期望值为 0.5×1 500+0.3×1 000+0.2×500=1 150 万元，这个 1 150 万元的期望值被称为有完美信息的期望值。

与此决策形成对比，在此之前，我们使用期望值法得出的推荐方案是外包模式，其期望值为 1 110 万元。由于计算该期望值时没有用到完美信息，所以我们将这个 1 110 万元称为无完美信息的期望值。

有完美信息的期望值是 1 150 万元，而无完美信息的期望值是 1 110 万元，因此，在有完美信息条件下期望值增加 40 万元。换句话说，40 万元表示获知关于自然状态的完美信息后所增加的那部分期望值。

一般来说，市场调查研究并不能提供"完美"信息；然而，如果市场调查研究做得很好，那么信息的价值可能会接近 40 万元。在上面的例子中，给定完美信息的期望值（Expected Value of Perfect Information，EVPI）为 40 万元，如果市场调查成本是可控的（40 万元以内），企业可能会认真考虑将市场调查作为了解更多有关自然状态信息的途径。

9.3 第四方物流

9.3.1 第四方物流的概念

第四方物流（Fourth Party Logistics，4PL）的概念是 1998 年由美国的埃森哲公司率先提出的，专门为第一方、第二方和第三方提供物流规划、咨询、物流信息系统、供应链管理等服务。第四方物流的定义是"一个调配和管理组织自身的及具有互补性的服务提供商的资源、能力与技术，来提供全面的供应链解决方案的供应链集成商"。

第四方物流充分利用了一批服务提供商的能力，包括第三方物流、信息技术供应商、合同物流供应商、呼叫中心、电信增值服务商等，再加上客户的能力和第四方物流自身的能力，可以快速提高效益，具体表现在以下几个方面。

（1）利润增长：第四方物流的利润增长将取决于服务质量的提高、实用性的增加和物流成本的降低。由于第四方物流关注的是整条供应链，而非仓储或运输单方面的效益，因此其为客户及自身带来的综合效益会出现惊人增长。

（2）运营成本降低：可以通过提高运作效率，降低采购成本来实现，即利用整条供应链外包功能，以达到节约的目的。

（3）工作成本降低：采用现代信息技术、科学的管理流程和标准化管理，使存货和现金流转次数减少，以降低工作成本。

（4）提高资产利用率：客户通过第四方物流减少了固定资产占用，提高了资产利用率，使得客户通过投资研究设计、产品开发、销售与市场拓展等获得的经济效益不断提高。

┃小资料┃

在英国，埃森哲公司和泰晤士水务有限公司的一个子公司——Connect 2020，进行了第四方物流的合作。泰晤士水务有限公司是英国最大的供水公司，营业额超过 20 亿美元。Connect 2020 旨在为供水行业提供物流和采购服务。Connect 2020 把它所有的服务外包给 ACTV（一家由埃森哲管理和运作的公司）。ACTV 年营业额为 1 500 万美元，主要业务包括采购、订单管理、库存管理和分销管理。目前的运作成果包括供应链总成本降低 10%，库存水平降低 40%，未完成订单减少 70%。

在欧洲，埃森哲公司和菲亚特公司的子公司 New Holland 成立了一个合资企业 New Holland Logistics S.P.A.，专门经营零配件管理运作业务。该公司由 New Holland 拥有 80% 的股份，埃森哲占 20% 的股份。New Holland 为合资企业投入了 6 个国家的仓库，775 个雇员，以及资本和运作管理方法。埃森哲方面投入了管理人员、信息技术等。零配件管理运作业务涵盖了计划、采购、库存、分销、运输和客户支持。过去 7 年的总投资回报达到 6 700 万美元。同时，New Holland 还实现了大于 90% 的订单完成准确率。

在美国，Ryder Integrated Logistics 和信息技术巨头 IBM 以及第四方物流的提供者埃森哲公司结为战略联盟，使 Ryder 拥有了技术和供应链管理方面的特长，而如果没有"第四方物流"的加盟，要拥有这些特长，Ryder 公司要花费几十年的时间。

（资料来源：百度文库）

第四方物流（4PL）与第三方物流（3PL）存在显著区别。4PL 偏重于通过对整个供应链的优化和集成来降低企业的运行成本；而 3PL 则是偏重于通过对物流运作和物流资产的外部化来降低企业的投资和成本。

4PL 的优势在于：能给客户提供最接近要求的完美的服务，能提供一个综合性的供应链解决方案，能利用第四方的信息资源、管理资源和资本规模为企业打造一个低成本的信息应用平台，能为企业提供低成本的信息技术服务。

3PL 主要是为企业提供实质性的具体的物流运作服务，由于本身的技术水平不高，能为客户提供的技术增值服务比较少。4PL 刚好相反，4PL 的专长是物流供应链技术，它具有丰富的物流管理经验和供应链管理技术、信息技术等，但 4PL 的不足在于自身不能提供实质的物流运输和仓储服务。

9.3.2 第四方物流运作模式

1. 协同运作模式

在这种模式下，第四方物流只与第三方物流有内部合作关系，即第四方物流服务供应商不直接与企业客户接触，而是通过第三方物流服务供应商将其提出的供应链解决方案、再造的物流运作流程等付诸实施。第四方物流与第三方物流共同开发市场，第四方物流向第三方物流提供一系列服务，包括技术、供应链整合策略、进入市场的能力和项目管理的能力等。它们一般会采用商业合同的方式或者战略联盟的方式进行合作，如图 9-4 所示。

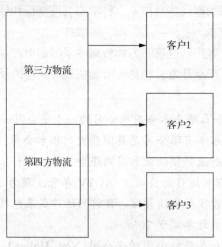

图 9-4　第四方物流的协同运作模式

2. 方案集成商模式

在方案集成商模式中，第四方物流作为客户与第三方物流的纽带，将客户与第三方物流连接起来，第四方物流为客户提供运作和管理整个供应链的解决方案。第四方物流对自身及第三方物流的资源、能力和技术进行综合管理，并借助第三方物流为客户提供全面的、集成的供应链解决方案，而第三方物流通过第四方物流的方案为客户提供服务。该运作模式如图9-5所示。

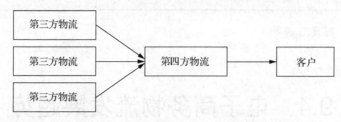

图 9-5　第四方物流的方案集成商模式

3. 行业创新者模式

行业创新者模式和方案集成商模式相同，第四方物流都是作为第三方物流和客户沟通的桥梁，将物流运作的两个端点连接起来。但在行业创新者模式中，第四方物流是为同一行业的多个客户开发和提供一套促进同步化和合作的供应链解决方案，以整合整个供应链的职能为重点，将第三方物流加以集成整合，而不是只针对一个客户进行物流管理。第四方物流会通过卓越的运作策略、技术和供应链运作实施来提高整个行业的效率，给整个行业带来最大的利益，该运作模式如图9-6所示。

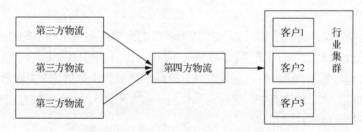

图 9-6　第四方物流的行业创新者模式

┤ 小资料 ├

第五方物流（Fifth Party Logistics，5PL）是指专门为第一方、第二方、第三方和第四方提供物流信息平台、供应链物流系统优化、供应链集成、供应链资本运作等增值性服务的活动。第五方物流的优势是拥有供应链上的物流信息和资源，并不实际承担具体的物流运作活动。

第五方物流服务产品具有集成化、标准化、差异化、系统化四大特征，具体如表9-6所示。

表 9-6　第五方物流服务产品的特征

特征	服务产品
集成化（经营能力）	以 IT 技术整合供应链各环节，通过将平台系统嵌进客户的实际运作中，可以达到实时收集物品的动态信息，实现跟踪、监控、评估，及时反馈运作信息
标准化（产品类别）	通过对标管理、系统化衔接，可以有效促进物流的标准化

特征	服务产品
差异化（市场定位）	通过系统规划技术，利用定性分析与定量分析相结合的方法，找到准确的市场定位
系统化（服务体系）	通过顶层设计，构建一个用户之间可以寻求多种组合的服务体系，构成多接口、多用户、跨区域、无时限的物流服务平台

（资料来源：百度百科等）

9.4 电子商务物流发展趋势

9.4.1 绿色物流

绿色物流（Environmental Logistics）是指以降低污染物排放、减少资源消耗为目标，通过先进的物流技术和面向环境管理的理念，进行物流网络系统的规划、控制、管理和实施。我国国家标准《物流术语》将绿色物流定义为：绿色物流是指在物流过程中抑制物流对环境造成危害的同时，实现对物流环境的净化，使物流资源得到最充分利用的活动。

从物流作业环节来看，其包括绿色运输、绿色包装、绿色仓储与保管、绿色装卸搬运、绿色流通加工等。

1. 绿色运输

绿色运输是指以节约能源、减少废气排放为特征的运输。运输过程中的燃油消耗和尾气排放，是物流活动造成环境污染的重要原因之一。因此，我们要想打造绿色物流，首先要对运输路线进行合理布局与规划，通过缩短运输路线，提高车辆装载率等措施，实现节能减排的目标。另外，还要注重对运输车辆的养护，使用清洁燃料（如太阳能），改变运输方式（如采用管道运输）等以减少能耗及尾气排放量。

2. 绿色包装

包装物的绿色化是绿色物流管理的重要组成部分。绿色包装是指能够循环复用、再生利用或降解腐化，且在产品的整个生命周期中对人体及环境不造成公害的适度包装。包装是物流活动的一个重要环节，企业应尽量采用简化的、可降解材料制成的包装。在流通过程中，企业也应尽量采用可重复使用的包装，主动积极进行包装材料的回收再利用，等等。绿色包装可以提高包装材料的回收利用率，有效控制资源消耗，避免环境污染。推行绿色包装的目的，就是要最大限度地保护自然资源。

3. 绿色仓储与保管

绿色仓储与保管是在储存环节为降低储存货物对周围环境的污染以及对人员的辐射侵蚀，同时避免储存物品在存储过程中的损耗而采取的科学合理的存储保管策略体系。企业在整个物流仓储与保管过程中，要运用最先进的保质、保险技术，保障存货的数量和质量，在无货损的同时消除污染，尤其要注意对有毒化学品、放射性商品、易燃易爆商品的泄漏和污染的防治。绿色仓储与保管一方面要求仓库选址要合理，这有利于节约运输成本；另一方面，仓储布局要科学，以使仓库得以充分利用，实现仓储面积利用最大化，减少仓储成本。一般在储存环节，企业应加强科学防护，采取现代化的储存保养技术，加强日常的检查与防护措施，使仓库设备和人员尽可能少地受到侵蚀。

4. 绿色装卸搬运

装卸是发生在输送、储存、包装前后的商品取放活动。绿色装卸搬运要求企业在装卸过程中进行正当装卸，尽可能减少装卸搬运环节产生的粉末烟雾等污染物，避免商品的损坏，进而避免资源浪费及废弃物对环境造成污染。另外，绿色装卸搬运还要求企业消除无效搬运，提高搬运的灵活性，合理利用现代化机械，保持物流的均衡顺畅。

5. 绿色流通加工

绿色流通加工是指在流通过程中继续对流通中的商品进行生产性加工，使其成为更适合消费者需要的最终产品。流通加工具有较强的生产性，也是流通部门在环境保护方面可以大有作为的领域。绿色流通加工措施主要包括两个：一是变消费者加工为专业集中加工，以规模作业方式提高资源利用效率，减少环境污染，如饮食服务业对食品进行集中加工，以减少家庭分散烹调所带来的能源和空气污染；二是集中处理消费品加工中产生的边角废料，以减少消费者分散加工所造成的废弃物的污染，如流通部门对蔬菜集中加工，可减少居民由于分散加工而产生的垃圾。

9.4.2 智慧物流

智慧物流（Intelligent Logistics System，ILS）将物联网、传感网与现有的互联网整合起来，通过精细、动态、科学的管理，实现物流的自动化、可视化、可控化、智能化、网络化，从而提高资源利用率和生产力水平，创造更丰富的社会价值。伴随着电子信息技术的创新升级和商业理念的转变，智慧物流正不断拓宽应用领域，发展成为一个跨行业、多领域的复合型行业。

智慧物流主要由智慧思维系统、信息传输系统和智慧执行系统组成，具体功能如下。

（1）智慧思维系统是物流大脑，是智慧物流最核心的系统。大数据是智慧思维的资源，云计算是智慧思维的引擎，人工智能是智慧思维的能力。

（2）信息传输系统是物流神经网络。物联网是信息感知的起点，也是信息从现实世界向信息世界传输的末端神经网络；"互联网+"是信息传输基础网络，是物流信息传输与处理的虚拟网络空间；信息物理系统（Cyber Physical Systems，CPS）是虚实一体的综合网络系统，是"互联网+物联网"的技术集成与融合。

（3）智慧执行系统是现实世界智慧物流运作的体现，呈现的是物流自动化、无人化的自主作业，体现在智能硬件设备在物流仓储与配送领域的全面应用。

> **小资料**
>
> 　智慧物流可从以下几个方面体现"智慧"。
>
> 　（1）AR 增强现实技术。通过 AR 增强现实技术，工作人员可以更准确地找到货架以及商品，在此过程中，工作人员完全不用思考和判断，只要跟着指令走，拿起货品放进箱子里，然后再跟着指令去下一个地方取货。整个取货过程就像玩游戏一样，工作人员通过 AR 眼镜的指引，即便是没有拣货经验，也能够快速找到任务所对应的货品，这种方式不但提高了工作效率，同时还能够有效避免差错。
>
> 　（2）AGV 机器人。AGV 机器人具有导航功能和拖动货架功能，AGV 机器人听从中

控系统指挥。中控系统负责任务分配和排班，并给 AGV 机器人下达任务指令，机器人根据指令，到相应的站点取走货架，并根据任务要求送到目的站点。多条任务下达后，多个机器人同时出动，它们的行动有条不紊，场面看起来十分壮观。此外，如果 AGV 机器人长时间没任务，电量又低于百分之八十，它就会自动返回充电；在电量低于百分之十五的时候，也会自动返回充电。

（3）智能机械臂分拣系统。智能机械臂分拣系统可以实现存储、拣选和分拨 3 个功能，它们覆盖了库内作业中百分之八十以上的工作流程。例如，吸盘机械臂利用抽真空原理，通过吸力将货品取出并放置到流水线上，并根据订单数量进行拣选。再如，智能机械臂会根据每个订单对货品的需求进行分拣，通过扫描条形码识别货品及订单箱，并将订单中的货品放入对应的订单箱中。可见，智能机械臂分拣系统可以取代人工作业，既能够减少人工劳动力，还能有效避免差错。

（4）送货机器人。给机器人安装了"大脑"后，它就可以自己去送货了，这个"大脑"主要有 4 个功能：建模、规划、识别和控制。建模是指根据我们看到的和听到的数据，重新建模整个三维世界。规划就是说在现实世界已经被建模的情况下，设定起点和终点，找到一个最优的路径，以最快的速度把包裹送到客户手中。识别功能可以帮送货机器人躲避各种障碍物，随后重新规划和设置新的送货路线。待送货机器人到达指定地点后，客户可以用手机扫描二维码取货。

（5）智能打包算法。人工打包主要是依靠肉眼和经验对商品的体积和重量进行判断，很难进行精确计算，而通过"智能打包算法"，系统会对商品的属性、数量、重量、体积，甚至摆放的位置进行精确计算，实现货品与纸箱的最佳匹配，并展示货品在纸箱里面如何摆放最节省包装，整个计算过程的用时不超过 1 秒。由于每个箱子装得更满，空间利用更合理，每个订单的配送成本可节省 0.12 元，耗材费用可节省 0.16 元，以一个日均 10 万单的仓库来说，一年至少节省 1 000 万元。

（资料来源：央视网、搜狐网）

9.4.3 冷链物流

冷链物流起源于 19 世纪上半叶欧美国家发明的冷冻剂。但是在当时由于受到各种因素的影响，一直没有得到足够的重视，直到 20 世纪 40 年代，冷链物流才得以迅速发展。

冷链物流引入中国相对较晚，2001 年，我国国家标准《物流术语》定义了冷链物流的概念："冷链物流是为保持新鲜食品及冷冻食品等的品质，使其在从生产到消费的过程中，始终处于低温状态的配有专门设备的物流网络。国家标准规定温度保持在 0℃以下的仓库区域为冷冻区，温度保持在 0℃～10℃范围内的仓库区域为冷藏区。"

2006 年，我国国家标准《物流术语》将冷链物流的定义修订为："根据物品特性，为保持其品质而采用的从生产到消费的过程中始终处于低温状态的物流网络"，并对物流网络做了明确的定义："物流网络是物流过程中相互关联的组织、设施和信息的集合"。

冷链物流的适用范围包括以下几个。

（1）初级农产品。包括蔬菜、水果，肉、禽、蛋，水产品、花卉产品等。

（2）加工食品。包括速冻食品，禽、肉、水产等包装熟食，冰淇淋和奶制品，快餐原料，等等。

（3）特殊商品。包括药品等。

由于冷链物流是以保证易腐食品品质为目的，以保持低温环境为核心要求的供应链系统，所以它比一般常温物流系统的要求更高、更复杂，建设投资也要多很多。由于易腐食品的时效性要求冷链物流各环节具有更高的组织协调性，所以，冷链物流的运作始终是和能耗成本相关联的，有效控制运作成本与冷链物流的发展密切相关。

> **小资料**
>
> 　　冷链物流金字塔分为 7 层（见图 9-7），塔顶为有高附加值的医药、餐饮连锁、快消品类，冷链物流多数采取外包形式；向下为工业制品和加工型的乳制品，速冻、米、面类；然后是食材型的禽肉和水产类，塔底为果蔬、农产品类。
>
>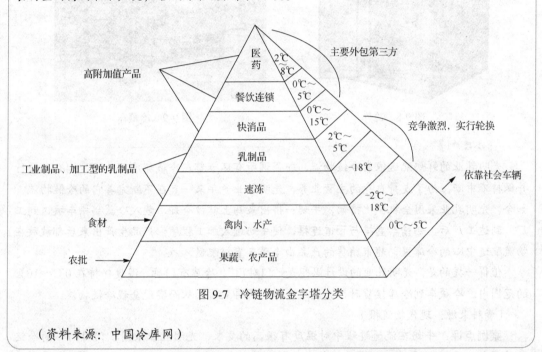
>
> 图 9-7　冷链物流金字塔分类
>
> （资料来源：中国冷库网）

通常情况下，食品冷链由冷藏加工、控温储藏、冷藏运输及配送、冷藏销售 4 个方面构成。

（1）冷藏加工。包括肉禽类、鱼类和蛋类的冷却与冻结，以及在低温状态下的加工作业过程，也包括果蔬的预冷，各种速冻食品和奶制品的低温加工等。这个环节主要涉及的冷链装备是冷却、冻结装置和速冻装置。

（2）控温储藏。包括食品的冷却储藏和冷冻储藏，以及水果蔬菜等食品的低温储藏，它提供了食品在储藏和加工过程中的低温保鲜环境。此环节主要涉及的装备是各类冷藏库、冷藏加工间、冷藏柜、冻结柜及家用冰箱等。

（3）冷藏运输与配送。包括食品的中、长途运输及短途配送等物流环节的低温状态运输，它主要涉及铁路冷藏车、冷藏汽车、冷藏船、冷藏集装箱等低温运输工具。在冷藏运输与配送过程中，低温波动是引起食品品质下降的主要原因之一，所以运输工具应具有良好的性能，在保持规定低温的同时，更要保持稳定的温度，远途运输尤其重要。

（4）冷藏销售。包括各种冷链食品进入批发零售环节的冷冻储藏和销售，它由生产厂家、批发商和零售商共同完成。随着大中城市各类连锁超市的快速发展，各种连锁超市正在成为冷链食品的主要销售场所，这些零售终端大量使用冷藏设备，它们成了完整的食品冷链物流系统中不可或缺的重要环节。

在冷链物流中，主要的冷链设备有冷库、低温冰箱、普通冰箱、冷藏箱、冷藏包、冷柜、冷藏车、蓄冷箱等。冷库（冷藏库）是利用降温设施创造适宜的湿度和低温条件的仓库，是加工、储藏产品的场所，如图 9-8 所示。冷藏车是用来运输冷冻或保鲜的货物的封闭式厢式运输车，是装有制冷装置和聚氨酯隔热厢的冷藏专用运输汽车，如图 9-9 所示，冷藏车常用于运输冷冻食品、奶制品、蔬菜水果、疫苗药品等。

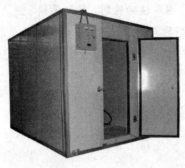

图 9-8　冷库

图 9-9　冷藏车

小案例

光明乳业的鲜奶配送依靠冷链物流，即强调所有环节都在冷藏环境下（0℃～4℃）进行并保持不中断。为了支持自身的主营业务，光明乳业多年来一直在不断完善它的冷链物流。如今，光明乳业采用全机械化挤奶，牛奶一挤出来马上就被冷却，装入冷藏奶槽车被送到工厂；到达工厂后，奶槽车直接与管道连接，使牛奶进入加工程序；产品生产出来后都被放在物流配送中心的冷库里，超市销售的产品由冷藏车直接配送。

值得一提的是，光明乳业的设计思想是"门对门"，冷库有门廊，温度保持在 0℃～10℃ 的范围内。冷藏车到冷库接货时，先倒进冷库门廊再装货，从而实现全程冷链物流。

（资料来源：现代物流报）

案例点评： 牛奶在流通过程中对温度有很高的要求，光明乳业采用"门对门"的冷链设计思想，实现了产品从仓储状态变为运输状态的全程恒低温，可见，打造企业冷链物流是光明乳业保证产品质量的关键。

9.4.4　跨境物流

随着互联网经济的飞速发展，跨境电商正在逐步走近我们的生活。所谓跨境电商（Cross-Border E-Commerce），是指分属不同关境的交易主体，通过电子商务平台达成交易，并通过跨境物流送达商品的一种国际商业活动。

跨境物流是实现跨境电商的基础。跨境电商在进行商品交易过程中，需要以双方国家（地区）为基础，通过跨境物流将一国（地区）的商品运送到另一个国家（地区）。跨境物流模式主要包括邮政小包、国际快递、专线物流、海外仓、保税区（自贸区）物流等，具体如下。

（1）邮政小包。由于具有价格便宜、清关方便、投寄便利等特点，邮政小包是目前我国跨境电商卖家首选的物流模式。有关资料显示，我国跨境电商出口业务中 70% 的包裹都通过邮政系统进行投递，其中中国邮政占据 50% 左右的份额，新加坡邮政等也是中国跨境电商卖家常用的物流方式，但邮政小包模式存在配送速度慢，丢包率高，受形状、重量、体积等诸多因素限制等缺点。

（2）国际快递。国际快递四大巨头主要是指 UPS、Fedex、DHL、TNT，其中 UPS 和 Fedex

的总部位于美国，DHL 的总部位于德国，TNT 的总部位于荷兰。该模式最大的优点是速度快、丢包率低，并且可以实现货物信息的全程追踪。但缺点是价格较高，并且国际快递主要采用航空运输，对运输的货物有诸多限制，部分商品无法采用该模式。

（3）专线物流。该模式一般是通过航空包舱方式，通过物流专线将货物运输到境外，再通过合作公司进行目的地的派送。目前，业内使用最普遍的物流专线包括美国专线、欧洲专线、澳洲专线、俄罗斯专线等，也有不少物流公司推出了中东专线、南美专线等。专线物流模式可以集中大批量货物发往目的地，通过规模效应降低成本，因此，专线物流价格比国际快递低，速度快于邮政小包，丢包率也比较低。但相比邮政小包来说，运费成本还是高了不少，而且在国内的服务范围相对有限，覆盖地区有待扩大。

（4）海外仓。该模式是目前跨境电商物流发展的新趋势。海外仓为跨境电商卖家提供仓储、分拣、包装、配送等一站式服务。卖家将货物通过空运、海运、快递方式存储到海外仓，当产生订单后，海外仓直接进行货物的分拣、包装和配送，这极大地提高了物流响应速度，同时还可以确保货物被安全、及时地送达买家手中。但该模式投资成本较大，不适合中小卖家，且要求企业有准确的市场预期，否则会造成库存积压。

（5）保税区（自贸区）物流。该模式要求卖家提前把商品运到保税区（自贸区）仓库，在接到买家订单后，仓库直接发货。该模式的优势在于可以充分享受保税区（自贸区）的各种优惠政策，如税收等，还可以简化操作步骤，大大缩短配送时间，降低配送成本。

> **小案例**
>
> 网易考拉海购是网易旗下以跨境业务为主的综合型电商平台，主营母婴用品、美妆个护、食品保健、家居数码和服饰鞋包等，是网易集团投入大量优势资源打造的战略级平台。依托网易集团丰富的用户、媒体、产品资源以及雄厚的资金实力，网易考拉构建了强大的跨境物流体系，具体如下。
>
> （1）建立境内保税仓和境外海外仓。网易考拉在境内设有杭州、宁波、郑州、重庆、天津、深圳、苏州 7 个仓储中心，尽可能地覆盖到全国各个地区，这使网易考拉的保税仓资源达到了行业顶尖水平。在境外，网易考拉在旧金山、东京、首尔、悉尼、香港等地建立了国际物流仓储中心。
>
> （2）提高入库检测和仓储服务质量。网易考拉针对商品的品类和特性，在入仓时对每一件商品的包装完整性、有效期等进行严格检查，提高入仓门槛，规避瑕疵品和过期产品，以避免因瑕疵品和包装变形等原因引起用户体验下降。面对夏季高温可能带来的商品变质问题，网易考拉启用了 5 000 平方米的恒温仓，将水果制品、软糖、胶囊等对温度和湿度较为敏感的商品分门别类存储于恒温仓中，以保证商品质量。
>
> （3）部署智能化管理系统。网易考拉联合科箭软件科技与海仓科技，共同开发了智能化管理系统"祥龙"与云 TMS 系统"瑞麟"。"祥龙"系统具有三维测量、智能指引入库、机器人拣选、红外线称重等功能，可对新入库的中小体积商品测量长宽高和体积，根据商品信息优化入库，提高入库速度。云 TMS 系统"瑞麟"将物流企业、消费者、品牌商之间的链路直接打通，可以查看包裹的实时动态并对运力进行智能配置，针对异常订单（如在仓内停留时间超过规定时间、运输时效不达标），"瑞麟"会自动识别并发送警报，同时进行异常处理。通过"祥龙""瑞麟"等智能化管理系统，网易考拉的跨境物流整体效率得到了有效提高。
>
> （资料来源：网易科技、百度百科）

案例点评： 随着人们生活水平的不断提高，海淘已成为新的购物方式之一。由于个人海淘往往过程复杂、被税风险高，且安全性、时效性难以得到保障，因此，近些年国内出现了许多跨境电商平台，以方便消费者购买海外产品。通过不断优化物流体系，扩建仓储面积，加强入库检测，开发智能化平台等，网易考拉已成为国内领先的跨境购物商城。

 要点回顾

我们将第一方物流与第二方物流统称为自营物流。第一方物流是由卖方、生产者或供应方组织的物流，第二方物流是由买方、销售者组织的物流。

第三方物流是接受客户委托为其提供专项或全面的物流系统设计以及系统运营的物流服务模式。

第四方物流的定义是"一个调配和管理组织自身的及具有互补性的服务提供商的资源、能力与技术，来提供全面的供应链解决方案的供应链集成商"。

绿色物流是指在物流过程中抑制物流对环境造成危害的同时，实现对物流环境的净化，使物流资源得到最充分利用的物流活动。

智慧物流将物联网、传感网与现有的互联网整合起来，通过精细、动态、科学的管理，实现物流的自动化、可视化、可控化、智能化、网络化，从而提高资源利用率和生产力水平，创造更丰富的社会价值。

冷链物流是根据物品特性，为保持其品质而采用的从生产到消费的过程中始终处于低温状态的物流网络。

跨境物流是实现跨境电商的基础。跨境电商在进行商品交易过程中，需要以双方国家（地区）为基础，通过跨境物流将一国（地区）的商品运送到另一个国家（地区）。跨境物流模式主要包括邮政小包、国际快递、专线物流、海外仓、保税区（自贸区）物流等。

 本章习题

一、名词解释

自营物流　第三方物流　冷链物流

二、简答题

1. 自营物流模式有哪些优缺点？
2. 简述第三方物流产生的原因。
3. 简述第四方物流的运作方式。
4. 简述智慧物流的具体功能。

三、案例分析

海淘，就是通过互联网对海外的商品进行检索，并且通过电子订单发出购物请求，之后进行相关的费用支付。随着生活水平的提高以及世界交流更加频繁，海淘逐渐被越来越多的消费者所接受。海外直购和保税区发货是海淘的两种重要实现形式。

（1）境外直购。境外直购的商品仓储管理地点在境外，所有商品的生产、采购和管理都由境外法律严格监管，境外直邮商品由境外采购商直接发货到消费者手中，是更加"原汁原味"的海淘商品；而且，由于大部分直邮商品在境外原产地被管理，所以是境外最新生产的，是更"新鲜"的海淘货。由于境外直购运输距离远，境外直邮的时效一般为3～15天。消费者购买保质期较短的商品需要考量运输时长。

（2）保税区发货。保税区有"保税仓储、出口加工、转口贸易"3大功能。储存于保税区内的进口货物经批准可在保税区内进行改装、分级、抽样、混合和再加工等，这些货物如再出口则免缴关税，如进入境内市场则须缴关税。保税区发货的优势在于运输都是在境内完成的，物流时间短，商品可以快速地送达消费者手中，时效一般为2～5天。

思考题：（1）在海淘过程中，境外直购和保税区发货有何区别？

（2）应如何选择合适的海淘方式？

 拓展阅读

不同的电子商务物流模式（自营物流、第三方物流等）适用于不同类型的电子商务企业。请大家查找相关材料，分析京东、淘宝、当当等国内电子商务企业的物流模式，撰写一份研究报告，并以PPT的形式进行课堂汇报。

第10章 供应链管理

内容提要

电子商务为企业实施供应链管理提供了更为广阔的活动舞台，不仅使供应链上各节点企业之间的联系更为紧密，而且使供应链的整体运作更为高效。本章介绍了电子商务背景下供应链管理的概念、供应链管理模式、牛鞭效应、供应商管理库存、供应链管理策略以及供应链管理新理念等内容。

学习完本章后，希望读者掌握如下内容。

（1）"推动式"与"拉动式"供应链模式。

（2）"牛鞭效应"的成因和缓解方法。

（3）供应商管理库存的概念和特征。

（4）供应链管理策略（包括准时制、快速反应）。

引导案例

传统服装企业由于产品开发周期长，一般进行反季节生产，夏季生产冬季服装，冬季生产夏季服装，这导致企业对市场反应迟钝，极易因为市场需求变化而造成库存积压。针对这一问题，韩都衣舍建立了以"多款少量、快速返单"为核心的柔性供应链体系，在向生产厂商下订单时采用"多款式、小批量、多批次"的方式，以便快速对市场做出反应，避免高库存风险。

为保证效率，韩都衣舍要求供应商适应"快速反应"的柔性供应链体系，并建立了供应商分级动态管理系统，包括供应商准入机制、供应商绩效评估和激励机制、供应商分级认证机制、供应商升降级调整机制和供应商等级内订单调整机制。从供应商的遴选、分级、合作模式、绩效测评、订单激励和退出等方面进行严格的动态管理。柔性供应链体系灵活调配营销企划、产品企划和供应商生产，使企业得以与供应商进行高效合作，使供应商有足够的时间和产能，根据韩都衣舍企划端的方案及时完成生产任务。

以夏装为例，传统服装品牌的订货会一般在每年10～11月举行，订货会后，传统服装品牌的款式都已确定。12月至来年2月，全部服装生产出来后，3月初开始销售，到了6～7月，企业对滞销的库存开始清仓甩卖。由此，每年10月左右的订货会，在很大程度上决定了传统服装品牌的盈亏。

韩都衣舍同样在每年的10～11月确定第一批夏装款式，在12月到来年2月生产，生产的数量是预计销售量的30%～40%，具体比例是按照供应链的返单能力确定的。每年的3月1日，第一批货开始销售，公司后台系统开始统计数据，以每10天为一个周期，进行"爆""旺""平"

"滞"排名。例如，3月1日上了100款服装，3月10日内部系统会报告各款服装的排名，排名靠前的是爆款，排名靠后的是滞销款。报告出来后，公司针对爆款可以返单再生产；针对滞销款，则马上打折促销。

传统的工厂在每年的2月已经完成夏装生产，一般4月开始生产秋装，而韩都衣舍一直到5月还在生产夏装，只不过越往后生产的量越少，到6月进行夏季清仓，开始销售秋装。相比传统服装企业，高效的供应链管理为韩都衣舍带来了强大竞争力，传统企业一年最多上线两三千款服装，而韩都衣舍每年上线3万款左右的服装；传统企业从设计到服装上架需3个月以上的时间，韩都衣舍只需30天；传统企业的售罄率在50%～60%，而韩都衣舍的售罄率可达95%。

（来源：《销售与市场》）

【案例思考】

随着供应链理论的兴起和普及，越来越多的企业从供应链的优化中获取了极大的竞争优势。但由于不同企业的经营状况不同，其采用的管理策略和信息共享程度也不同，这使得供应链管理在不同企业产生了不同的效果。

那么，什么是供应链管理？供应链管理策略有哪些呢？希望读者通过本章的学习得出答案。

10.1　供应链管理概述

随着全球一体化的程度越来越高，跨国经营越来越普遍。以制造业为例，产品的设计工作可能在日本完成，而原材料的采购工作则可能在巴西完成，零部件的生产可能在印度尼西亚等地完成，然后在中国组装，最后销往世界各地。在产品进入消费市场之前，相当多的公司参与了产品的制造过程，这些地理位置不同、竞争优势各异的企业形成了复杂的产品生产供应链网络。

10.1.1　供应链的概念

根据早期内部供应链的观点，供应链是制造企业中的一个内部过程，它是指内部产品生产和流通过程中所涉及的采购部门、生产部门、仓储部门、销售部门等组成的供需过程。这个概念局限于企业的内部操作层上，注重企业自身的资源利用。而外部供应链概念关注供应链的外部环境，认为供应链是一个"通过链中不同企业的制造、组装、分销、零售等过程将原材料转换成产品，再到最终用户的转换过程"，这是更大范围、更为系统的概念。

近年来，供应链的概念更加注重围绕核心企业的网链关系，如核心企业与供应商、供应商的供应商乃至一切前向的关系，与用户、用户的用户及一切后向的关系。此时我们对供应链的认识形成了一个网链的概念。美国学者史蒂文斯（Stevens）认为，通过增值过程和分销渠道控制从供应商的供应商到用户的用户的流就是供应链，它开始于供应的源点，结束于消费的终点。这个定义强调了供应链的完整性，考虑了供应链中成员的关系。

美国著名战略学家迈克尔·波特（Michael Porter）认为，供应链是一种"附加价值链"，是指商品进入消费者手中之前行业与行业之间的联系，因为在一件产品从原材料经过加工、流通等行业最终到达消费者手中的过程中，零件供货商、厂家、批发商和零售商等相关企业将通过某种附加的价值进行连锁。这一定义更强调了"价值增加"的核心本质。

国内对供应链较为完整的定义（马士华，2016）：供应链是围绕核心企业，通过对信息流、物流、资金流的控制，从采购原材料开始，制成中间产品以及最终产品，最后由销售网络把产品送到消费者手中的，将供应商、制造商、分销商、零售商直到最终用户连成一个整体的功能网络结构模式。它是一个范围更广的企业结构模式，它包含所有加盟的节点企业，从原材料的供应开始，经过链中不同企业的制造加工、组装、分销等过程直到最终用户。它不仅是一条连接供应商和用户的物料链、信息链、资金链，还是一条增值链，物料在供应链上因加工、包装、运输等过程而增加其价值，给相关企业都带来收益。

我国国家标准《物流术语》（GB/T 18354—2006）将"供应链"定义为"在生产及流通过程中，涉及将产品或服务提供给最终用户活动的上游和下游企业，所形成的网链结构。"从图 10-1 中可以看出，供应链由所有加盟的节点企业组成，一般会有一个核心企业（可以是产品制造企业，也可以是大型零售企业），节点企业在需求信息的驱动下，通过供应链的职能分工与合作（生产、分销、零售等），以资金流、物流和服务流等为媒介实现整个供应链的不断增值。

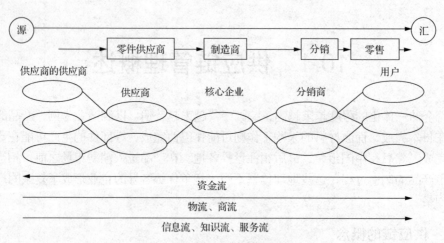

图 10-1 供应链网链结构示意图

以 HP 打印机的供应链系统为例（见图 10-2），以总机装配（FAT）为核心企业，在需求信息的驱动下，通过供应链的职能分工与合作，完成集成电路制造、印刷电路板组装与测试、打印机箱制造，而这 3 个环节又分别向其供应商购买相应的资源。总机装配公司完成打印机的生产后，分别通过美洲、欧洲和亚洲的经销商把产品传递到终端消费者手中。在这个过程中，企业以资金流、物流和服务流为媒介实现每个供应链环节的增值。因此，参与供应链协调合作的企业间有着与普通合作企业间不同的关系，如表 10-1 所示。

可见，供应链是一个网链结构，由围绕核心企业的供应商、供应商的供应商和用户、用户的用户组成。一个企业是一个节点，节点企业和节点企业之间是一种需求与供应关系，供应链主要具有以下特征。

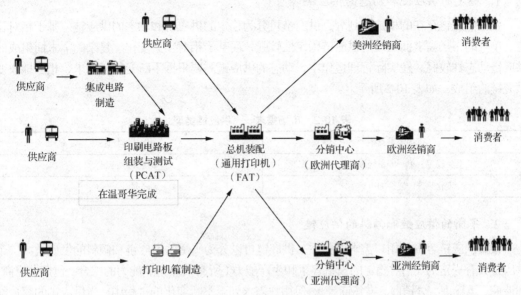

图 10-2 HP 打印机的供应链系统

（1）复杂性。因为供应链节点企业组成的跨度（层次）不同，供应链往往由多个、多类型甚至多国企业构成，所以供应链结构模式比一般单个企业的结构模式更为复杂。

表 10-1 供应链企业间合作关系与普通合作企业间关系的比较

因素	普通合作企业间关系	供应链企业间合作关系
供给市场的竞争依据	基于价格的竞争	合作的和基于技术的竞争
合作伙伴的选择依据	基于价格的竞争	长期绩效
信息转移的角色和管理	单向和封闭的	在每个方向保持信息透明
对能力的规划	各自独立的	双方共同承担从战略上实施规划
交易处理	秘密博弈、零和博弈	合作的、降低成本分享好处、双赢
合作伙伴的管理	单个职能部门的接触，通过签订协议完成合作	多个职能部门接触，在信任的基础上自觉完成任务
产品特性	标准化的产品	顾客化、定制化的产品

资料来源：863/CIMS 主题办公室信息网

（2）动态性。由于企业战略和市场需求不断变化，供应链中的节点企业时刻处于动态更新状态，这就使得供应链具有明显的动态性。

（3）面向用户需求。供应链的形成、存在、重构，都是基于一定的市场需求而发生的，并且在供应链的运作过程中，用户的需求拉动是供应链中信息流、物流、资金流运作的驱动源。

（4）交叉性。供应链中的节点企业可以是这个供应链的成员，同时又是另一个供应链的成员，众多的供应链形成交叉结构，增加了供应链之间协调管理的难度。

10.1.2 供应链的类型

根据不同的划分标准，我们可以将供应链分为以下几种类型。

1. 稳定的供应链和动态的供应链

根据供应链存在的稳定性划分，供应链可分为稳定的供应链和动态的供应链。基于相对稳定、单一的市场需求而组成的供应链稳定性较强，而基于相对频繁变化、复杂的需求而组成的供应链动态性较高。在实际管理运作中，动态的供应链需要根据不断变化的需求，相应地改变供应链的组成，如表 10-2 所示。

表 10-2　市场需求——供应链类型

市场需求类型	供应链类型
稳定、单一的市场需求	稳定的供应链
变化频繁、复杂的市场需求	动态的供应链

2. 平衡的供应链和倾斜的供应链

根据供应链容量与用户需求的关系，供应链可以分为平衡的供应链和倾斜的供应链。一个供应链具有一定的、相对稳定的设备容量和生产能力（所有节点企业能力的综合，包括供应商、制造商、运输商、分销商、零售商等），但用户需求处于不断变化的过程中，当供应链的容量能满足用户需求时，供应链处于平衡状态；而当市场变化加剧，造成供应链成本增加、库存增加、浪费增加等现象时，企业不能在最优状态下运作，供应链则处于倾斜状态，如图 10-3 所示。供应链容量不论是大于用户需求还是小于用户需求，都容易使供应链处在一种倾斜状态，前者造成的浪费，成本的增加是显而易见的，而后者则相对隐蔽，但其常因无法满足用户的需要而致使用户需求转移，最后导致市场的丧失。

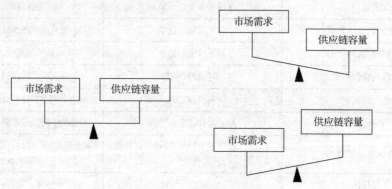

图 10-3　平衡的供应链和倾斜的供应链

3. 有效型供应链和反应型供应链

根据供应链的功能模式（物理功能和市场中介功能）可以把供应链划分为两种：有效型供应链和反应型供应链。有效型供应链主要体现供应链的物理功能，即以最低的成本将原材料转化成零部件、半成品、产品；反应型供应链主要体现供应链的市场中介功能，即把产品分配到满足用户需求的市场，对未预知的需求做出快速反应。两种类型的供应链的比较如表 10-3 所示。

表 10-3　有效型供应链和反应型供应链的比较

项目	有效型供应链	反应型供应链
基本目标	以最低的成本供应可预测的需求	尽可能对不可预测的需求做出快速反应，使缺货、降价、废弃库存达到最小

项目	有效型供应链	反应型供应链
制造核心	保持高的平均利用率，大批量生产	保持生产的柔性，小批量生产或大批量定制
库存策略	保持最佳经济库存	部署好原料、中间件和成品的缓冲库存
提前期	在不增加成本的前提下，尽可能缩短提前期	大量投资以缩短提前期
供应商选择	以成本、效率和质量为核心	以速度、质量和柔性为核心
产品设计	标准化设计，尽可能减小产品差别	使用平台策略，将产品的共同要素与独特要素相结合

10.1.3　供应链管理的概念

供应链的概念跨越了企业界限，从建立合作制造或战略伙伴关系的新思维出发，从产品生命线的"源头"开始，到产品消费市场，从全局和整体的角度考虑产品的竞争力，将供应链上升为一种管理的方法体系，这就是供应链管理（Supply Chain Management，SCM）产生的实际背景。

最早人们把供应链管理的重点放在管理库存上，将其作为平衡有限的生产能力和适应用户需求变化的缓冲手段，通过各种协调手段，寻求把产品迅速、可靠地送到用户手中所需要的费用与生产、库存管理费用之间的平衡点，从而确定最佳的库存投资额，因此，其主要的工作任务是管理库存和运输。现在的供应链管理则把供应链上的各个企业作为一个不可分割的整体，使供应链上各企业分担的采购、生产、分销和销售的职能成为一个协调发展的有机体。

国内外学者通过对供应链管理定义的研究，主要得出以下几个结论。

（1）供应链管理把对成本有影响和在产品满足顾客需求的过程中起作用的每一方都考虑在内，从供应商和制造工厂经过仓库和配送中心到零售商和商店。实际上，在一些供应链分析中，有必要考虑供应商的供应商及客户的客户，因为他们对供应链的业绩都有影响。

（2）供应链管理的目的在于追求效率和整个系统的费用有效性，使系统总成本达到最低。这个成本包括从运输和配送成本到原材料、在制品和产成品的库存成本。因此，供应链管理的重点不在于简单地使运输成本达到最低或减少库存，而在于采用系统方法来进行供应链管理。

（3）由于供应链管理是围绕把供应商、制造商、仓库和商店有效率地结合成一体这一问题展开的，因此它包括企业许多层次上的活动，即从战略层次到战术层次一直到作业层次。

因此，供应链管理的概念可以表述为：人们在认识和掌握供应链各环节内在规律和相互联系的基础上，利用管理的计划、组织、指挥、协调、控制和激励职能，对产品生产和流通过程中各个环节所涉及的物流、信息流、资金流、价值流以及业务流进行的合理调控，以期达到最佳组合，发挥最大效率，以最低成本为客户提供最大价值的过程。

与传统的企业管理相比，供应链管理体现了以下几个基本思想。

（1）系统观念。不再孤立地看待各个企业及各个部门，而是考虑所有相关的内外联系体（供应商、制造商、销售商等），并把整个供应链看成是一个有机联系的整体。

（2）共同目标。产品或服务的最终消费者对成本、质量、服务等的要求，应该成为供应链中的所有参与者共同的绩效目标，从而使整体价值最大化。

（3）主动积极的管理。对在供应链中增加价值的以及与成本有关的所有联系体（内部的、外部的、直接的、间接的）进行积极主动的管理，不再把库存看作是供应链中供应与需求不平稳时的首选方案。

（4）采取新型的企业和企业关系。在企业主动地关注整个供应链及其管理的同时，供应链中各成员之间的业务伙伴关系得到强化，通过仔细地选择业务伙伴减少供应商数目，将过去企业与企业之间的竞争关系变为紧密合作的业务伙伴关系，这种新型关系主要体现在共同解决问题和信息共享等方面。

（5）开发核心竞争能力。只有企业本身具有核心竞争能力，供应链业务伙伴关系才会持久。所以，供应链业务伙伴关系的形成不能以丧失企业的核心竞争能力为代价，企业应做到能够借助其他企业的（核心）竞争能力来形成、维持甚至强化自己的核心竞争能力。

10.1.4　供应链管理的内容

供应链管理主要涉及 4 个领域：供应、生产作业、物流、需求。由图 10-4 可知，供应链管理是以同步化、集成化生产计划为指导，以各种技术为支持，尤其以 Internet 或 Intranet 为依托，围绕供应、生产作业、物流、需求来实施的。供应链管理的目标在于提高用户服务水平和降低总成本，并且寻求两者之间的平衡（这两个目标往往有冲突）。

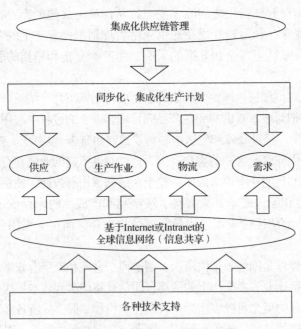

图 10-4　供应链管理涉及的领域

在以上 4 个领域的基础上，我们可以将供应链管理细分为职能领域和辅助领域。职能领域主要包括产品工程、采购、生产控制、库存控制、仓储管理、分销管理等；而辅助领域主要包括客户服务、设计工程、会计核算、人力资源、市场营销等。由此可见，供应链管理关心的并不仅仅是物料实体在供应链中的流动，除了企业内部与企业之间的运输问题和实物分销以外，供应链管理还包括以下内容。

（1）竞争环境分析和竞争战略。竞争环境分析主要是为了识别企业供应链所面对的市场特

电子商务物流管理（微课版　第 3 版）

征。企业在竞争环境分析过程中需要调查研究供应商、制造商、销售商、顾客与竞争者的相关资料，识别和寻找潜在的市场机遇。供应链管理十分强调发挥链中企业各自的核心竞争力，通过业务外包等方式将非核心业务交由供应链节点上的其他企业完成。

（2）供应链战略伙伴选择与协调。由于供应链本身的动态性以及不同成员企业之间存在着相互冲突的目标，对供应链战略伙伴进行选择和协调是非常重要也是相当困难的。但种种成功事例表明，供应链战略伙伴合作不但是可能的，而且能够对企业的业绩和市场占有率产生巨大的影响。供应链战略伙伴之间的合作和协调成功的关键在于，实现信息共享，建立合理的利益机制。

（3）供应链诊断与业务流程重组。供应链诊断是对现有供应链结构进行分析评价，以找出可能改进的领域。通过供应链诊断，企业可指出供应链中哪些环节和哪些活动可以做得更好。除此之外，企业还需进一步考虑更好的改进措施。针对供应链诊断中提出的问题，我们需借助信息技术对供应链原有的工作流程进行分析和改造，实现供应链优化重组。

（4）供应链信息集成和信息管理。信息集成和信息管理在供应链管理中具有重要作用。传统的供应链管理方式因"需求信息非理性放大"而使企业只能依赖提高库存水平来满足客户需求，而通过信息集成和信息管理，企业可以实现信息共享，进而支持供应链的快速反应，促进其有效预测和协调整个系统。特别是在物流系统中，实现物流与信息流的有机结合，将大大提高供应链管理的效率和水平。

（5）产品设计。有效的产品设计在供应链管理中具有关键作用，不合理的产品设计会增加库存保管成本或运输成本。在通常情况下，产品重新设计的代价是十分昂贵的，什么时候值得对产品进行重新设计以减少物流成本？通过产品设计的作用来弥补顾客需求的不确定性是否可行？为了利用新产品设计，对供应链应做什么样的修改？研究诸如此类的产品设计问题是供应链管理的又一个重要内容。

（6）实现客户价值。客户价值是衡量一个企业对于其客户的贡献大小的指标，这一指标值是根据企业提供的全部商品、服务以及无形影响来确定的。如果一个企业希望满足客户的需要和提供价值，那么有效的供应链管理是很关键的。这里需要确定的是，什么因素决定客户价值？客户价值如何衡量？在供应链中，供应链管理如何作用于客户价值？

（7）信息技术和决策支持系统。信息技术是促成有效供应链管理的关键因素。供应链管理的基本问题不在于是否可以获取数据，而在于应该传递什么数据，即哪些数据对于供应链管理是重要的？哪些数据可以忽略？应该如何进行数据的分析和利用？在企业内部和供应链伙伴之间需要什么样的信息技术？信息技术和决策支持系统能否被视为获取市场竞争优势的主要工具？

10.2　供应链管理模式

随着供应链管理实践的不断深入，供应链管理在其模式、内容和研究方法上也有着相应的发展和变化。从供应链管理关注的焦点来看，通过分析组织成本和交易成本的变化，供应链管理的发展基本上可分为 3 个阶段，如表 10-4 所示。

表 10-4　供应链管理发展 3 个阶段的比较

阶段	管理模式	激励机制	信息结构	决策权配置
第一阶段	分布式	完全不一致	信息结构不对称	分散的决策机制
第二阶段	集成式	完全一致	信息结构对称	唯一的决策机制
第三阶段	协同式	部分一致	信息结构部分对称	协作的决策机制

第一阶段：1980—1990 年，分布式供应链管理阶段。在这一阶段，供应链管理主要集中在企业内部的功能性整合和企业之间的简单配合。供应链管理的第一步是改善企业内部分散而低效的系统效率、管理过程和价值链协同的作用与责任。这一阶段主要是对供应链中的局部功能性问题进行研究，如库存管理、多级控制问题、物资供应和配送、分销需求计划问题等。在这期间，供应链管理的绩效体现为通过降低各个企业内部的成本来提高供应链的竞争力，供应链上企业间的关系比较松散，供应链的组织成本较低，但交易成本依然处于较高的水平。

第二阶段：1991—1995 年，集成式供应链管理阶段。这种集成包括功能集成、企业内部集成和企业外部集成，集成的目的是消除部门间及企业间的障碍。这一阶段主要是对供应链企业间的各种流程进行无缝整合和高度集成，典型的手段包括准时制（JIT）、快速反应（QR）等。在这一阶段，供应链管理的绩效体现为很低的交易成本，但是，其与供应链相关的各企业（部门）之间也发生利益冲突，这种冲突导致供应链管理效率下降，并使供应链的组织成本增加。

第三阶段：1996 年以后，协同式供应链管理阶段。随着供应链电子化技术、虚拟企业和动态联盟思想的发展，供应链上的企业能够在提高供应链整体竞争力的前提下更灵活地做出有利于企业自身的战略选择。在这个阶段，供应链管理更加重视供应链上的伙伴选择和评价，强调的是伙伴企业在战略目标、组织文化、响应能力、运营能力和管理能力等方面的匹配程度。供应链管理的绩效既体现为较低的交易成本，也体现为较低的组织成本。

供应链的实质是物流管理深度和广度的扩展，供应链的主要挑战是整合供应商和客户资源。在市场需求和技术革新的推动下，供应链也不断创新，供应链管理模式可以分为推动式供应链、拉动式供应链以及推-拉式供应链。

10.2.1　推动式供应链

推动式供应链以制造商为核心企业，根据产品的生产和库存情况，有计划地把商品推销给客户，其驱动力源于供应链上游制造商的生产，其模式如图 10-5 所示。在这种模式下，供应链上各节点比较松散，追求降低物理功能成本，属卖方市场下供应链的一种表现。由于不了解客户需求变化，这种模式的库存成本高，对市场变化反应迟钝。

图 10-5　制造商推动的供应链

在一个推动式供应链中，生产和分销的决策都是根据长期预测的结果做出的。准确地说，制造商是利用从零售商处获得的订单进行需求预测的。事实上，企业从零售商和仓库那里获取订单的变动性要比顾客实际需求的变动性大得多，这就是通常所说的"牛鞭效应"（后续章节将对"牛鞭效应"进行介绍），这会使企业的计划和管理工作变得很困难。例如，制造商不清楚应当如何确定生产能力，如果根据最大需求确定，就意味着大多数时间里制造商必须承担高昂的资源闲置成本；如果根据平均需求确定生产能力，在需求高峰时期需要寻找昂贵的补充资源。同样，对运输能力的确定也面临这样的问题：是以最高需求还是以平均需求为准呢？因此在一个推动式供应链中，经常会发现由于紧急的生产转换引起的运输成本增加、库存水平变高或生产成本增加等情况。

供应链发展前期，多以"推动型"为主。推动式供应链对市场变化做出反应需要较长的时间，这可能会导致一系列不良反应。例如，在需求高峰时期，其难以满足顾客需求，进而服务水平下降；某些产品需求的消失，会使供应链产生大量的过时库存，出现产品过时等现象。

10.2.2　拉动式供应链

拉动式供应链以客户为中心，比较关注客户需求的变化，并根据客户需求组织生产，如图10-6所示。在这种模式下，供应链各节点集成度较高，有时为了满足客户差异化需求，不惜追加供应链成本，属买方市场下供应链的一种表现。这种模式对供应链整体素质要求较高，从发展趋势来看，拉动方式是供应链运作方式发展的主流。

图 10-6　用户需求牵引的供应链

在拉动式供应链中，生产和分销是由需求驱动的，这样生产和分销就能与真正的顾客需求而不是预测需求相协调。在一个真正的拉动式供应链中，企业不需要持有太多库存，只需要对订单做出反应。

拉动式供应链有以下优点。

（1）通过更好地预测零售商订单，缩短提前期。

（2）由于提前期缩短，零售商的库存可以相应减少。

（3）由于提前期缩短，系统的变动性减小，尤其是制造商面临的变动性将变小。

（4）由于变动性减小，制造商的库存水平将降低。

（5）由于库存水平降低，制造商的资源利用率将提高。

拉动式供应链虽然具有许多优势，但要获得成功需要具备两个条件：第一，必须有快速的信息传递机制，能够将顾客的需求信息（如销售点数据）及时传递给不同的供应链参与企业。第二，能够通过各种途径缩短提前期，否则拉动式供应链是很难实现的。当然，拉动式供应链也有缺陷，最突出的表现是由于拉动系统不可能提前较长一段时间做计划，因而生产和运输的规模优势难以体现。

10.2.3　推-拉式供应链

在实际的供应链模式选择中，企业不仅要考虑来自需求端的不确定性问题，而且还要考虑企业的生产和分销的规模经济问题。根据前面的分析，推动式供应链和拉动式供应链在运作流程方面是不同的，如图10-7所示。

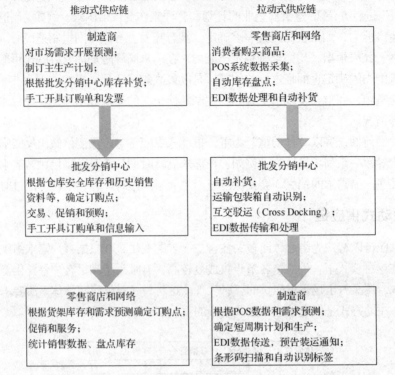

推动式供应链

制造商
对市场需求开展预测；
制订主生产计划；
根据批发分销中心库存补货；
手工开具订购单和发票

批发分销中心
根据仓库安全库存和历史销售
资料等，确定订购点；
交易、促销和预购；
手工开具订购单和信息输入

零售商店和网络
根据货架库存和需求预测确定订购点；
促销和服务；
统计销售数据、盘点库存

拉动式供应链

零售商店和网络
消费者购买商品；
POS系统数据采集；
自动库存盘点；
EDI数据处理和自动补货

批发分销中心
自动补货；
运输包装箱自动识别；
互交驳运（Cross Docking）；
EDI数据传输和处理

制造商
根据POS数据和需求预测；
确定短周期计划和生产；
EDI数据传送，预告装运通知；
条形码扫描和自动识别标签

图 10-7 推动式供应链和拉动式供应链运作流程对比

在其他条件相同的情况下，需求不确定性越高，企业就越应当采用根据实际需求管理供应链的模式——拉动式；相反，需求不确定性越低，就越应该采用根据长期预测管理供应链的模式——推动式。同样，在其他条件相同的情况下，如果规模效益对降低成本起着重要的作用，就应当采用推动式；如果规模经济不那么重要，就应当采用拉动式。

除了推动式和拉动式之外，还有推-拉式。在推-拉式供应链中，供应链的某些层次（如最初的几层）以推动式经营，其余的层次采用拉动式经营，推动式经营与拉动式经营的接口处被称为推-拉边界。以戴尔公司为例，戴尔计算机的组装，完全是根据最终顾客订单进行的，此时它是典型的拉动式，但戴尔计算机的零部件是按预测进行生产和分销决策的，这个环节它却是推动式。也就是说，供应链的推动部分是在装配之前，而供应链的拉动部分则是从装配之后开始的，并按实际的顾客需求进行，这是一种前推后拉的混合供应链，推-拉边界就是装配的起始点。

推-拉式供应链的另一种场景是前拉后推，适用于需求不确定性高，但生产和运输过程中规模效益十分明显的产品和行业。以家具行业为例，一般家具生产商提供的产品在材料上差不多，但在家具外形、颜色、构造等方面的差异却很大，因此它的需求不确定性相当高，而由于家具产品的体积大，运输成本也非常高，此时就有必要对生产、分销策略进行区分。从生产角度看，由于需求不确定性高，企业不可能根据长期的需求预测进行生产计划，所以生产要采用拉动式；另外，这类产品体积大、运输成本高，所以，分销策略又必须充分考虑规模经济的特性，通过大规模运输来降低运输成本。因此，家具生产商的供应链采用按照实际需求进行生产（拉动式），根据固定的时间表进行运输（推动式），是一种前拉后推的推-拉式供应链。

10.3 牛鞭效应

10.3.1 牛鞭效应的概念

牛鞭效应（Bullwhip Effect）是指供应链的产品需求的订货量随着供应链向上游不断波动且放大，也就是说，到达供应链最上游的产品需求量远远大于市场实际需求量的变动。这一定义类似蝴蝶效应的定义：一个系统的某一段的小幅变动通过整个系统的加乘作用在系统的另一端产生极大的影响。

牛鞭效应的具体表现是以订单为载体的需求信息在沿着供应链从顾客向零售商、批发商、分销商、制造商、原材料供应商传递的过程中，需求信息的变异会被逐级放大。这种信息扭曲的放大作用在图形显示上很像一根甩起的赶牛鞭，因此被形象地称为牛鞭效应，如图10-8所示。

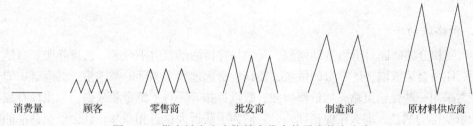

| 消费量 | 顾客 | 零售商 | 批发商 | 制造商 | 原材料供应商 |

图10-8　供应链上由牛鞭效应带来的需求信息失真

牛鞭效应对供应链管理是不利的，它造成批发商、零售商的订单和生产商产量峰值远远高于实际客户需求量，进而造成产品积压，占用资金，使整个供应链运作效率低下。供应链运作的企业越多，这种效应越加明显，具体的危害表现如下。

（1）增加生产成本。由于这种效应，公司及其供应商尽力满足较顾客需求更具有变动性的订单流。为了应对这种增大的变动性，公司要么提高生产能力，要么增加库存量，但这两种做法都会加大单位产品的生产成本。

（2）增加库存成本。为了应对增大了的需求变动性，公司不得不保有比牛鞭效应不存在时还要高的库存水平。同时，高水平的库存还增加了必备的仓储空间，从而导致了库存成本的增加。

（3）延长供应链的补给供货期。由于牛鞭效应增加了需求的变动性，与一般需求相比，公司及其供应商的生产计划更加难以安排，往往会出现当前生产能力和库存不能满足订单需求的情况，从而导致供应链内公司及其供应商的补给供货期延长。

（4）提高供应链的运输成本以及送货与进货相关的劳动力成本。公司及其供应商在不同时期的运输需求与订单的完成密切相关。由于牛鞭效应的存在，运输需求将会随着时间的变化而剧烈波动，因此，公司需要保持剩余的动力来满足高峰的需求，这都会增加劳动力总成本。

（5）客户需求不能及时满足，服务水平低。该效应将导致生产能力闲置或过度使用，产生短缺或过剩，甚至因为积压出现产品过时的现象，无法及时充分地满足客户需求，导致客户服务水平降低。

10.3.2　牛鞭效应的成因

牛鞭效应产生的原因有以下几个。

1. 需求预测修正

在传统的供应链中，各节点企业总是以其直接下游的需求信息作为自己需求预测的依据，因此常在预测值上加上一个修正增量作为订货数量，产生了需求的虚增，牛鞭效应随之产生。当处于不同供应链位置的企业预测需求时，都会包括一定的安全库存，以对付变幻莫测的市场需求和供应商可能的供货中断。当供货周期长时，这种安全库存的数量将会非常高。此外，有些预测方法也会系统地扭曲需求。以移动平均法为例，前 3 个月的趋势是每月递增 10%，那第 4 个月的预测也将在前 3 个月的平均值上递增 10%。但市场增长不是无限的，总有一天实际需求会降低，其间的差额就成了多余库存。如果供应链上各个企业采用同样的预测方法，并且根据上级客户的预测需求来更新预测，这种系统性的放大将会非常明显。

2. 价格波动

零售商和分销商面对价格波动剧烈、促销与打折活动、供不应求、通货膨胀、自然灾害等情况，往往会采取增加库存量的做法，使订货量远远大于实际的需求量。供应链中的上游企业经常采用一些促销策略，如价格折扣、数量折扣等。对下游企业来说，如果库存成本小于折扣所获得的利益，那么在促销期间，它们为了获得大量折扣商品，就会虚报商品的销售量，然后将虚报的商品拿到其他市场销售或者推迟到促销结束后再销售，也有的将这一部分商品再转卖给其他经营者，这样就引起了需求极大的不确定性。而对消费者来说，在价格波动期间，他们会改变购买决策，但这并不能反映消费者的实际需求，因为他们会延迟或提前部分需求。例如，每年的"双十一"购物节，由于商家的促销，消费者会将之前的部分需求推迟，也会将以后的部分需求提前，集中到购物节期间消费，这样需求的变动就比较大。研究表明，价格浮动和促销只能使未来的需求提前得到满足，到头来整个供应链中谁也无法从中获利。

3. 订购批量的变化

在供应链中，每个企业都会向其上游订货，一般情况下，销售商并不会来一个订单就向上级供应商订货一次，而是在考虑库存和运输费用的基础上，在一个周期或者汇总到一定数量后再向供应商订货。为了减少订货频率、降低成本和规避断货风险，销售商往往会按照最佳经济规模加量订货。同时频繁订货也会增加供应商的工作量和成本，供应商也往往要求销售商达到在一定数量后或在一定周期内订货，此时销售商为了尽早得到货物或全额得到货物，或者为备不时之需，往往会人为提高订货量。为了达到生产、运输上的规模效应，厂家往往批量生产或购货，以积压一定库存的代价换取较高的生产效率和较低成本。在市场需求减缓或产品升级换代时，代价往往巨大，如导致库存积压，库存商品过期，或二者兼具。

4. 环境变化

面对政策和社会等环境的变化，企业通过提高库存来应对环境变化所带来的不确定性，且不确定性越大，库存就越高，但这种高库存所代表的并不是真实的需求，这也将导致牛鞭效应的产生。

5. 短缺博弈

当需求大于供应时，理性的决策是按照订货量比例分配现有供应量，如总的供应量只有订货量的40%，合理的分配办法就是按其订货量的40%供货。此时，销售商为了获得更大份额的配给量，故意夸大其订货需求是在所难免的；当需求减少时，订货又突然消失，这种由于短缺博弈导致的需求信息的扭曲最终导致牛鞭效应的产生。

6. 库存失衡

传统的营销一般由供应商将商品送交销售商，其库存责任仍然归供应商，待销售完成后再进行结算，但商品却由销售商掌握和调度。这就导致了销售商普遍倾向于通过加大订货量掌握库存控制权，进而刺激了订货需求，造成了牛鞭效应。

7. 缺少协作

由于缺少信息交流和共享，企业无法掌握下游的真正需求和上游的供货能力，只好自行多储存货物。同时，供应链上无法实现存货互通有无和转运调拨，企业只能各自持有高额库存，这也会造成牛鞭效应。

8. 提前期

需求的变动随着提前期的增长而增大，且提前期越长，需求变动引起的订货量就越大。企业由于对交货的准确时间心中无数，往往希望对交货日期留有一定的余地，因而持有较长的提前期，因此逐级的提前期拉长也造成了牛鞭效应。

通过以上分析，我们可以发现牛鞭效应产生的根本原因是供应链中上、下游企业间缺乏沟通和信任机制，而每一个企业又都是理性人，有各自的利益，因此需求信息在传递过程中不断地被扭曲。

事实上，牛鞭效应的产生与不确定性有很大关联，这里的不确定性主要表现在以下几个方面。

（1）供货不确定性。配送计划、库存计划不合理，使得产品在供给过程中出现断货或库存积压问题。

（2）生产不确定性。生产计划和采购计划的不合理导致生产过程无法同市场需求同步或超前于市场需求，从而导致供给需求不相等。

（3）需求不确定性。客户需求本身就具有不确定性和企业所使用的预测方法的缺陷，导致需求预测同未来产品真实的需求量存在很大差异。此外，企业未能做好收集客户反馈工作也会导致需求预测的失误。

（4）信息传递的不确定性。供应链各企业间的不信任导致企业间信息传递的不透明，不能做到及时而准确。

（5）决策的不确定性。企业在决定订单的多寡时，往往要考虑很多因素，如企业的现有库存、在途物资、企业的产能、在产品、半成品、库存容量以及目前市场销售情况等众多复杂的因素，企业间如果不能做到有效的沟通协调，企业决策就会困难重重，增加了决策过程中的不确定性，决策者的主观因素往往大于客观因素。

综上所述，不确定性因素引发信息失真现象，这种信息失真现象表现在牛鞭效应中，就是订单对于市场需求表现为失真或者与市场需求脱节。

10.3.3　牛鞭效应的缓解方法

由于牛鞭效应是从下游客户端逐级向上游转嫁风险的结果，因此它会危害整个供应链的运作，导致总库存增加、生产无序和失衡、业务流程阻塞、资源浪费、市场混乱和风险增大。消除牛鞭效应的根本对策是整合供应链中企业之间的关系，建立企业之间的诚信机制，实现信息共享。所谓信息共享，就是供应链中各个企业共同拥有一些知识或行动，如生产、销售、需求等信息。信息共享可以减少由于信息不对称或不完全带来的风险。

缓解牛鞭效应的具体方法如下。

（1）提高预测的精确度。这需要考虑历史资料、定价、季节、促销和销售额等因素，有些数据掌握在零售商和分销商手中，企业必须与它们保持良好的沟通，以及时获得这些数据，采取上、下游企业间分享预测数据并使用相似的预测方法进行协作预测，从而提高预测的准确性。例如，在计算机行业中，制造商需要来自分销商中心仓库存货的销售数据，尽管这些数据并非完全等于 POS 销售点数据，但制造商以这些数据作为与分销商保持联系的重要依据，进而缩小供应链中上、下游企业在需求预测方面的差异。

（2）实现信息共享。这是减小牛鞭效应最有效的措施之一。供应链企业间通过 Internet 实现实时交流和信息共享，建立直销体系，减少供应链的层次，简化供应链的结构，防止信息在传递过程当中过多地被人为扭曲。例如，戴尔（Dell）公司通过 Internet、电话、传真等组成了一个高效的信息网络，使客户可以直接向公司下订单，实现了供应商和客户的直接交易，有效地防止了牛鞭效应的产生。

（3）业务集成。供应链企业间实现业务紧密集成，形成顺畅的业务流，这既能减少下游企业的需求变动，又能掌握上游企业的供货能力，安心享受供给保障，不再虚增需求。

（4）订货分级管理。企业根据"二八定律"划分分销商，对他们进行分别对待，实行订货分级管理，通过管住关键销售商和重要销售商来减少变异概率。

（5）合理分担库存。供应商、分销商和零售商采用联合库存的方式合理地分担库存，一旦某处出现库存短缺，可立即从其他地点调拨转运来保证供货。例如，IBM、惠普和苹果等公司在合作协议中，明确要求分销商将零售商中央仓库里产品的出库情况反馈回去，虽然这些数据没有零售商销售点的数据那么全面，但这仍然比把货物发送出去以后就失去货物的信息要好得多，这样既防止了需求变异的放大，又实现了共担风险，降低了整体库存，有效地抑制了牛鞭效应的产生。

（6）缩短提前期。一般来说，订货提前期越短，订货量越准确。根据沃尔玛的调查，如果提前 26 周进货，需求预测误差为 40%；提前 16 周进货，需求预测的误差为 20%；而在销售时节开始时进货，则需求预测的误差为 10%。因此，缩短提前期能够显著地减小牛鞭效应。

（7）采用业务外包。外包服务也可以抑制牛鞭效应。例如，企业采用第三方物流策略可以缩短提前期和实现小批量订货，无须再向一个供应商一次性大批订货，进而减少运输风险。

（8）建立伙伴关系。通过建立供应链战略伙伴关系可以消除牛鞭效应。供需双方在战略联盟中相互信任，公开业务数据，共享信息和业务集成。这样，相互都了解对方的供需情况和能力，避免了短缺情况下的博弈行为，从而降低了产生牛鞭效应的可能性。

综上所述，对大多数企业而言，单靠自己的实力，要想在激烈的市场竞争中求得生存和发展，是相当困难的。企业之间通过供应链彼此联系起来，以一个有机的整体参与竞争，共同合作，优势互补，实现协同效应，从而提高供应链的竞争力。供应链管理不仅涉及"蛋糕的分配"，还要把"蛋糕"做大并发现新的"蛋糕"，这些都需要企业相互信任，互惠互利。为此，企业之间应建立诚信机制，实现信息共享，使各节点企业能从整体最优的角度做出决策，实现供应链的不断增值，如此各企业也都能获利，并求得生存和发展。

10.4 供应商管理库存

10.4.1 供应商管理库存的概念

供应商管理库存（Vendor Managed Inventory，VMI）是供应链环境下的一种库存运作模式，也有学者将之称为寄售库存（Consignment Inventory）。与传统库存管理模式相比，供应商管理库存是希望供应链能够通过这种管理模式，在供应方和零售方之间整体达到最低成本，在接收方与供应方之间签订达成共识协议的条件下，由供应方负责对库存进行管理，并实时监督、反馈实施情况和不断地完善协议，这是一种持续性改进库存管理的策略。

供应商管理库存可定义为：客户将库存决策的代理权交由供应商管理，由供应商即批发商和零售商代理行使库存的相关管理以及何时订货等决策的权利。它一方面实现了由终端销售信息拉动的上下游企业间信息共享，使得供应商在下游企业的协助下更有效地做计划；另一方面是寄售方式的运作，在一个合作协议下由供应商管理甚至拥有库存直到用户将其售出，订单模式和 VMI 模式的比较如图 10-9 所示。

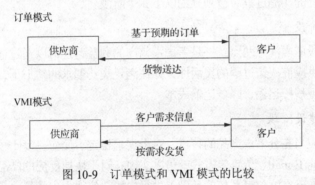

图 10-9 订单模式和 VMI 模式的比较

VMI 作为供应链管理中的一种库存模式，帮助供应商等上游企业通过信息手段掌握下游企业的生产和库存信息，并对下游企业的库存调节做出快速反应，降低供需双方的库存成本。目前，许多国际大型企业和国内知名制造企业都在使用 VMI，并获得了丰厚利益——提高库存周转率，降低库存成本，实现供应链的整体优化。

10.4.2 供应商管理库存的特征

在传统供应链中，每一个供应链企业都是一个利益主体与决策主体，上游企业根据下游企业的订单信息进行采购或生产，这种分散控制的行为影响了整个供应链系统的效率。VMI 建立在上、下游企业合作的基础之上，能有效减少信息的扭曲度，保障零售商的客户服务水平并降低上、下游企业的库存。与其他合作计划相比，VMI 供应链具备以下显著特征。

（1）信息共享。很难想象供应商能在不清楚零售商库存状况的前提下管理好零售商的库存。

为了实现供应与需求的良好匹配，供应商有必要掌握下游企业的需求信息。只有在信息共享的基础上，供应商才能以全局的视野，从系统的角度，既管理好零售商的库存，也管理好自身的库存。信息共享的方式可以是以已有 ERP 等信息系统为基础进行综合集成的，也可以采用简单的信息传递方式，如用电话、E-mail、传真、移动介质等进行信息传递。

（2）库存决策权的转移。库存决策权的转移建立在企业之间相互信任的基础之上，决策权的转移会导致系统的成本结构与风险发生变化或者转移。零售商虽然避免了订货成本，但是却存在增加库存成本的风险。供应商虽然具备管理零售商库存的权利，但是在实际情形中，供应商必须接受零售商提出的苛刻的客户服务水平或者库存要求。因此，供应商管理库存的实现依赖于良好的信任关系，即在实施 VMI 模式之前应当建立良好的契约以保障企业的利益。

（3）以契约为基础。如果零售商把库存交给供应商管理，供应商成为唯一的决策主体以后，有可能会做出一些利己的行为。如果不对供应商施加任何约束，供应商很有可能会将库存成本转移给零售商。因此，VMI 模式必然建立在保障零售商利益的基础上。例如，保持零售商库存在一定范围内波动或者保证零售商的客户服务水平，客户服务水平需要企业建立相应的契约与惩罚机制来保障，签订契约可以加强企业之间的伙伴关系，有利于长久的合作。以多供应商供应链为例，在零售行业与汽车行业中，由于下游企业往往处于整个链条的核心位置，对于上游供应商来说，契约的建立有利于稳定供应商的市场，稳定上、下游企业之间的合作关系。

10.4.3　供应商管理库存的实施

供应商管理库存的实施过程可被划分为以下 3 个阶段。

1. 契约签订阶段

在契约签订阶段应当注意两点：一是考虑零售商的利益，这可以通过选取合适的契约参数来实现；二是确保供应商决策过程的灵活性，如在满足契约要求的情形下，允许供应商自由确定发货频率，以实现规模运输，降低运输成本。

2. 信息系统建设阶段

建设信息系统应当充分考虑产品的特点，对于需求稳定、反应速度比较慢的产品，信息的共享可能通过简单的 E-mail、传真等方式就可以实现；对于快速反应的产品，如电子、通信、服装等产品，则可在已有的信息系统的基础上进行集成。值得指出的是，为了降低信息系统成本，信息平台的建设并不一定要一步到位，可采取逐步建设的方法。例如，在建设信息系统之前，可以先采用 E-mail、电话、传真等简单的通信方式传递信息，在系统能够稳定运行或者观察到了 VMI 模式的优越性之后再开发相应的信息系统。在试验的过程中，也可以先选择少数的上游企业或者下游企业实施，然后逐步扩大实施范围。

3. 系统运行阶段

在系统运行阶段，可以通过调整契约参数、转移支付等协调手段来平衡上、下游企业的利益分配。值得指出的是，对于 VMI 模式实施成功与否，企业不能只关注于短期效果，应当密切关注实施过程中需求以及利润变量的总体态势。VMI 模式刚实施时可能不会有立竿见影的效果，但随着下游企业客户服务水平的提高、总体需求量的增加以及供应链竞争力的加强，VMI 模式的实施就越容易成功。

10.5　供应链管理策略

供应链管理策略是实现供应链管理目标的重要途径，这里主要介绍准时制（Just In Time，JIT）和快速反应（Quick Response，QR）。

10.5.1　准时制

1. 准时制生产

准时制生产的基本原则是在正确的时间，生产正确数量的零件或产品。它将传统生产过程中前道工序向后道工序送货的流程，改为后道工序根据"看板"向前道工序取货，看板管理是JIT生产现场控制技术的核心，如图 10-10 所示。

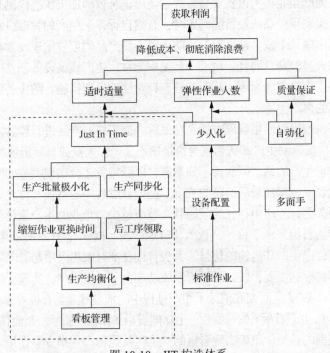

图 10-10　JIT 构造体系

准时制生产的最终目标是获取最大利润，为了实现这个最终目标，"降低成本"就成了基本目标。在工业化生产时代，降低成本主要是依靠单一品种的规模化生产来实现的，但是在多品种中、小批量生产的情况下，这一方法是行不通的。因此，准时制生产力图通过"彻底消除无效劳动和浪费"来达到这一目标，是一种减少浪费的经营哲学。为了达到降低成本的目标，准时制生产的基本手段可以概括如下。

（1）适时适量生产。对于企业来说，各种产品的产量必须能够灵活地适应市场需要量的变化。否则的话，生产过剩就会引起人员、设备、库存费用等一系列的浪费。而避免这些浪费的手段，就是适时适量生产，即在市场需要的时候生产市场需要的产品。适时适量生产采用拉动式生产方式，即最后一道工序的生产量由顾客对产品的需求来决定，前道工序的生产量由后道工序对物料的需要而定，即后道工序需要多少，前道工序生产多少。

（2）弹性配置作业人数。在劳动费用越来越高的今天，降低劳动费用是降低成本的一个重要方面。达到这一目的的方法是"少人化"。所谓少人化，是指根据生产量的变动，弹性地增减各生产线的作业人数，以及尽量用较少的人力完成较多的生产任务。"少人化"与"定员制"不同，是一种全新的人员配置方法。实现这种少人化的具体方法是进行独特的设备布置，以便能够在需求减少时，将作业所减少的工时集中起来，以整顿削减人员。但这从作业人员的角度来看，意味着标准作业中的作业内容、范围、作业组合以及作业顺序等的一系列变更。因此，为了适应这种变更，作业人员必须是具有多种技能的"多面手"。

（3）质量保证。一般情况下，质量与成本之间是负相关关系，即要提高质量，就得投入更多人力、物力。但在准时制生产中，企业通过将质量管理贯穿于每一道工序之中来实现提高质量与降低成本的一致性。其具体方法是"自动化"，这里所讲的自动化是指融入生产组织中的两种机制：一是使设备或生产线能够自动检测不良产品，一旦发现异常或不良产品可以自动停止设备运行的机制，为此企业需为设备安装各种自动停止装置和加工状态检测装置；二是生产第一线的设备操作工人发现产品或设备的问题时，有权自行停止生产的管理机制。依靠这样的机制，不良产品一旦出现马上就会被发现，这防止了不良产品的重复出现或累积出现，从而避免了由此可能造成的大量浪费。而且，由于一旦发生异常，生产线或设备就立即停止运行，因此企业比较容易找到发生异常的原因，从而能够有针对性地采取措施，防止类似异常情况的再发生，杜绝不良产品的再产生。

值得一提的是，通常的质量管理方法是在最后一道工序对产品进行检验，尽量不让生产线或加工中途停止。但准时制生产却认为这恰恰是使不良产品大量或重复出现的"元凶"，因为发现问题后不立即停止生产的话，问题得不到暴露，以后难免还会出现类似的问题，同时还会出现"缺陷"的叠加现象，增加最后检验的难度。而一旦发现问题就使其停止，并立即对其进行分析和改善，久而久之，生产中存在的问题就会越来越少，企业的生产素质就会逐渐增强。

（4）看板管理。看板来源于日本，意为"口令"或"指令"，在准时制生产（JIT）中是一个信号系统，用于传递生产和运输的信号。看板管理在准时制生产中起着非常重要的作用，也是实现准时制生产目标的主要手段。看板管理成功制止了过量生产，实现了"在必要的时刻生产必要数量的必要产品"，从而彻底消除了生产过程中的浪费现象。看板可分为传送看板（工序间看板、外协看板）、生产看板（信号看板、工序内看板）和临时看板。企业在进行看板管理时，一定要分清不同类型的看板，正确实现看板的"生产及运送工作指令"作用。

2. 准时制采购

准时制采购是由准时制生产管理思想演变而来的，它的基本思想是把合适数量、合适质量的物品，在合适的时间供应到合适的地点，以满足用户需要。准时制采购和准时制生产一样，不但能够很好地满足用户需要，而且还可以极大地消除库存，最大限度地消除浪费，从而极大降低企业的采购成本和经营成本，提高企业的竞争力。

与传统采购模式相比，准时制采购具有以下特点。

（1）采用较少的供应商，甚至单源供应。传统的采购模式一般是多头采购，涉及的供应商的数量相对较多，而准时制采购则采用较少的供应商，甚至单源供应。从理论上讲，采用单供应源比多供应源好，原因有两个：一是管理供应商比较方便，也有利于降低采购成本；二是有利于供需之间建立长期稳定的合作关系，质量上比较有保证。但是，采用单一的供应源也有风险，如供应商可能因意外原因中断交货及供应商缺乏竞争意识等。

（2）对供应商的选择标准不同。在传统的采购模式中，供应商是通过价格竞争而被选择出来的，供应商与企业的关系是短期的合作关系，当企业发现供应商不合适时，可以通过市场竞标的方式重新选择供应商。但在准时制采购模式中，由于供应商和企业是长期的合作关系，供应商的合作能力将影响企业的长期经济利益，因此，企业对供应商的要求比较高。在选择供应商时，企业需要对供应商进行综合的评估。在评估供应商时，价格不是主要的因素，质量才是最重要的标准，这里的质量不单指产品的质量，还包括工作质量、交货质量、技术质量等多方面内容。

（3）要求交货准时。交货准时取决于供应商的生产与运输条件。要使供应商交货准时，可从以下两个方面着手：一方面，不断改进企业的生产条件，提高生产的可靠性和稳定性，减少延迟交货或误点现象。作为准时制供应链管理的一部分，供应商同样应该采用准时制的生产管理模式，以提高生产过程的准时性。另一方面，为了提高交货的准时性，运输问题不可忽视。在物流管理中，运输问题很重要，它决定准时交货的可能性。

（4）对信息交流的需求不同。准时制采购要求供应与需求双方信息高度共享，保证供应与需求信息的准确性和实时性。由于双方的战略合作关系，企业对生产计划、库存、质量等各方面的信息都可以及时进行交流，以便出现问题时能够及时处理。

（5）制订采购批量的策略不同。小批量采购是准时制采购的一个基本特征。准时制采购和传统的采购模式的一个重要不同之处在于，企业进行准时制生产需要减少生产批量，直至实现"流生产"，因此采购物资时也应采用小批量办法。当然，小批量采购自然会增加运输次数和成本，对供应商来说，这是很为难的事情，特别是供应商在国外等远距离的情形下。解决的办法为通过混合运输、代理运输等方式，或尽量使供应商靠近用户等。

从采购批量、供应商选择和供应商评价等角度看，准时制采购与传统采购都有很大的区别，具体如表 10-5 所示。

表 10-5　准时制采购与传统采购的比较

项目	准时制采购	传统采购
采购批量	小批量，送货频率高	大批量、送货频率低
供应商选择	长期合作，单源供应	短期合作，多源供应
供应商评价	质量、交货期、价格	质量、价格、交货期
检查工作	逐渐减少、最后取消	收货、点货、质量验收
协商内容	长期合作关系、质量和合理价格	获得最低价格
运输	准时送货、买方负责安排	较低的成本、卖方负责安排

10.5.2　快速反应

1. 快速反应的概念

快速反应（Quick Response，QR）是美国纺织与服装行业发展起来的一种供应链管理策略。20 世纪六七十年代，美国的纺织行业出现了大幅度萎缩的趋势，纺织品进口量大幅度增加，到 20 世纪 80 年代，进口产品几乎占据美国纺织品市场的 40%。1984 年，美国 84 家大型企业建立爱国货运动协会，该协会在积极宣传美国产品的同时，委托流通咨询企业嘉思明咨询公司（Kurt Associates）调查研究提高美国纤维产业竞争力的方法。1985—1986 年，嘉思明咨询公司进行了供应链分析，结果发现，尽管系统的各个部分具有高运作效率，但整个系统的效率却十分低，于是纤维、纺织、服装以及零售业开始寻找那些在供应链上导致高成本的原因，结果发现，供应链的长度是影响其运作效率的主要因素。例如，整个服装业供应链从原材料到消费者购买的时间为 66 周，其中生产占用 11 周，仓储或转运占用 40 周，商店销售占用 15 周，这样长的供应链不仅成本高，更重要的是，其生产和分销建立在不精确需求预测上，由此造成的损失非常大。整个服装业供应链系统的总损失每年可达 25 亿美元，其中 2/3 的损失由零售或制造商对服装的降价处理以及在零售时的缺货造成。根据进一步的调查，大家发现消费者离开商店而不购买的主要原因是找不到合适尺寸和颜色的商品。

这项研究导致了快速反应策略的应用和发展。快速反应是零售商及其供应商密切合作的策略，零售商和供应商通过共享 POS 系统信息联合预测未来需求，发现新产品营销机会等，对消费者的需求做出快速的反应。从运作的角度来讲，贸易伙伴需要用 EDI 来加快信息的流动，并共同重组业务活动，以将订货前导时间和成本极小化。在补货中应用 QR 可以将交货前导时间降低 75%。

所谓快速反应（Quick Response，QR），就是为了实现共同的目标，零售商、制造商和供应商之间相互配合，以最快的方式，在适当的时间与地点为消费者提供适当的产品或服务，即以最快的速度、最好地满足消费者的需要。

美国纺织服装联合会将其定义为制造者为了在精确的数量、质量和时间要求的条件下为顾客提供产品，将订货提前期、人力、材料和库存的花费降到最低；同时，为了满足竞争市场不断变化的要求而强调系统的柔性。

我国国家标准《物流术语》（GB/T 18534—2006）对快速反应的定义：供应链成员企业面对多品种、小批量的买方市场，不是储备了"产品"，而是准备了各种"要素"，在用户提出要求时，能以最快速度抽取"要素"，及时"组装"，提供所需服务或产品。

可见，快速反应的内涵其实就是在供应链企业之间建立的战略合作伙伴关系，使整个供应链体系能及时对需求信息做出反应，为消费者提供高价值的产品或服务。它以消费者需求为驱动源，使供应链企业都可以降低供应链总成本、降低库存水平、提高信息共享水平、改善相互之间的交流、保持战略伙伴相互之间操作的一贯性，产生更大的竞争优势，以实现供应链成员企业的财务指标、质量、产量、交货期、用户满意度和业绩改善，并提高自身的利益。

2. 快速反应的实施

快速反应的实施可以从以下几个方面展开。

（1）改变传统的经营方式、经营意识和组织结构。首先，企业不再局限于依靠本企业独自的力量来提高经营效率的传统经营意识，要树立通过与供应链各方建立合作伙伴关系，努力利用各方资源来提高经营效率的现代经营意识；其次，在快速反应实施过程中，可以通过 POS 数据等销售信息和成本信息的相互公开和交换，来提高各个企业的经营效率；最后，明确参与实施快速反应的各个企业之间的分工协作范围和形式，消除重复作业，建立有效的分工协作框架；最后，必须改变传统的事务作业方式，通过利用信息技术实现事务性作业无纸化和自动化。

（2）开发和应用现代信息处理技术。这些现代信息处理技术包括条码技术、电子订货系统（EOS）、POS 系统、EDI 技术、电子资金转账（EFT）、供应商管理库存（VMI）、连续补货（CRP）等。

（3）与供应链各方建立战略伙伴关系。具体内容包括以下两个方面：一是积极寻找和发现战略合作伙伴；二是与合作伙伴之间建立分工和协作关系。将合作的目标定为削减库存、避免缺货现象的发生、降低商品风险、避免大幅度降价现象发生、减少作业人员和简化事务性作业等。

（4）开放企业商业信息。改变传统的对企业商业信息保密的做法，将销售信息、库存信息、生产信息、成本信息等与合作伙伴交流共享，在此基础上，要求各方一起发现问题、分析问题和解决问题。

（5）缩短生产周期和降低商品库存。具体来说，供应方应努力做到：缩短商品的生产周期，进行多品种少批量生产和多频度少数量配送，降低零售商的库存水平，提高客户服务水平，在商品实际需要将要出现时采用快速反应方式组织生产，降低供应商自身的库存水平。

3. 快速反应的收益

对于零售商来说，大概需要投入销售额的 1.5%～2%来支持条码、POS 系统和 EDI 系统的正常运行。这些投入包括 EDI 启动软件、现有应用软件的改进、租用增值网、产品查询、开发人员费用、教育与培训、EDI 工作协调、通信软件、网络以及远程通信费用、CPU 硬件、条码标签打印的软件与硬件等。然而，实施 QR 的收益是巨大的，它可以节约 5%的销售费用，还可降低商品价格，以及管理、分销和库存等费用。

具体来说，实施快速反应将从以下几个方面产生收益。

（1）销售额的大幅度增加。实施快速反应可以降低经营成本，从而能降低销售价格。伴随着商品库存风险的减少，商品以低价位定价，增加销售，有效避免缺货现象，从而避免销售的机会损失，易于确定畅销商品，能保证畅销品的品种齐全，连续供应，增加销售。

（2）商品周转率的大幅度提高。实施快速反应可以减少商品库存量，并保证畅销商品的正常库存量，加快商品周转。

（3）需求预测误差大幅度减少。根据库存周期长短和预测误差的关系（见图 10-11），如果在季节开始之前的 26 周进货（即基于预测提前 26 周进货），则需求预测误差（缺货或积压）达40%左右；如果在季节开始之前的 16 周进货，则需求预测误差为 20%左右；如果在很靠近季节开始的时候进货，需求预测误差只有 10%左右。实施快速反应可以及时获得销售信息，把握畅销商品和滞销商品，同时通过多频度小数量送货方式，实现实需型进货（零售店需要的时候才进货），这样需求预测误差只有 10%左右。

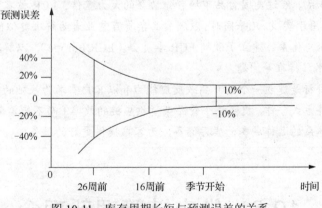

图 10-11 库存周期长短与预测误差的关系

这里需要指出的是，虽然实施快速反应的初衷是对抗进口商品，但是实际上并没有出现这样的结果。相反，随着竞争的全球化和企业经营的全球化，快速反应迅速在各国企业界扩展，航空运输为国际间的快速供应提供了保证。现在，实施快速反应已成为零售商实现竞争优势的工具，同时随着零售商和供应商结成战略联盟，竞争方式也从企业与企业间的竞争，转变为战略联盟与战略联盟之间的竞争。

20 世纪六七十年代，美国食品杂货百货业的竞争主要在制造商之间展开，竞争的重心是品牌、食品、经销渠道和大量的广告和促销活动。在零售商和制造商的交易关系中，制造商占主导地位。20 世纪 80 年代以后，在零售商和制造商的交易关系中，零售商开始占据主导地位。零售商和制造商之间为取得供应链主导权，同时为商家品牌和厂家品牌占据零售商商店货架空间的份额展开激烈的竞争，这种竞争使供应链的各个环节间的成本不断转移，导致供应链整体的成本增加。

在这期间，从零售角度来看，随着新的零售方式，如仓储商店、折扣店的大量涌现，企业能以相当低的价格销售商品，这加剧了食品杂货百货业的竞争。在这种状态下，许多传统超市业者开始寻找对应这种竞争方式的新管理方法。从制造商（生产厂家）来看，由于食品杂货百货业的技术含量不高，大量同质化（无实质性差异）的新商品投入市场，这使制造商之间的竞争趋同化。制造商为了获得销售渠道，通常以直接或间接的降价方式作为向零售商促销的主要手段，这种方式往往会以大量牺牲厂家自身的利益和最终牺牲消费者的利益为代价。从消费者的角度来看，过度竞争往往会使企业在竞争时忽视消费者的利益，通常消费者需要的是有高品质、新鲜度、服务质量和合理价格的商品。然而，在过度竞争环境中，企业往往不是通过提高商品品质、服务质量和制定合理价格来满足消费者，而是通过大量的诱导性广告和广泛的促销活动来吸引消费者转换品牌，同时通过提供大量非实质性变化的商品供消费者选择。这样消费者不能得到他们需要的产品或服务，得到的往往是高价和不甚满意的商品。对于这种状况，企业应从消费者的需求出发，提供能满足消费者需求的产品或服务。

在上述背景下，美国食品市场营销协会（Food Marketing Institute，FMI）联合包括可口可乐公司（Coca-Cola）、保洁公司（P&G）在内的 16 家企业与流通咨询企业嘉思明咨询公司一起组成研究小组，对食品业的供应链进行调查总结分析，于 1993 年 1 月提出了改进该行业供应链管理的详细报告。该报告系统地提出了有效客户反应（Efficient Consumer Response，ECR）的概念和体系。经过美国食品市场营销协会的大力宣传，ECR 被零售商和制造商所接纳，并被广泛地应用于实践。几乎同时，欧洲食品杂货百货业者为解决类似问题也采用了 ECR 的管理思想、概念与体系，建立了欧洲 ECR 委员会（ECR Europe），以解决欧洲各国在实施 ECR 过程中的技术、标准等问题。

ECR 的最终目标是建立一个具有高效反应能力和以客户需求为基础的体系，使零售商和制造商以业务伙伴方式合作，提高整个食品杂货供应链的效率（而不是单个环节的效率），以降低整个供应链体系的运作成本、库存储备，为客户提供更好的服务。

10.6 供应链管理新理念

10.6.1 大数据驱动

互联网的高速发展使企业获得大量客户行为数据变得更加容易。企业通过数据分析不仅能够实现提供的服务与客户需求的精准匹配，改善客户体验，而且还能够极大地降低以客户为中心的成本，使之变得更为容易。

从客户行为数据采集，客户偏好、兴趣及潜在需求分析，到根据客户评价与反馈改进服务设计的过程形成了一个以客户为核心的数据循环，即价值环。企业可借助大数据技术，在价值环中进行客户圈定、客户关联性分析、个性化定制、客户参与服务设计，实现客户与企业服务价值的共生，增强客户黏性，使客户能够真正感受自身价值并与企业形成强有力的合作关系，共同参与市场竞争。于是，大数据驱动的客户数据价值发现能力逐渐发展成平台生态圈的核心能力，也推动了供应链管理的变革，具体体现在以下几个方面。

1. 订单层次的供应链优化

现代企业采用的营销方式越来越多样化，有线上的电商平台和微商，线下的实体商超、便利店、分销商等，所产生的线上线下订单也越来越复杂交错。企业通过订单信息协同流程操作，可实现从销售客服到生产计划、生产控制、原料采购，然后到供应商的快速实时优化，促进产品流、信息流和资金流的高效连接，提高供应链的反应速度。

2. 共享"云仓"，供应协同

新零售的常态是线上线下多元业态的综合体，这给仓库管理带来了挑战。企业通过仓储资源在线化、协同化、共享化，形成线上的由大量的分布式仓库节点组成的巨型"云仓"，实现跨空间仓储布局、高订单响应速度、多地配送和货量峰值平衡。

3. 大数据优化智能仓储布局及管理

企业通过大数据分析，可以得出各货物品种的周转率和每两个货物品种同时被购买的概率，并根据货物数据和入库出库频率合理选择储位，提高拣货效率。此外，企业对货物重量信息的跟踪收集便于出入库验收、货物的自动分拣和配货、合流装车等。

4. 车货动态云数据实时可视化

企业使用移动的智能运输管理信息系统，能实现车货动态云数据随时随地展示，通过手持终端，让信息录入更简单，操作更高效。数据云平台共享对接，可以满足物流链条的多方的运输数据需求。

5. 搭建平台激活闲置资源

大量的企业可以采用自建、租赁或者合作等多种形式来共享闲置资源，通过共建共享的方式搭建平台，面向全社会提供更加便捷的物流和更加优质的服务。企业通过信息平台的实时信息连接，使货物可以就近入库、就近配送，从而把闲置的仓库、运力利用起来，优化资源配置，大大降低运输成本和仓储成本，提高物流系统效率。

10.6.2 智慧供应链

智能制造成为制造业创新升级的突破口和主攻方向，随着生产、物流、信息等要素不断趋于智能化，整个制造业供应链也朝着更加智慧的方向迈进，成为制造企业实现智能制造的重要引擎。

在智能制造时代，相较于传统供应链，智慧供应链具有更多的市场要素、技术要素和服务要素，并呈现以下 5 个显著特点。

（1）更加注重全局性和系统优化，供应链具有了包括客户服务和技术创新在内的更为丰富的内涵。

（2）强调与客户及供应商的信息分享和协同，真正实现通过需求感知形成需求计划，聚焦于纵向流程端到端整合，并在此基础上形成智慧供应链。

（3）更加看重提高客户服务满意度的精准性和有效性，促进产品或服务的迭代升级。

（4）更加强调平台功能，涉及产品、信息、市场、供应商、制造商多方面要素。

（5）重视基于全价值链的精益制造，从精益生产开始，到拉动精益物流、精益采购和精益配送。

随着智能制造和信息技术的发展，供应链已进入与物联网深度融合的智慧供应链新阶段。随着人工智能、工业机器人、云计算等技术迅速发展，商流、信息流、资金流和物流这"四流"得以高效连接，智慧供应链与生产制造企业的生产系统相连接，通过供应链服务提供智能虚拟仓库和精准物流配送，生产企业可以更专注于制造，不再特别依赖实体仓库，这将从根本上改变制造业的运作流程，进一步提高管理和生产效率。

10.6.3 供应链金融

供应链金融（Supply Chain Finance）是银行将核心企业和上、下游企业联系在一起提供灵活的金融产品和服务的一种融资模式，即把资金作为供应链的溶剂，增加其流动性。一般来说，一个特定商品的供应链从原材料采购，到制成中间及最终产品，最后由销售网络把产品送到消费者手中，将供应商、制造商、分销商、零售商、直到最终用户连成一个整体。在这个供应链中，竞争力较强、规模较大的核心企业因其强势地位，往往在交货、价格、账期等贸易条件方面对上、下游配套企业要求苛刻，从而给这些企业造成了巨大的压力。而上、下游配套企业恰恰大多是中小企业，难以从银行融资，结果造成资金链十分紧张，整个供应链出现失衡。而在"供应链金融"的融资模式下，处在供应链上的企业一旦获得银行的支持，就能获得大量资金，从而可以激活整个"链条"。而且银行信用的支持，还为中小企业赢得了更多的商机。

供应链金融对于供应链的整体健康发展具有重要的意义。

（1）供应链金融实现"物流""资金流""信息流""商流"的四流合一。在供应链金融中，物流、资金流、信息流、商流是共同存在的，商流、信息流和资金流的结合将更好地支持和加强供应链上、下游企业之间的货物、服务往来（物流）。在传统意义上，企业会将注意力集中于加速供应链中物流的流转，但是资金流的流转对企业来说同样很重要。随着市场全球化的发展和新兴市场上出现的贸易机会增多，如何管理好企业的资金流已经成为企业参与供应链的重点话题。

（2）有效整合供应链的各个环节。为了确保整条供应链能够顺利进行，企业就必须纵观全局，了解上、下游企业的具体情况及与之相关的物流和资金流的信息。在许多案例中，我们可以发现，供应链的问题基本上都是由于供应商无法正常按照合约（如质量、数量、日期等）提供产品所引起的，并非是采购商无法支付货款所引起的。因此，作为下游的企业更应当与上游的供应商保持紧密联系，及时了解供应商的各种信息，避免因供应商无法及时交货而引起的供应链的中断。正如之前所说的，企业通常会将注意力集中在物流上，仅仅关注企业的货物是否按照要求及时地送到，但是值得注意的是，资金短缺是造成供应商不能及时提供货物的重要原因之一，因此，下游的企业更应该加倍关注整条供应链上资金流的状况。

（3）借助金融产品完善供应链管理。目前有一种现象，就是银行和企业之间缺少必要的沟通。银行一般不会了解企业的现金管理和营运资金的情况，在单独开展相应的融资服务的时候，银行就会面临很大的信用风险，企业当然也无法针对自己的资金状况寻求到更为合适的银行产品。开展了供应链金融之后，这种局面就会得到很好的改善，因为供应链金融是基于供应链中的核心企业，针对它的上、下游企业而开展的一种金融服务。供应链金融将上、下游企业和银行紧密地联系起来，使得整个链条形成了一个闭环，银行能够准确地掌握各个环节上企业的信息。银行通过核心企业的优质信誉，为它的上、下游企业提供金融服务，在一定程度上可以降低风险系数。企业通过银行的帮助，也能够做到信息流、物流、资金流的整合，提高供应链整体价值。

 要点回顾

供应链是围绕核心企业，通过对信息流、物流、资金流的控制，从采购原材料开始，制成中间产品以及最终产品，最后由销售网络把产品送到消费者手中的，将供应商、制造商、分销商、零售商直到最终用户连成一个整体的功能网络结构模式。

在市场需求和技术革新的推动下，供应链也不断创新，供应链管理模式可以分为推动式供应链、拉动式供应链以及推-拉式供应链。

牛鞭效应的成因主要有需求预测修正、价格波动、订购批量的变化、环境变异、库存失衡、缺少协作等。

供应商管理库存是在接收方与供应方之间签订达成共识协议的条件下，由供应商负责对库存进行管理，并实时监督、反馈实施情况和不断地完善协议，是一种持续性改进的库存管理的策略。

准时制（Just In Time，JIT）、快速反应（Quick Response，QR）是供应链管理中的重要策略。大数据驱动、智慧供应链和供应链金融等已成为供应链管理未来发展的新趋势。

 本章习题

一、名词解释

供应链　牛鞭效应　VMI　JIT　QR

二、简答题

1．简述供应链的基本构成。
2．简述牛鞭效应的成因和缓解方法。
3．简述供应商管理库存的原理和方法。
4．简述 JIT、QR 的作用。

三、案例分析

富康股份有限公司是一家集现代生物和医药制品研制、生产、营销于一体的高科技企业。公司实行现代企业管理制度，遵循以技术为依托、以产品为载体、以科普为先导、以营销为龙头的发展战略，形成了强有力的全国营销网络。目前已开发研制生产出富康口服液、富康胶囊、富康西洋参胶囊、富康花粉等一系列产品，其在同类产品中享有很高的知名度，在国内市场上占据领先地位。十多年来，富康口服液一直保持着良好的市场形象，其销售网络已遍布全国各地。

目前，富康口服液已逐渐进入产品成熟期，公司通过中间商网络来销售富康口服液，这些中间商代表公司将产品销售给食品零售连锁店。公司生产部门与销售部门之间存在着较大的矛盾，销售部门经常变动订单，使生产部门的生产计划经常被打乱，致使生产部门经常供不上货，

第10章　供应链管理

然而公司的库存却仍然很高。公司现存的主要问题如下。

（1）市场竞争激烈，需求剧烈波动，为抓住市场机遇和维持良好的服务水平，销售部门要求生产部门及时提供产品，导致公司的生产系统承受了巨大的库存压力以及生产不确定性。

（2）公司采用推动式供应链进行生产销售，对市场预测不准，导致整个系统的高库存水平和高缺货水平并存，并且"牛鞭效应"显著。

（3）公司为扩展各地市场，将全国市场划分成八大区域，生产部门分8个生产线生产，每批原材料的投入都是针对具体的区域安排的，即在原材料投入时就已确定该批产品的销售区域，而销往各地的富康口服液在本质上没有任何差别，其供应链的精益水平比较低。

（4）公司为了合理公平地考核区域的销售业绩，避免各区域之间发生"冲货"现象，借助包装材料进行产品区分，导致无法用某一地区过高的库存来应对另一地区供不应求的局面，对客户需求的敏捷反应能力较差。

（5）富康口服液的生产周期长，在分装工段之后需要被放置2周时间以供检验，而包装材料的生产需要5天左右的时间，制作产品包装需要一天，与此同时，包装材料供应商提供了8种口服液的包装材料，这不仅增加了公司的成本，还带来了众多不便。

思考题：请根据本章学习的供应链管理的理论和策略，针对该公司的现状提出有效改进措施。

 拓展实践

完成本书第12章供应链牛鞭效应的实验。

第11章 物流问题建模与优化实验

内容提要

本章介绍了如何用 Excel 规划求解工具解决物流优化问题，具体包括：生产运输优化、转运路径优化、路网流量优化、物流中心选址优化、多目标配送优化等。

学习完本章后，希望读者掌握如下内容。

（1）安装和配置 Excel 规划求解工具。

（2）应用 Excel 规划求解工具，求解物流优化模型。

11.1 实验环境配置

11.1.1 安装 Excel 规划求解工具

使用 Excel 求解物流模型，需要用到其中的"工具——规划求解"选项，此工具不是 Excel 的标准安装部件，因此需要专门安装才能使用。

在 Excel（Excel 2007 版）系统中安装"规划求解"工具的方法如下。

第一步：启动 Excel，单击左上角 Office 标志图标，选择"Excel 选项"，如图 11-1 所示。

Excel 规划求解工具
配置与应用

图 11-1 单击"Excel 选项"

此时弹出窗口，如图 11-2 所示。

第二步：单击"转到"按钮，弹出"加载宏"对话框，选择"规划求解加载项"，单击"确定"按钮，如图 11-3 所示。

图 11-2 "Excel 选项"窗口　　　　　　　　　　　图 11-3 "加载宏"对话框

此时，Excel "数据"菜单中出现"规划求解"选项，如图 11-4 所示。

图 11-4 安装成功后的窗口

电子商务物流管理（微课版 第 3 版）

安装前，"规划求解加载项"在"非活动应用程序加载项"中；安装后，"规划求解加载项"在"活动应用程序加载项"中，如图 11-5 所示。

图 11-5 "Excel 选项"窗口

本书在利用 Excel 软件解决物流问题时是按照 Excel 2007 版进行介绍的，其他版本的求解过程类似，因此书中不再做详细介绍。

11.1.2 应用 Excel 规划求解工具

Excel 规划求解工具适用于解决线性规划问题。线性规划所研究的是，在一定条件下，合理安排人力物力等资源，使经济效果达到最好。

为了说明具体应用过程，下面讨论一个简单的线性规划实例。

例题：某工厂在计划期内要安排生产甲、乙两种产品，已知生产每件产品所需的设备台时及 A、B 两种原材料的消耗，如表 11-1 所示。该工厂每生产一件甲产品可获利 2 元，每生产一件乙产品可获利 3 元，问应如何安排计划使该工厂获利最多？

表 11-1 生产每件产品所需的设备台时和原材料的消耗

	甲产品	乙产品	总量
设备	1	2	8 台时
原材料 A	4	0	16kg
原材料 B	0	4	12kg

解： 设 x_1、x_2 分别表示在计划期内甲、乙产品的产量，则该工厂的生产问题可描述为下面的线性规划模型。

$$z_{\max} = 2x_1 + 3x_2$$
$$x_1 + 2x_2 \leqslant 8$$
$$4x_1 \leqslant 16$$
$$4x_2 \leqslant 12$$
$$x_1,\ x_2 \geqslant 0$$

下面为该工厂的生产问题建立公式工作表，如图 11-6 所示。工作表分为两个部分：数据部分和模型部分。图 11-6 展示了所有已输入的公式，而不是由公式计算得到的值。应用 Excel 工具解决该问题的具体操作步骤如下。

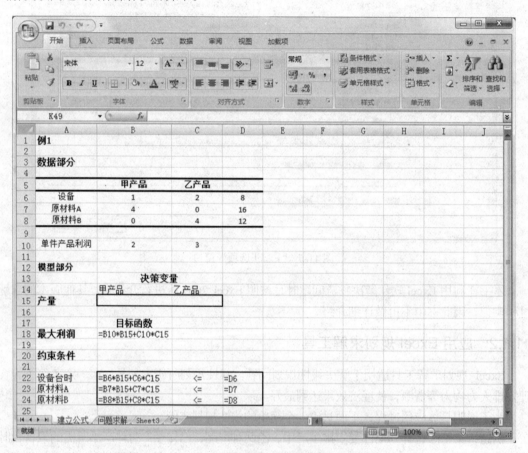

图 11-6　生产优化问题数据输入和公式建立

第一步：在工作表的顶部输入问题的数据。

单元格 B6：C8 显示的是生产每件产品所需的设备台时及 A、B 两种原材料的消耗；单元格 B10：C10 显示的是这两种产品的单件利润；单元格 D6：D8 显示的是该工厂可用的总的设备台时及 A、B 两种原材料。

第二步：确定每个决策变量所对应的单元格的位置。

单元格 B15 是甲产品的产量，单元格 C15 是乙产品的产量。

第三步：选择一个单元格输入用来计算目标函数值的公式。

在单元格 B18 中输入"=B10*B15+C10*C15"。

第四步：选择单元格输入公式，计算每个约束条件左边的值。

在单元格 B22 中输入"=B6*B15+C6*C15"；

在单元格 B23 中输入"=B7*B15+C7*C15"；

在单元格 B24 中输入"=B8*B15+C8*C15"。

第五步：选择一个单元格输入公式，计算每个约束条件右边的值。

对于此模型中的 3 个条件，选择相应的单元格输入其条件，即

在单元格 D22 中输入"=D6"；

在单元格 D23 中输入"=D7"；

在单元格 D24 中输入"=D8"。

为了便于理解，大家可在工作表中添加标注，这将使我们能够很容易地理解每一部分的意思。例如，在第 14 行和第 15 行中分别写上"甲产品、乙产品"和"产量"，以表示单元格 B15 是甲产品的产量，单元格 C15 是乙产品的产量。此外，在单元格 A18 和单元格 B17 中分别写入"最大利润"和"目标函数"，用来说明单元格 B18 表示的是目标函数——最大利润值。在约束条件明确时，可以输入约束条件的关系符号"<="，用来表示约束条件左右两边的关系。这些标注对解决问题来说不是必要的，但它们可以帮助使用者理解模型，并对最优解做出说明。

下面说明如何利用 Excel 来解决以上例题中提到的生产优化问题。

第一步：选择"数据"菜单。

第二步：选择"规划求解"选项，打开"规划求解参数"对话框，如图 11-7 所示；

第三步：在"规划求解参数"对话框中（见图 11-7），"设置目标单元格"栏输入"$B$18"，"等于"后选择"最大值"项（表示目标函数求最大值），在"可变单元格"栏输入"$B$15: $C$15"。

第四步：在"规划求解参数"对话框中（见图 11-7），单击"添加"按钮，弹出"添加约束"对话框（见图 11-8），在"单元格引用位置"框中输入"$B$22:$B$24"，选择"<="，在"约束值"框中输入"$D$22:$D$24"（此操作同时添加了 3 个约束条件，大家也可以逐一添加约束条件），然后单击"确定"按钮，返回"规划求解参数"对话框。

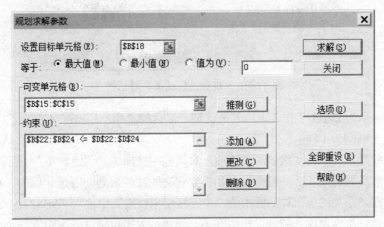

图 11-7 "规划求解参数"对话框

图 11-8 "添加约束"对话框

第五步：在"规划求解参数"对话框中（见图 11-7），单击"选项"按钮，弹出"规划求解选项"对话框（见图 11-9），选择"假定非负"和"采用线性模型"，单击"确定"按钮。

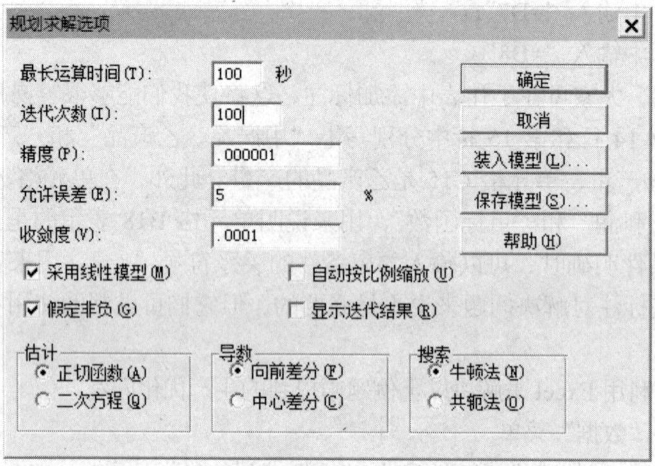

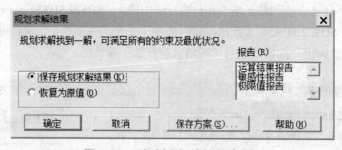

图 11-9 "规划求解选项"对话框

第六步：完成以上步骤，在"规划求解参数"对话框中，单击"求解"按钮，弹出"规划求解结果"对话框（见图 11-10），在"规划求解结果"对话框中，选择"保存规划求解结果"，单击"确定"按钮，显示计算结果（见图 11-11）。

图 11-10 "规划求解结果"对话框

图 11-11 所示为 Excel 工作表求出的最优解。最优解是生产甲产品 4 个，乙产品 2 个，此时可获得的最大利润为 14 元。

需要说明的是，我们在"规划求解选项"对话框中选择了"假定非负"（见图 11-9），这样做就不必输入非负性约束了。一般来说，如果要解决的线性规划问题是非负的，都应该选择该条件。此外，在"添加约束"对话框中的"单元格引用位置"中输入"$B$22:$B$24"，这样就将全部约束条件一次性地输入到计算机中去了，当然，大家也可以一次输入一个约束条件，如图 11-12 所示。

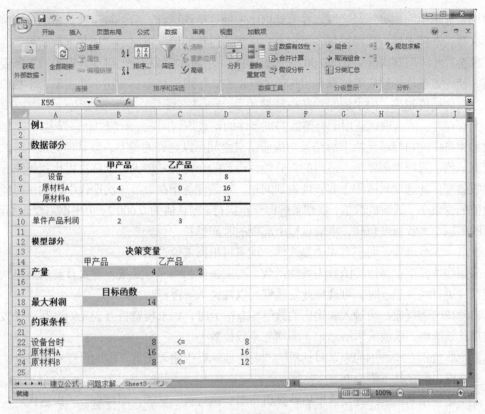

图 11-11　生产优化问题的求解结果

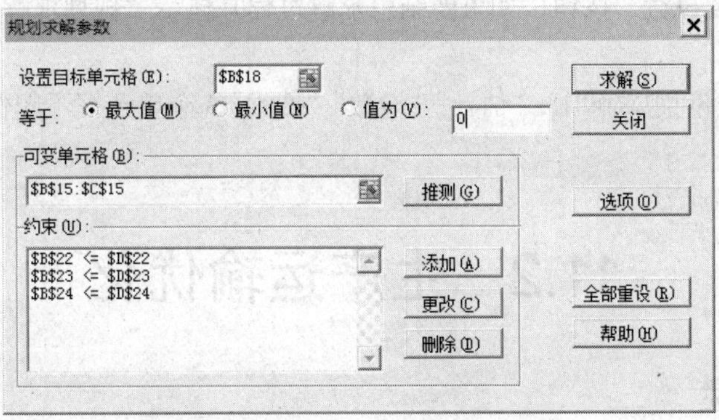

图 11-12　一次输入一个约束条件

"规划求解选项"对话框（见图 11-9）中有一些参数，我们通过设置这些参数的取值，可以控制规划求解过程，下面给出具体说明。

最长运算时间：此选项默认值为 100 秒。如果要改变设置，可先删去默认值，然后根据问题规模的大小和复杂程度、可变单元格和约束条件的多少，以及所选其他选项的数目输入适当的运算时间，最长可达 32 767 秒。

迭代次数：此选项默认值为 100 次。如果要改变设置，可先删去默认值，输入更多的迭代次数，最多可达 32 767 次。增加迭代次数有可能使规划求解得到更满意的结果，但运算时间也将相应延长。

我们在运算过程中如果尚未找到结果就已经达到设定的运算时间和迭代次数，此时系统将会弹出"显示中间结果"对话框。在对话框中选择"继续运行"后，可设置更多的运算时间和迭代次数，继续求解；选择停止，可在未完成求解过程的情况下显示"规划求解结果"。

精度：此选项默认值为 0.000 001。如果要达到更高的求解精度，可在此框中输入所要求的数值，使约束条件的数值能够满足目标值或其上限、下限。精度必须用小数表示，小数位数越多，达到的精度越高，但求解的时间也越长。

允许误差：此选项只适用于有整数约束条件的整数规划问题。所谓"允许误差"，是指满足整数约束条件的目标单元格求解结果与最佳结果之间可以允许的偏差，默认值为 5%。如果要改变默认值，可根据需要输入适当的百分数，设置的允许误差越大，求解过程也就越快。

收敛度：此选项只适用于非线性规划问题。收敛度是指在最近 5 次迭代中，如果目标单元格数值的变化小于设置的数值，规划求解即停止运行。默认值为 0.000 1，可根据需要改变设置。设置的值越小，收敛度越高，求解过程所需要的时间越长。

在以上 5 个选项下面还有 4 个复选框，读者可根据需要选用。

采用线性模型：当目标函数为线性函数，约束条件为线性等式或不等式且要求解决线性优化问题或进行线性逼近时，可选择此复选框，以加速求解过程。

自动按比例缩放：当输入和输出的数值相差很大时，如求投资百万美元的赢利百分数时，可选择此复选框，以放大求解结果（即增加小数位数）。

假定非负：在"添加约束"对话框的"约束值"框中输入设置下限的可变单元格时，可选择此复选框，假定其下限为 0。

显示迭代结果：选择此复选框后计算机将单步执行规划求解，即每进行一次迭代后都将求解的数值记入工作表，并弹出"显示中间结果"对话框。如果要继续求解过程并显示下次求解结果，可单击"继续执行"按钮；如果要结束求解过程并显示"规划求解结果"对话框，可单击"停止"按钮。

由于在线性规划问题求解中，"估计""导数""搜索"3 个单选框不起作用，本书不再介绍。

11.2　生产运输优化

11.2.1　案例描述

沃尔什果汁公司（Walsh's Juice Company）使用葡萄原汁制造 3 种产品：瓶装果汁、冷冻浓缩汁和果冻。公司从五大湖附近的 3 家葡萄园购买葡萄汁。葡萄在葡萄园采摘下来后，马上在葡萄园的工厂里被加工成葡萄汁，储存于冷冻罐中。葡萄汁随后被运输到位于弗吉尼亚州、密歇根州、田纳西州和印第安纳州的 4 个工厂，在那里被制成瓶装果汁，浓缩汁和果冻。在收获季节，葡萄园的出产量每个月都不同，每个工厂的加工能力也都有差异。

生产运输优化

在特定的月份，纽约的葡萄园可以出产葡萄原汁 1 400 吨，而俄亥俄州和宾夕法尼亚州的葡萄园可以出产 1 700 吨和 1 100 吨。弗吉尼亚州的工厂每个月处理葡萄原汁的能力是 1 200 吨，密歇根州、田纳西州和印第安纳州工厂的处理能力分别为 1 100 吨、1 400 吨和 1 400 吨。从葡萄园到工厂运输葡萄原汁的运输成本如表 11-2 所示。

表 11-2　从葡萄园到工厂运输葡萄汁的运输成本　　　　　　　　　　　单位：美元

葡萄园	工厂			
	弗吉尼亚州	密歇根州	田纳西州	印第安纳州
纽约	850	720	910	750
宾夕法尼亚州	970	790	1 050	880
俄亥俄州	900	830	780	820

每个工厂的新旧程度、设备情况、工资水平都不同，所以加工每吨每种产品的成本也就有如表 11-3 所示的不同。

表 11-3　加工每吨每种产品的成本　　　　　　　　　　　　　　单位：美元

产品	工厂			
	弗吉尼亚州	密歇根州	田纳西州	印第安纳州
果汁	2 100	2 350	2 200	1 900
浓缩汁	4 100	4 300	3 950	3 900
果冻	2 600	2 300	2 500	2 800

在这个特定的月份，公司要在 4 个工厂总共生产 1 200 吨瓶装果汁、900 吨浓缩汁和 700 吨果冻。然而浓缩汁的加工过程会导致果汁脱水，果冻的加工工序需要蒸煮使水分蒸发。加工 1 吨浓缩汁需要 2 吨原汁，加工 1 吨果冻需要 1.5 吨原汁，加工 1 吨果汁需要 1 吨原汁。

公司需要决定从每个葡萄园运输多少吨原汁到每个工厂，每个工厂需要加工每种产品多少吨。因此，公司需要建立一个包括运输和生产两方面的模型，并求出包括从葡萄园到工厂的运输成本和生产成本在内的总成本的最小值。请帮助该公司建立线性规划模型并用计算机求解，从而解决这一问题。

11.2.2　建立模型

设 x_1、x_2、x_3、x_4、x_5、x_6、x_7、x_8、x_9、x_{10}、x_{11}、x_{12} 分别表示从纽约、宾夕法尼亚州和俄亥俄州 3 个葡萄园运输葡萄汁到弗吉尼亚州、密歇根州、田纳西州和印第安纳州 4 个工厂的运输量。y_1、y_2、y_3、y_4、y_5、y_6、y_7、y_8、y_9、y_{10}、y_{11}、y_{12} 分别表示弗吉尼亚州、密歇根州、田纳西州和印第安纳州 4 个工厂加工果汁、浓缩汁和果冻 3 种产品的加工量，各变量具体的含义如表 11-4 和表 11-5 所示。

表 11-4　决策变量赋值——从葡萄园运输葡萄汁到工厂的运输量

葡萄园	工厂			
	弗吉尼亚州	密歇根州	田纳西州	印第安纳州
纽约	x_1	x_4	x_7	x_{10}
宾夕法尼亚州	x_2	x_5	x_8	x_{11}
俄亥俄州	x_3	x_6	x_9	x_{12}

表 11-5　决策变量赋值——各个工厂加工每种产品的加工量

产品	工厂			
	弗吉尼亚州	密歇根州	田纳西州	印第安纳州
果汁	y_1	y_4	y_7	y_{10}
浓缩汁	y_2	y_5	y_8	y_{11}
果冻	y_3	y_6	y_9	y_{12}

则沃尔什果汁公司的生产运输问题可被描述为下面的线性规划模型：

目标函数：

$$z_{\min} = 850x_1 + 970x_2 + 900x_3 + 720x_4 + 790x_5 + 830x_6 + 910x_7 + 1050x_8 + 780x_9 + 750x_{10} + 880x_{11}$$
$$+ 820x_{12} + 2100y_1 + 4100y_2 + 2600y_3 + 2350y_4 + 4300y_5 + 2300y_6 + 2200y_7 + 3950y_8$$
$$+ 2500y_9 + 1900y_{10} + 3900y_{11} + 2800y_{12}$$

约束条件：每个葡萄园运输葡萄汁的总运输量小于或等于该葡萄园能出产的总量。每个工厂获得的葡萄汁总量小于或等于该工厂能够处理的量。每种产品的加工量等于公司计划的出产量。每个工厂加工产品所需的葡萄汁量小于等于该工厂获得的葡萄汁总量。

$$x_1 + x_4 + x_7 + x_{10} \leqslant 1400$$
$$x_2 + x_5 + x_8 + x_{11} \leqslant 1100$$
$$x_3 + x_6 + x_9 + x_{12} \leqslant 1700$$

$$x_1 + x_2 + x_3 \leqslant 1200$$
$$x_4 + x_5 + x_6 \leqslant 1100$$
$$x_7 + x_8 + x_9 \leqslant 1400$$
$$x_{10} + x_{11} + x_{12} \leqslant 1400$$

$$y_1 + y_4 + y_7 + y_{10} = 1200$$
$$y_2 + y_5 + y_8 + y_{11} = 900$$
$$y_3 + y_6 + y_9 + y_{12} = 700$$

$$y_1 + 2y_2 + 1.5y_3 \leqslant x_1 + x_2 + x_3$$
$$y_4 + 2y_5 + 1.5y_5 \leqslant x_4 + x_5 + x_6$$
$$y_7 + 2y_8 + 1.5y_9 \leqslant x_7 + x_8 + x_9$$
$$y_{10} + 2y_{11} + 1.5y_{12} \leqslant x_{10} + x_{11} + x_{12}$$

$$x_1 、 x_2 、 \cdots 、 x_{12} \geqslant 0 \ 和 \ y_1 、 y_2 、 \cdots 、 y_{12} \geqslant 0$$

11.2.3　模型求解

运用 Excel 的规划求解工具解决该问题的具体操作步骤可参考本章第一节的内容，此处不再详细描述。图 11-13～图 11-17 所示为具体操作步骤的截图，本题还运用了 Excel 中的 SUMPRODUCT 函数，该函数将数组间对应的元素相乘，并返回乘积之和。图 11-17 中的灰色区域即为该题求解的最终结果。

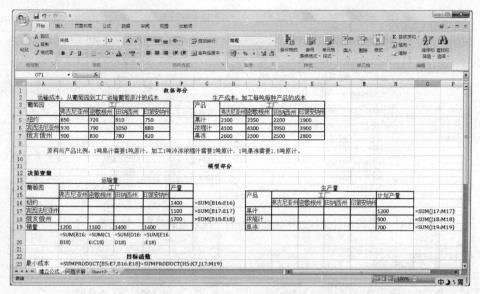

图 11-13 沃尔什果汁公司优化问题数据输入和公式建立

图 11-14 沃尔什果汁公司优化问题数据输入和公式建立（续）

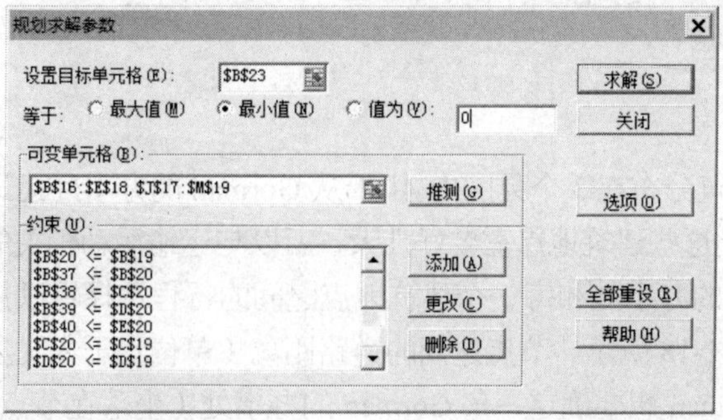

图 11-15 沃尔什果汁公司优化问题的"规划求解参数"对话框

规划求解参数

设置目标单元格(E): $B$23

等于: ○ 最大值(M) ● 最小值(N) ○ 值为(V): 0

可变单元格(B):
$B$16:$E$18, $J$17:$M$19   推测(G)

约束(U):
$E$20 <= $E$19   添加(A)
$G$16 <= $F$16   更改(C)
$G$17 <= $F$17
$G$18 <= $F$18   删除(D)
$O$17 = $N$17
$O$18 = $N$18
$O$19 = $N$19

求解(S)
关闭
选项(O)
全部重设(R)
帮助(H)

图 11-16　沃尔什果汁公司优化问题的"规划求解参数"对话框（续）

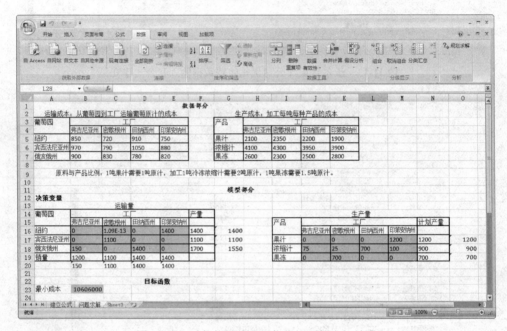

图 11-17　沃尔什果汁公司优化问题的求解结果

11.3　转运路径优化

11.3.1　案例描述

转运路径优化

Gorman 的一些建筑分布在 3 个县区内。由于从 Gorman 的办事处运送人力、设备和供应物资到这些建筑地点需要好几天，所以与运输活动相关的成本是巨大的。Gorman 的办事处和每一个建筑地点之间的行程选择可以用公路网络来描述，如图 11-18 所示。节点之间的道路距离（单位：千米）显示在相应弧线上面。Gorman 想要确定一条 Gorman 的办事处（坐落在节点 1）和坐落在节点 6 的建筑地点间的总行程距离最短的路径。

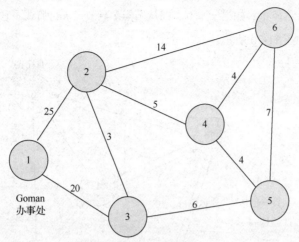

注意：（1）弧旁的权值代表节点之间的行驶距离。
　　　（2）所有的道路都是双向的。

图 11-18　Gorman 公司最短路径问题的公路网络

11.3.2　建立模型

　　Gorman 最短路径问题可以被看成是一个带有一个起始节点（节点 1）、一个目标节点（节点 6）以及 4 个转运节点（节点 2、3、4、5）的转运问题。Gorman 最短路径问题的转运网络如图 11-19 所示。增加到弧线上的箭头显示了货流的方向，它们总是从起始节点出来，并进入目的节点。注意，在成对转运节点之间也存在两个方向的弧线。例如，从节点 2 出来，进入节点 3 的弧线表明最短路径可能从节点 2 到节点 3。从节点 3 出来，进入节点 2 的弧线表明最短路径也可能从节点 3 到节点 2。在任何一个方向上，两个转运节点间的距离是相同的。

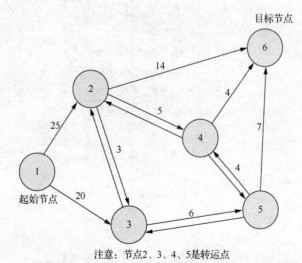

注意：节点2、3、4、5是转运点

图 11-19　Gorman 公司最短路径问题的转运网络

　　为了找到节点 1 到节点 6 的最短路径，我们认为节点 1 有 1 个单位的供应量，并且节点 6 有 1 个单位的需求。设 x_{ij} 为从节点 i 到节点 j 流动或被传送的单位数。因为只有 1 个单位从节点 1 被运送到节点 6，所以 x_{ij} 的值是 1，或者是 0。如果 $x_{ij}=1$，则从节点 i 至 j 的弧线在从节点 1 至节点 6 的最短路径上；如果 $x_{ij}=0$，则从节点 i 至节点 j 的弧线不在该最短路径上。各变量表示的具体含义如图 11-20 所示。

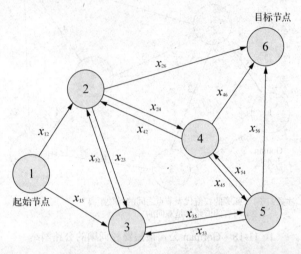

图 11-20 决策变量赋值——从节点 i 到节点 j 流动或被传送的单位数

目标函数：经过所有节点的最短路径。

$$z_{min} = 25x_{12} + 20x_{13} + 3x_{23} + 3x_{32} + 5x_{24} + 5x_{42} + 6x_{35} + 6x_{53} + 4x_{45} + 4x_{54}$$
$$+ 14x_{26} + 4x_{46} + 7x_{56}$$

约束条件：节点 1 是有 1 个单位供应的起始节点，所以从节点 1 出来的货流一定等于 1；节点 2、3、4、5 为转运节点，从每个节点流出的量必须等于进入每个节点的量，所以流出量减去流入量一定等于 0；节点 6 是有 1 个单位需求的目标节点，所以进入节点 6 的流量必须等于 1；决策变量取值为二进制，即 0 和 1。

$$x_{12} + x_{13} = 1$$

$$x_{23} + x_{24} + x_{26} - x_{32} - x_{42} - x_{12} = 0$$
$$x_{32} + x_{35} - x_{13} - x_{23} - x_{53} = 0$$
$$x_{42} + x_{45} + x_{46} - x_{24} - x_{54} = 0$$
$$x_{54} + x_{56} + x_{53} - x_{45} - x_{35} = 0$$

$$x_{26} + x_{46} + x_{56} = 1$$

$$x_{ij} = 0 或 x_{ij} = 1$$

11.3.3 模型求解

运用 Excel 的规划求解工具解决该问题的具体操作步骤可参考本章第一节的内容，此处不再详细描述。图 11-21～图 11-23 所示为具体操作步骤的截图，本题还运用了 Excel 中的 SUMPRODUCT 函数，该函数将数组间对应的元素相乘，并返回乘积之和。图 11-23 中的灰色区域即为该题求解的最终结果。

图 11-21 Gorman 公司优化问题数据输入和公式建立

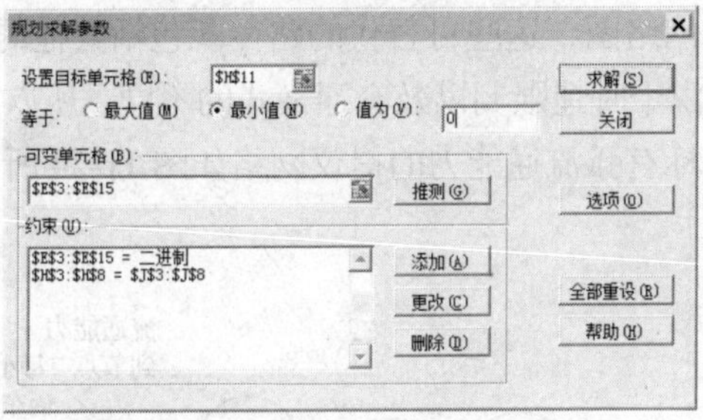

图 11-22 Gorman 公司优化问题的"规划求解参数"对话框

需要说明的是，在图 11-22 中，需要添加二进制约束条件，其具体操作方法：在"规划求解参数"对话框中（见图 11-22），单击"添加"按钮，弹出"添加约束"对话框，在"添加约束"对话框中选择 bin 符号，以此添加二进制约束条件。

图 11-23 Gorman 公司优化问题的求解结果

需要说明的是，在本案例中我们假定网络中所有的路线都是双向的，我们用两个决策变量 x_{23} 和 x_{32} 表示最短路径可能从节点 2 到节点 3，也可能从节点 3 到节点 2。如果连接节点 2 和节点 3 的路线是一条只允许货流从节点 2 到节点 3 流动的单向路线，那么决策变量 x_{32} 将不会包含在本模型中。

11.4　路网流量优化

11.4.1　案例描述

路网流量优化

在辛辛那提和俄亥俄州的南北向州际高速公路系统中，南北向的交通流量在高峰时期会达到 15 000 辆车的水平。由于夏季高速公路维护时需要暂时封锁道路并限制更低的时速，交通规划委员会已经提出了穿过辛辛那提的可替代路径的网络图，这些可替代的路径既包括其他的高速公路，也包括城市街道。由于时速限制以及交通模式的不同，所以应用在特定街道和公路上的流通能力是不一样的。标有弧流通能力的提议网络如图 11-24 所示，求该替代路径的最大交通流量。

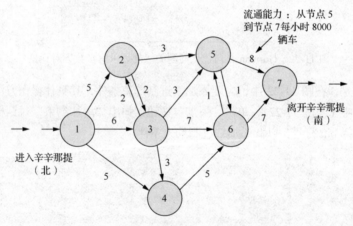

图 11-24　穿过辛辛那提的高速公路系统和流通能力（1 000 辆/小时）的网络

每条弧的流向被指明了，而且弧能力标注在每条弧的旁边。注意，大部分的街道是单向的。然而，在节点 2 和节点 3 之间，以及节点 5 和节点 6 之间存在双向的街道。在这两种情况下，每个方向的通过能力是相同的。

11.4.2　建立模型

设决策变量 x_{ij} 为从节点 i 至节点 j 的交通流量数，各变量表示的具体含义如图 11-25 所示。

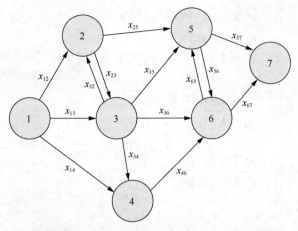

图 11-25　决策变量赋值——从节点 i 至节点 j 的交通流量数

我们添加一条从节点 7 回到节点 1 的弧线来表示穿过高速公路系统的总流量。图 11-26 所示为修改后的网络。新增加的弧线没有通过能力限制，事实上，我们希望最大化通过那条弧线的流量。最大化节点 7 至节点 1 弧线的流量等于穿过途经辛辛那提的南北向高速公路系统的汽车数量。

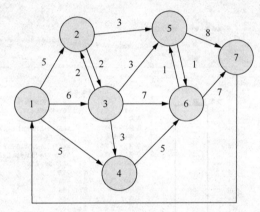

图 11-26　表示穿过辛辛那提高速公路系统的总流量，即从节点 7 至节点 1 的弧流向

目标函数：最大化高速公路系统流量。

$$z_{\max} = x_{71}$$

约束条件：节点流量守恒；弧的通过能力限制。

对于所有的转运问题，每个弧产生一个变量，并且每个节点产生一个约束条件。对于每一个节点，流量守恒约束表示需要流出量必须等于流入量，或者表达为流出量减去流入量必须等于 0。

$$x_{12} + x_{13} + x_{14} - x_{71} = 0$$
$$x_{23} + x_{25} - x_{12} - x_{32} = 0$$
$$x_{32} + x_{34} + x_{35} + x_{36} - x_{13} - x_{23} = 0$$
$$x_{46} - x_{14} - x_{34} = 0$$
$$x_{56} + x_{57} - x_{25} - x_{35} - x_{65} = 0$$
$$x_{65} + x_{67} - x_{36} - x_{46} - x_{56} = 0$$
$$x_{71} - x_{57} - x_{67} = 0$$

$$x_{12} \leqslant 5 \quad x_{13} \leqslant 6 \quad x_{14} \leqslant 5$$

$$x_{23} \leqslant 2 \quad x_{25} \leqslant 3$$

$$x_{32} \leqslant 2 \quad x_{34} \leqslant 3 \quad x_{35} \leqslant 3 \quad x_{36} \leqslant 7$$

$$x_{46} \leqslant 5$$

$$x_{56} \leqslant 1 \quad x_{57} \leqslant 8$$

$$x_{65} \leqslant 1 \quad x_{67} \leqslant 7$$

$$x_{ij} \geqslant 0$$

注意，从节点 7 到节点 1 添加的弧线没有能力限制。

11.4.3　模型求解

运用 Excel 的规划求解工具解决该问题的具体操作步骤可参考本章第一节的内容，此处不再详细描述。图 11-27～图 11-29 所示为具体操作步骤的截图，图 11-29 中的灰色区域即为该题求解的最终结果。

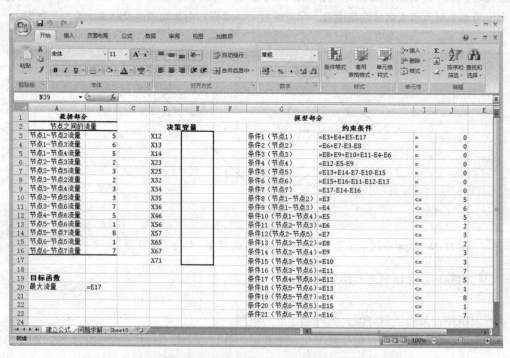

图 11-27　辛辛那提的高速公路系统优化问题数据输入和公式建立

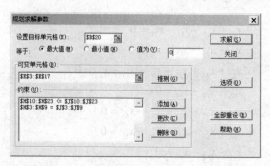

图 11-28　辛辛那提的高速公路系统优化问题的"规划求解参数"对话框

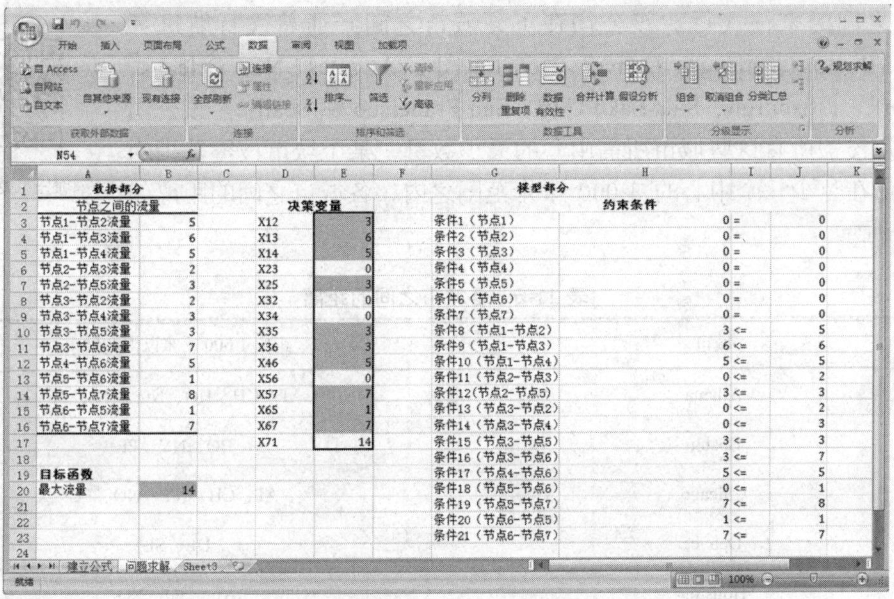

图 11-29　辛辛那提的高速公路系统优化问题的求解结果

最终结果表明，穿过高速公路系统的最大流量是 14 000 辆车，高速公路网络中车流的分布如图 11-30 所示。例如，我们注意到每小时有 3 000 辆车在节点 1 和节点 2 之间驶过，以及每小时有 3 000 辆车在节点 2 和节点 5 之间驶过，等等。

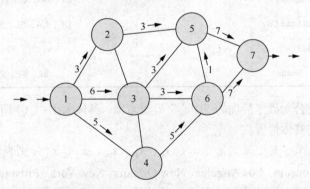

图 11-30　最终结果——辛辛那提高速公路系统网络的最大流量模式

最大流量分析的结果表明，计划的高速公路网络系统不能够满足每小时 15 000 辆车的峰值流量。交通规划员不得不扩展高速公路网络，增加当前弧的流通能力，否则就准备去应对严重的交通问题吧。

11.5　物流中心选址优化

11.5.1　案例描述

西部航空公司决定在美国设计一套"中心"系统。每个中心用于连接 1 000 千米范围内城市之间的来往飞行。该公司在下列城市之间开通着飞行航班：Atlanta、Boston、Chicago、Denver、Houston、Los Angeles、New Orleans、New York、Pittsburgh、Salt Lake City、San Francisco 和 Seattle。该公司希望确定覆盖所有这些城市所需中心的最少数量，某个城市被覆盖指的是该城市在至少一个中心的 1 000 千米范围之内，各城市之间的距离如表 11-6 所示。

物流中心选址优化

表 11-6　各城市之间的距离

城市	距离 1 000 千米以内的城市
Atlanta	AT、CH、HO、NO、NY、PI
Boston	BO、NY、PI
Chicago	AT、CH、NY、NO、PI
Denver	DE、SL
Houston	AT、HO、NO
Los Angeles	LA、SL、SF
New Orleans	AT、CH、HO、NO
New York	AT、BO、CH、NY、PI
Pittsburgh	AT、BO、CH、NY、PI
Salt Lake City	DE、LA、SL、SF、SE
San Francisco	LA、SL、SF、SE
Seattle	SL、SF、SE

请帮助西部航空公司确定最优的"中心"设置方案。具体求出：（1）所需中心的最少数量；（2）各个中心的具体位置。

解： 设 x_1、x_2、x_3、x_4、x_5、x_6、x_7、x_8、x_9、x_{10}、x_{11}、x_{12} 分别表示 Atlanta、Boston、Chicago、Denver、Houston、Los Angeles、New Orleans、New York、Pittsburgh、Salt Lake City、San Francisco 和 Seattle 共 12 个城市是否被选为中心，上述变量的取值范围只有 0 和 1，"0"代表该城市没有被选为中心，"1"表示该城市被选为中心，各变量表示的具体含义如表 11-7 所示。

表 11-7　决策变量赋值——该城市是否被选为中心

城市	变量名称（是否被选为中心）	城市	变量名称（是否被选为中心）
Atlanta	x_1	New Orleans	x_7
Boston	x_2	New York	x_8
Chicago	x_3	Pittsburgh	x_9
Denver	x_4	Salt Lake City	x_{10}
Houston	x_5	San Francisco	x_{11}
Los Angeles	x_6	Seattle	x_{12}

11.5.2 建立模型

根据案例描述，西部航空公司的物流中心选址优化问题可被描述为下面的线性规划模型。

目标函数：覆盖所有这些城市所需中心的最少数量。

$$z_{\min} = x_1 + x_2 + x_3 + x_4 + x_5 + x_6 + x_7 + x_8 + x_9 + x_{10} + x_{11} + x_{12}$$

约束条件：每个城市在至少一个中心的 1 000 千米范围之内。

$$x_1 + x_3 + x_5 + x_7 + x_8 + x_9 \geqslant 1$$
$$x_2 + x_8 + x_9 \geqslant 1$$
$$x_1 + x_3 + x_7 + x_8 + x_9 \geqslant 1$$
$$x_4 + x_{10} \geqslant 1$$
$$x_1 + x_5 + x_7 \geqslant 1$$
$$x_6 + x_{10} + x_{11} \geqslant 1$$
$$x_1 + x_3 + x_5 + x_7 \geqslant 1$$
$$x_1 + x_2 + x_3 + x_8 + x_9 \geqslant 1$$
$$x_1 + x_2 + x_3 + x_8 + x_9 \geqslant 1$$
$$x_4 + x_6 + x_{10} + x_{11} + x_{12} \geqslant 1$$
$$x_6 + x_{10} + x_{11} + x_{12} \geqslant 1$$
$$x_{10} + x_{11} + x_{12} \geqslant 1$$

$$x_1 、 x_2 、 \cdots 、 x_{12} = 0 \text{ 或 } x_1 、 x_2 、 \cdots 、 x_{12} = 1$$

11.5.3 模型求解

运用 Excel 的规划求解工具解决该问题的具体操作步骤可参考本章第一节的内容，此处不再详细描述。图 11-31～图 11-33 所示为具体操作步骤的截图，图 11-33 中的灰色区域即为该题求解的最终结果。

图 11-31　西部航空公司中心选址优化问题数据输入和公式建立

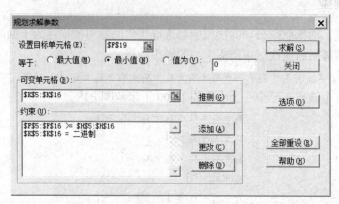

图 11-32 西部航空公司中心选址优化问题的"规划求解参数"对话框

图 11-33 西部航空公司中心选址优化问题的求解结果

11.6 多目标配送优化

11.6.1 案例描述

多目标配送优化

无限计算机公司向东海岸的大学和学院销售微型计算机,并从 3 个分销仓库运输计算机。

公司在学年开始时可向各大学供应微型计算机,有 4 所大学订购了微型计算机,这些微型计算机必须在学年开始之前被运到各个大学并安装好,具体如表 11-8 所示。

表 11-8　微型计算机运输成本、供应量及需求量　　　　　　　　　　　　　　　　单位：美元

仓库	大学				供应量
	工程学院 （Tech）	农机学院 （A&M）	州立大学 （State）	中央大学 （Central）	
里士满	22	17	30	18	420
亚特兰大	15	35	20	25	610
华盛顿	28	21	16	14	340
需求量	520	250	400	380	

无限计算机公司指出了一些目标，按其重要程度排序如下。

（1）农机学院是其较好的长期客户之一，因此无限计算机公司想满足农机学院的所有需求。

（2）因为近期和一个汽车货运联盟发生了一些问题，它想从华盛顿仓库最少船运 80 个单位的货物到中央大学。

（3）为了和所有客户保持尽可能好的关系，无限计算机公司将至少满足每个客户80%的需求。

（4）总的运输成本控制在 26 000 美元范围内。

（5）因为对负责从亚特兰大到州立大学之间运输的货运公司不满意，希望最小化这段路程上的船运量。

请帮助无限计算机公司构建这个问题的目标规划模型，决定每段路程上微型计算机的运量，以满足这些目标，并用计算机求解这个模型。

11.6.2　建立模型

根据案例描述，设决策变量 x_{11}、x_{12}、x_{13}、x_{14}、x_{21}、x_{22}、x_{23}、x_{24}、x_{31}、x_{32}、x_{33}、x_{34} 分别表示无限计算机公司从里士满、亚特兰大和华盛顿 3 个分销仓库向东海岸的工程学院、农机学院、州立大学和中央大学 4 所学校运输微型计算机的运输量。d_1^-、d_1^+、d_2^-、d_2^+、d_3^-、d_3^+、d_4^-、d_4^+、d_5^-、d_5^+、d_6^-、d_6^+、d_7^-、d_7^+ 分别表示多目标规划中各级目标的正负偏差变量，各决策变量表示的具体含义如表 11-9 所示。

表 11-9　决策变量赋值——从分销仓库运输微型计算机到各所大学的运输量

仓库	大学				供应量
	工程学院 （Tech）	农机学院 （A&M）	州立大学 （State）	中央大学 （Central）	
里士满	x_{11}	x_{12}	x_{13}	x_{14}	420
亚特兰大	x_{21}	x_{22}	x_{23}	x_{24}	610
华盛顿	x_{31}	x_{32}	x_{33}	X_{34}	340
需求量	520	250	400	380	

则无限计算机公司的运输问题可被描述为下面的多目标规划模型。

目标函数：$z_{\min} = p_1(d_1^- + d_1^+) + p_2 d_2^- + p_3(d_3^- + d_4^- + d_5^-) + p_4 d_6^+ + p_5 d_7^+$

约束条件：由于供应量小于需求量，每个分销仓库运输微型计算机的总运输量等于其供应量，各仓库运往大学的运输量之和小于或等于大学的需求量；满足农机学院的所有需求；从华盛顿仓库最少船运 80 个单位的货物到中央大学；至少满足每个客户 80%的需求；总的运输成本控制在 26 000 美元范围内；最小化从亚特兰大到州立大学这段路程上的船运量；各个路线的运输量为非负整数。

$$x_{11} + x_{12} + x_{13} + x_{14} = 420$$
$$x_{21} + x_{22} + x_{23} + x_{24} = 610$$
$$x_{31} + x_{32} + x_{33} + x_{34} = 340$$

$$x_{11} + x_{21} + x_{31} \leqslant 520$$
$$x_{12} + x_{22} + x_{32} \leqslant 250$$
$$x_{13} + x_{23} + x_{33} \leqslant 400$$
$$x_{14} + x_{24} + x_{34} \leqslant 380$$

$$x_{12} + x_{22} + x_{32} + d_1^- - d_1^+ = 250$$
$$x_{34} + d_2^- - d_2^+ = 80$$

$$x_{11} + x_{21} + x_{31} + d_3^- - d_3^+ = 520 \times 80\%$$
$$x_{13} + x_{23} + x_{33} + d_4^- - d_4^+ = 400 \times 80\%$$
$$x_{14} + x_{24} + x_{34} + d_5^- - d_5^+ = 380 \times 80\%$$

$$22x_{11} + 17x_{12} + 30x_{13} + 18x_{14} + 15x_{21} + 35x_{22} + 20x_{23}$$
$$+25x_{24} + 28x_{31} + 21x_{32} + 16x_{33} + 14x_{34} + d_6^- - d_6^+ = 26000$$

$$x_{23} + d_7^- - d_7^+ = 0$$

$$x_{ij} \geqslant 0 \text{且为整数}$$

11.6.3 模型求解

运用 Excel 的规划求解工具解决多目标规划问题时，需要分阶段求解：首先，对第一个目标求解，以第一个目标作为目标函数，求最小，此时的约束条件为初始模型中的全部约束条件，如果目标函数等于 0，则意味着第一个目标可以满足；其次，对第二个目标求解，以第二个目标作为新的目标函数，求最小，在这个阶段中要把第一个目标作为一个新的约束条件加进来（约束条件：第一个目标=0），此时约束条件的数量增加一个；最后，依次类推，如果某个阶段目标值不为零，则运算结束，得到多目标规划的满意解。

根据上文描述的多目标规划的求解方法，本题的求解过程最多需要经过 5 个阶段。

第一阶段：目标函数为 $z_{\min} = d_1^- + d_1^+$，约束条件：条件 1~条件 15，判断目标值是否等于 0；

第二阶段：目标函数为 $z_{\min} = d_2^-$，约束条件：条件 1～条件 15，以及 $d_1^- + d_1^+ = 0$（条件 16），判断目标值是否等于 0；

第三阶段：目标函数为 $z_{\min} = d_3^- + d_4^- + d_5^-$，约束条件：条件 1～条件 15，以及 $d_1^- + d_1^+ = 0$（条件 16）和 $d_2^- = 0$（条件 17），判断目标值是否等于 0；

第四阶段：目标函数为 $z_{\min} = d_6^+$，约束条件：条件 1～条件 15，以及 $d_1^- + d_1^+ = 0$（条件 16）、$d_2^- = 0$（条件 17）和 $d_3^- + d_4^- + d_5^- = 0$（条件 18），判断目标值是否等于 0；

第五阶段：目标函数为 $z_{\min} = d_7^+$，约束条件：条件 1～条件 15，以及 $d_1^- + d_1^+ = 0$（条件 16）、$d_2^- = 0$（条件 17）、$d_3^- + d_4^- + d_5^- = 0$（条件 18）和 $d_6^+ = 0$（条件 19），判断目标值是否等于 0。

运用 Excel 的规划求解工具解决该问题的具体操作步骤可参考本章第一节的内容，此处不再详细描述。图 11-34 所示为建立无限计算机公司多目标配送优化模型的截图，本题还运用了 Excel 中的 SUMPRODUCT 函数，该函数将数组间对应的元素相乘，并返回乘积之和。

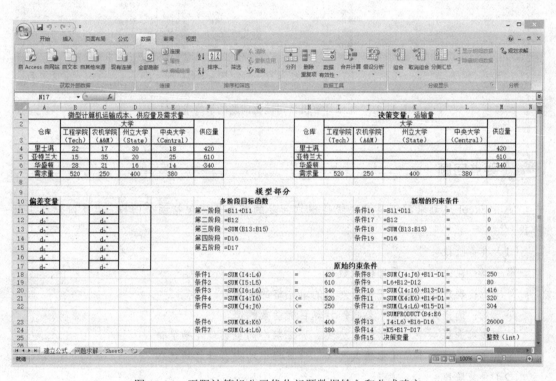

图 11-34　无限计算机公司优化问题数据输入和公式建立

需要说明的是，在前 4 个阶段的计算中，每个阶段的目标值都为 0，也就是说，在满足前 4 个目标的基础上，我们开始了第五阶段的计算。由于篇幅限制，书中没有放置第一、第二、第三、第四阶段的求解结果截图，图 11-35 中的灰色区域为第五阶段的求解结果，即该问题求解的最终结果。

根据图 11-35 所示的计算结果，5 个阶段的最小目标值均为 0，因此，该运输方案满足了无限计算机公司的全部目标要求。

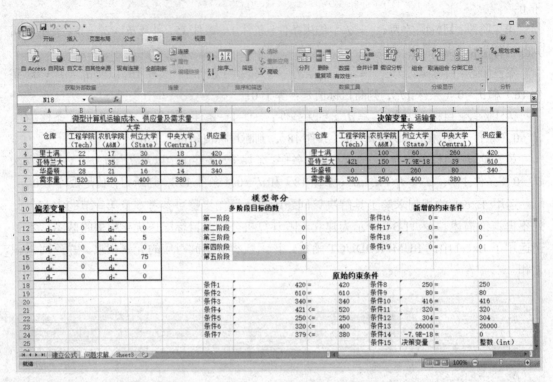

图 11-35　无限计算机公司优化问题的最终求解结果

 要点回顾

使用 Excel 规划求解工具解决线性规划问题的基本步骤包括两个阶段：准备阶段和求解阶段。

（1）准备阶段。

第一步：在工作表的顶部输入数据。

第二步：确定每个决策变量所对应的单元格的位置。

第三步：选择单元格输入公式，计算目标函数的值。

第四步：选择一个单元格输入公式，计算每个约束条件左边的值。

第五步：选择一个单元格输入公式，计算每个约束条件右边的值。

（2）求解阶段。

第一步：选择"数据"菜单。

第二步：选择"规划求解"选项，打开"规划求解参数"对话框。

第三步：在"规划求解参数"对话框中，设置"目标单元格"和"可变单元格"。

第四步：在"规划求解参数"对话框中，单击"添加"按钮，弹出"添加约束"对话框，设置"约束条件"。

第五步：在"规划求解参数"对话框中，单击"选项"按钮，弹出"规划求解选项"对话框，选择"假定非负"和"采用线性模型"。

第六步：完成以上步骤，在"规划求解参数"对话框中单击"求解"按钮。

电子商务物流管理（微课版　第3版）

1．某公司现有两个工厂 F1 和 F2，生产的产品供应 4 个销售点 A、B、C、D，由于需求量增加需要另设新厂，可供选择的地点为 F3 和 F4，试问选择其中哪个厂址较好？各生产厂以千箱为单位的产品生产成本及各生产厂至销售点的运输费用如表 11-10 所示。

表 11-10 单位产品生产成本及运输费用

工厂	生产运输费用（万元）				月产量（千箱）	生产成本（万元）
	A	B	C	D		
F1	0.48	0.29	0.41	0.33	6	7.7
F2	0.39	0.44	0.39	0.19	6.5	7.2
F3	0.22	0.65	0.25	0.62	10.5	7.4
F4	0.56	0.37	0.80	0.77	10.5	7.5
月需求量（千箱）	3	7	8	5		

2．PAWV 能源电力与一家政府运营的位于内华达的核废料处理厂签订了合同，可以从宾夕法尼亚核电站得到核废料。核废料必须要用加固的集装箱卡车运输，并且整个旅程要被限制在州际高速公路上。政府坚持垃圾必须在 42 小时之内完成运输，并且卡车要尽量在污染少的地方行驶。从匹兹堡到内华达垃圾场，卡车可以选择不同的州际高速公路，每条高速公路需要花费的时间（小时）如图 11-36 所示。

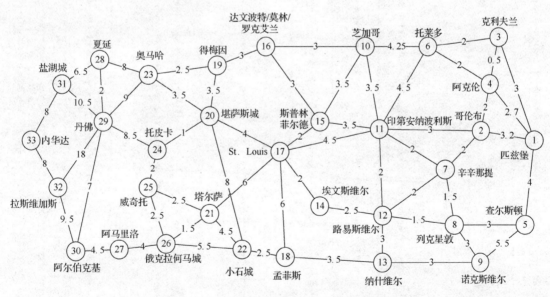

图 11-36　卡车通过每条州际高速公路花费的时间

卡车可能经过的大城市地区的人口数量如表 11-11 所示。

表 11-11　各大城市地区的人口数量

城市	人口（单位：1 000 000 人）	城市	人口（单位：1 000 000 人）
阿克伦	0.50	诺克斯维尔	0.54
阿尔伯克基	1.00	拉斯维加斯	1.60
阿马里洛	0.30	列克星敦	0.50
查尔斯顿	1.30	小石城	0.60
夏延	0.16	路易斯维尔	0.93
芝加哥	10.00	孟菲斯	1.47
辛辛那提	1.20	纳什维尔	1.00
克利夫兰	1.80	俄克拉何马城	1.30
哥伦布	0.75	奥马哈	1.40
达文波特/莫林/罗克艾兰	1.00	盐湖城	1.20
		斯普林菲尔德	0.36
丹佛	2.20	圣路易斯	2.00
得梅因	0.56	托莱多	0.76
埃文斯维尔	0.30	塔尔萨威奇托	0.30
印第安纳波利斯	1.60	托皮卡	1.00
堪萨斯城	2.10	威奇托	0.73

　　请帮助 PAWV 能源电力确定卡车在 42 小时内从匹兹堡到内华达行驶的最佳路径（卡车应尽可能在人口少的地区活动）。

第12章 供应链牛鞭效应实验

**内容提要**

本章模拟了啤酒生产和销售全过程，用直观的方式让读者了解牛鞭效应带来的影响，进而思考牛鞭效应产生的原因以及缓解牛鞭效应的方法。

学习完本章后，希望读者掌握以下内容。

（1）牛鞭效应产生的原因；

（2）缓解牛鞭效应的方法。

供应链牛鞭效应
实验

12.1 实验概述

牛鞭效应（参见本书第10章）对于供应链整体来说是一种不利的现象，它会增加企业的成本，尤其是对于供应链上游企业，"牛鞭效应"的影响更为明显。"牛鞭效应"实验是研究供应链管理问题的经典实验，在本实验中，读者将分组扮演不同角色（制造商、批发商和零售商），各角色的目标是尽量实现利润最大化。

1. 实验分组

供应链由1个制造商、2个批发商和4个零售商组成，制造商、批发商和零售商之间的关系如图12-1所示。

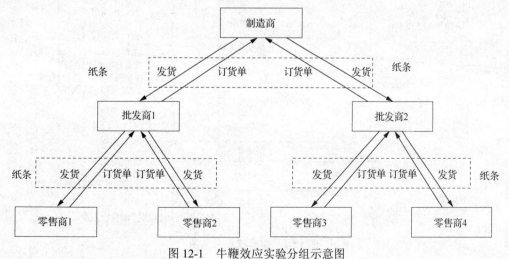

图12-1　牛鞭效应实验分组示意图

2. 实验角色

消费者： 负责每周周初向零售商 1、零售商 2、零售商 3 和零售商 4 同时发布相同的市场需求信息，零售商可立即获得市场需求信息。

零售商： 每周周初收到市场需求信息后，利用现有库存满足市场需求，零售商在周初完成销售后，立即向上游批发商发出订货单，上游批发商可立即获得订货信息。

批发商： 每周周初收到零售商订货单后安排发货（假设第 t 周周初收到订货单，需要 1 周的时间准备，需要 1 周的时间运输，货物经过审核后，在第 $t+2$ 周周末进入零售商仓库）。批发商在周初安排发货后，立即向上游制造商发出订货单，上游制造商可立即获得订货信息。

制造商： 每周周初收到批发商订货单后安排发货（假设第 t 周周初收到订货单，需要 1 周的时间准备，需要 1 周的时间运输，货物经过审核后，在第 $t+2$ 周周末进入批发商仓库）。制造商在周初安排发货后，立即制订生产计划（假设第 t 周周初确定的生产计划，需要 2 周的时间进行设备调试和生产，产品经过审核后，在第 $t+2$ 周周末进入制造商仓库）。

需要说明以下几点。（1）零售商要尽量满足消费者的需求，不能满足的部分下一周不需要补发；批发商要尽量满足零售商的需求，本周不能满足的部分下一周要补发，即批发商每周的发货数量不仅要满足本周零售商的需求，还需要满足之前各周的累计欠货需求，否则将持续产生欠货费用；制造商要尽量满足批发商的需求，本周不能满足的部分下一周要补发，即制造商每周的发货数量不仅要满足本周批发商的需求，还需要满足之前各周的累计欠货需求，否则将持续产生欠货费用。（2）零售商、批发商、制造商如果产生库存，需要支付相应的库存成本；如果发生缺货，需要承担相应的缺货损失。在以上条件下，零售商、批发商、制造商需平衡好需求和库存之间的关系，尽可能实现利润最大化。（3）各角色每周货物入库的时间是周末，而向下游企业发货的时间是周初，因此各角色每一周只能利用自己的期初库存向下游企业发货，本周周末入库的货物只能用于下周发货。

各角色参与实验的流程如图 12-2 所示。

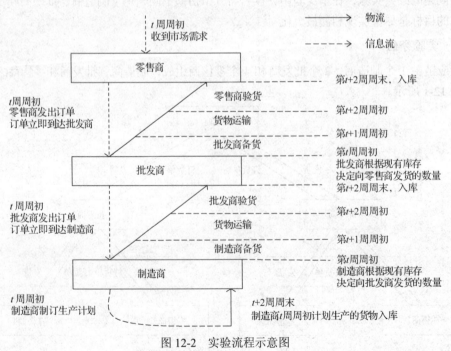

图 12-2 实验流程示意图

12.2　实验说明

12.2.1　消费者

实验中教官担任消费者角色，负责发布每周的市场需求信息，市场需求可以通过建立微信群的方式进行发布（该微信群由教官和全体零售商组成），教官发布的市场需求信息仅限于零售商可见。

历史数据显示，啤酒消费市场需求非常平稳，在此之前每个零售商每周收到的啤酒需求量均为 5 箱。教官可以在后续实验中，发布波动的需求，以观察牛鞭效应的影响。

12.2.2　零售商

零售商每周根据啤酒需求量进行销售（啤酒销售量不得高于期初库存水平，也不得大于本周市场需求量）。与此同时，根据本周市场需求及历史数据，预测未来市场需求变化趋势，同时考虑库存变化情况，在此基础上向上游批发商发出订货请求（由于备货和运输都需要时间，假如第 t 周周初向批发商发出订货单，该批货物将在第 $t+2$ 周周末进入仓库）。零售商经营时间轴如图 12-3 所示。

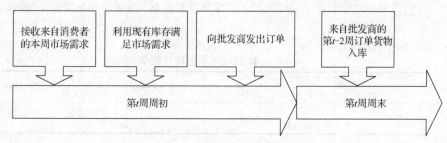

图 12-3　零售商经营时间轴

历史数据显示，啤酒消费市场需求非常平稳，在此之前每家零售商每周啤酒销售量为 5 箱，每家零售商每周向上游批发商提出的啤酒订货量也为 5 箱，在实验开始前的每一周，零售商啤酒库存始终保持 12 箱。

根据以上说明，4 个零售商需要分别填写"零售商情况总表"，如表 12-1 所示。

表 12-1　零售商情况总表

周次	市场需求量	本期销量	本期欠货量（消费者）	期初库存量	批发商送货量	本期欠货量（批发商）	累计欠货量（批发商）	期末库存量	订货量（批发商）	本期利润
1		系统计算	系统计算	系统计算		系统计算	系统计算	系统计算		系统计算
2		系统计算	系统计算	系统计算		系统计算	系统计算	系统计算		系统计算
…		……	……	……		……	……	……		……

表格说明：

（1）第 t 周的本期销量=min（第 t 周的啤酒市场需求量、第 t 周的期初库存量）

> **注意**　如果期初库存量高于啤酒市场需求量，那么按照啤酒市场需求量进行销售；否则，按照期初库存量进行销售。

（2）第 t 周的本期欠货量（消费者）=第 t 周的啤酒市场需求量-第 t 周的销量

> **注意** 本期销量不能高于期初库存量。

（3）第 t 周的本期欠货量（批发商）=第 $t-2$ 周的订货量（批发商）-第 t 周的批发商送货量

> **注意** 若本期欠货量（批发商）为正，则说明两周前批发商发出的货物未能满足当时零售商发出的订货需求；若本期欠货量（批发商）为负，则说明两周前批发商发出的货物不仅满足了当时零售商发出的订货需求，而且批发商还弥补了之前的一部分累计欠货量，其绝对值即为批发商弥补的累计欠货量。

（4）第 t 周的累计欠货量（批发商）=第 $t-1$ 周的累计欠货量（批发商）+第 t 周的本期欠货量（批发商）

（5）第 t 周的期末库存量=第 t 周的期初库存量-第 t 周的本期销量+第 t 周的批发商送货量

（6）第 t 周的期初库存量=第 $t-1$ 周的期末库存量

（7）第 t 周的本期利润=第 t 周的本期销量×10-第 t 周的本期欠货量（消费者）×2-（第 t 周的期初库存量-第 t 周的本期销量）×1

> **注意** 零售商根据"零售商情况总表"手工填写"零售商订货单"中的零售商名称、订货时间和订货数量。将填写好的"零售商订货单"直接交给批发商，"零售商订货单"如表 12-2 所示。

表 12-2　零售商订货单

零售商名称	××××××
订货时间	第×××周
订货数量	×××箱
批发商发货数量	箱

12.2.3 批发商

批发商每周根据收到的"零售商订货单"进行发货（发货量不得高于期初库存水平，也不得大于零售商本周订单量加累计欠货量）。与此同时，根据本周市场需求及历史数据，预测未来市场需求变化趋势，同时考虑库存变化情况，在此基础上向上游制造商发出订货请求（由于备货和运输都需要时间，假如第 t 周周初向制造商发出订货单，该批货物将在第 $t+2$ 周周末进入仓库）。批发商运营时间轴如图 12-4 所示。

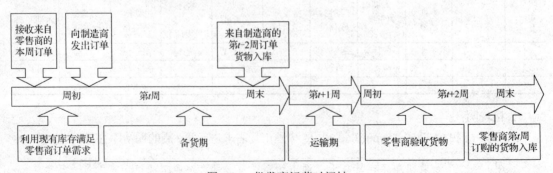

图 12-4　批发商运营时间轴

历史数据显示，啤酒消费市场需求非常平稳，在此之前每周来自下游每个零售商的订货量为 5 箱，每个批发商每周收到的订单量为 10 箱（下游零售商订单量之和），每个批发商向制造商每周的订货量也为 10 箱，在实验开始前的每一周，批发商啤酒库存始终保持在 24 箱。

根据以上说明，在收到零售商订货单后，两个批发商需分别填写"各零售商订货发货统计情况表"和"批发商情况总表"，如表 12-3 和表 12-4 所示。

表 12-3　各零售商订货发货统计情况表

周次	零售商 1/零售商 3				零售商 2/零售商 4			
	订货量	发货量	欠货量	累计欠货量	订货量	发货量	欠货量	累计欠货量
1			系统计算	系统计算			系统计算	系统计算
2			系统计算	系统计算			系统计算	系统计算
…			……	……			……	……

表 12-4　批发商情况总表

周次	零售商订单总量	发货总量（零售商）	本期欠货量（零售商）	累计欠货量（零售商）	期初库存量	制造商送货量	本期欠货量（制造商）	累计欠货量（制造商）	期末库存量	订货量（制造商）	本期利润
1	系统计算	系统计算	系统计算	系统计算	系统计算		系统计算	系统计算	系统计算		系统计算
2	系统计算	系统计算	系统计算	系统计算	系统计算		系统计算	系统计算	系统计算		系统计算
…	……	……	……	……	……		……	……	……		……

表格说明：

（1）第 t 周的本期欠货量（零售商）=第 t 周的零售商订单总量-第 t 周的发货总量（零售商）

注意　若本期欠货量（零售商）为正，则说明本周批发商发出的货物未能满足本周零售商发出的订货需求；若本期欠货量（零售商）为负，则说明本周批发商发出的货物不仅满足了本周零售商发出的订货需求，而且批发商还弥补了之前的一部分累计欠货量，其绝对值即为批发商弥补的累计欠货量。

（2）第 t 周的累计欠货量（零售商）=第 $t-1$ 周的累计欠货量（零售商）+第 t 周的本期欠货量（零售商）

注意　累计欠货量在零售商和批发商系统中的显示是不同步的，这是由于如果本周批发商发货数量大于本周零售商实际需求，即弥补了一部分累计欠货量，则批发商系统中可以立即清除这部分累计欠货量，而零售商要在实际收到这批货物时（两周后），才能在零售商系统中消除这部分累计欠货量。

（3）第 t 周的本期欠货量（制造商）=第 $t-2$ 周的订货量（制造商）-第 t 周的制造商送货量

注意　若本期欠货量（制造商）为正，则说明两周前制造商发出的货物未能满足当时批发商发出的订货需求；若本期欠货量（制造商）为负，则说明两周前制造商发出的货物不仅满足了当时批发商发出的订货需求，而且制造商还弥补了之前的一部分累计欠货量，其绝对值即为制造商弥补的累计欠货量。

（4）第 t 周的累计欠货量（制造商）=第 $t-1$ 周的累计欠货量（制造商）+第 t 周的本期欠货量（制造商）

（5）第 t 周的期末库存量=第 t 周的期初库存量-第 t 周的发货总量（零售商）+第 t 周的制造商送货量

（6）第 t 周的期初库存量=第 $t-1$ 周的期末库存量

（7）第 t 周的本期利润=第 t 周的发货总量（零售商）×8-第 t 周累计欠货量（零售商）×2-[第 t 周的期初库存量-第 t 周的发货总量（零售商）]×1

注意

批发商手工填写"零售商订货单"（只填写"批发商发货数量"），并将填写好的"零售商订货单"放在"备货区域"。一周后该订货单进入"运输区域"，两周后进入"入库检验区域"并于周末进入零售商仓库，"零售商订货单"如表 12-5 所示。

表 12-5　零售商订货单

零售商名称	××××××
订货时间	第×××周
订货数量	×××箱
批发商发货数量	箱

注："××××××"代表零售商已填写的信息。

注意

批发商根据"批发商情况总表"手工填写"批发商订货单"中的批发商名称、订货时间和订货数量，将填写好的"批发商订货单"直接交给制造商（"制造商发货数量"由制造商负责填写），"批发商订货单"如表 12-6 所示。

表 12-6　批发商订货单

批发商名称	××××××
订货时间	第×××周
订货数量	×××箱
制造商发货数量	箱

12.2.4　制造商

制造商每周根据收到的"批发商订货单"进行发货（发货量不得高于当前库存水平，也不得大于批发商本周订单量加累计欠货量）。与此同时，根据本周市场需求及历史数据，预测未来市场需求变化趋势，同时考虑库存变化情况，在此基础上制订生产计划（由于设备调试和生产都需要时间，假如第 t 周周初提出的生产计划，该批产品将在第 $t+2$ 周周末进入库存）。制造商运营时间轴如图 12-5 所示。

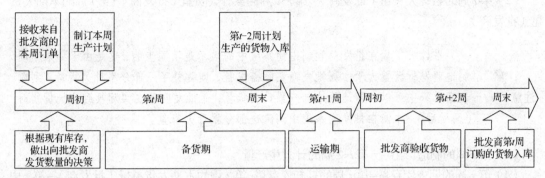

图 12-5　制造商运营时间轴

历史数据显示，啤酒消费市场需求非常平稳，在此之前每个批发商每周订货量为 10 箱，每家制造商每周收到的订单量为 20 箱（下游批发商订单量之和），每家制造商每周的计划生产量也为 20 箱，在实验开始前的每一周，制造商啤酒库存始终保持 48 箱。

根据以上说明，制造商填写"各批发商订货发货统计情况表"和"制造商情况总表"，分别如表 12-7 和表 12-8 所示。

表 12-7　各批发商订货发货统计情况表

周次	批发商 1				批发商 2			
	订货量	发货量	欠货量	累计欠货量	订货量	发货量	欠货量	累计欠货量
1			系统计算	系统计算			系统计算	系统计算
2			系统计算	系统计算			系统计算	系统计算
…			……	……			……	……

表 12-8　制造商情况总表

周次	批发商订单总量	本期发货总量（批发商）	本期欠货量（批发商）	累计欠货量（批发商）	期初库存量	制造产出量	期末库存量	计划生产量	本期利润
1	系统计算	系统计算	系统计算	系统计算	系统计算	系统计算	系统计算		系统计算
2	系统计算	系统计算	系统计算	系统计算	系统计算	系统计算	系统计算		系统计算
…	……	……	……	……	……	……	……		……

表格说明：

（1）第 t 周的本期欠货量（批发商）= 第 t 周的批发商订单总量 − 第 t 周的本期发货总量（批发商）

注意

若本期欠货量（批发商）为正，则说明本周制造商发出的货物未能满足本周批发商发出的订货需求；若本期欠货量（批发商）为负，则说明本周制造商发出的货物不仅满足了本周批发商发出的订货需求，而且制造商还弥补了之前的一部分累计欠货量，其绝对值即为制造商弥补的累计欠货量。

（2）第 t 周的累计欠货量（批发商）=第 $t-1$ 周的累计欠货量（批发商）+第 t 周的本期欠货量（批发商）

注意　累计欠货量在批发商和制造商系统中的显示是不同步的，这是由于如果本周制造商发货数量大于本周批发商实际需求量，即弥补了一部分累计欠货量，则制造商系统中可以立即清除这部分累计欠货量，而批发商要在实际收到这批货物时（两周后），才能在批发商系统中消除这部分累计欠货量。

（3）第 t 周的制造产出量=第 $t-2$ 周的计划生产量

（4）第 t 周的期末库存量=第 t 周的期初库存量-第 t 周的本期发货总量（批发商）+第 t 周的制造产出量

（5）第 t 周的期初库存量=第 $t-1$ 周的期末库存量

（6）第 t 周的本期利润=第 t 周的本期发货总量（批发商）×5-第 t 周的累计欠货量（批发商）×2-[第 t 周的期初库存量-第 t 周的本期发货总量（批发商）]×1

注意　制造商手工填写"批发商订货单"（只填写"制造商发货数量"），并将填写好的"批发商订货单"放在"备货区域"。一周后该订货单进入"运输区域"，两周后进入"入库检验区域"并于周末进入批发商仓库，"批发商订货单"如表12-9所示。

表 12-9　批发商订货单

批发商名称	×××××
订货时间	第×××周
订货数量	×××箱
制造商发货数量	箱

注："×××××"代表批发商已填写的信息。

12.3　实验操作

实验开始前，制作"零售商订货单"120份（实验30周，每个零售商30份）、"批发商订货单"60份（实验30周，每个批发商30份），并通过扫描本书中的二维码下载"零售商1.xlsm""零售商2.xlsm""零售商3.xlsm""零售商4.xlsm""批发商1.xlsm""批发商2.xlsm""制造商.xlsm"。各个角色的上下游关系如图12-1所示，实验过程中不得更改文件名。在实验场所中，需提前划分零售商与批发商、批发商与制造商之间的备货区域、运输区域、入库检验区域，通过将订货单放入不同的区域，模拟实际物流的过程。以第 t 周为例，订货单传递过程如图12-6和图12-7所示。

电子商务物流管理（微课版　第3版）

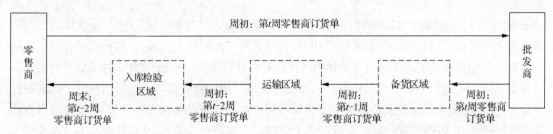

图 12-6   零售商与批发商之间的订货单传递过程

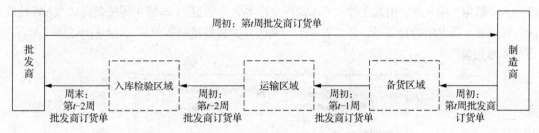

图 12-7   批发商与制造商之间的订货单传递过程

（1）消费者：组织建立微信群，每周周初通过微信群发布市场需求信息，微信群中除了教官之外，其余全部都是零售商，由教官发布的市场需求信息只对零售商可见。

（2）零售商：打开对应的 xlsm 文件，单击第 t 周按钮，开始第 t 周的经营。在弹出的对话框中输入本周的市场需求量（在微信群中由教官发布），确定本周向批发商发出的订货量，将该订货量同时填入 xlsm 文件和"零售商订货单"中，并将填写好的订货单传给上游批发商。然后，零售商从"入库检验区域"取回两周前传递给批发商的"零售商订货单"，根据纸条中记录的批发商实际发货量填写"本周周末产品入库数量"，零售商输入界面如图 12-8 所示。值得注意的是，系统在第 1 周和第 2 周将自动输入 5 箱啤酒作为"本周周末产品入库数量"，这是因为之前两周发出的订货请求陆续返回，系统将在第 3 周开放"本周周末产品入库数量"输入框，由人工输入"本周周末产品入库数量"（即第 3 周零售商从"入库检验区"取回第 1 周发出的订货单，将订货单上的批发商发货数量输入系统），第 3 周以后"本周末产品入库数量"全部由人工输入。

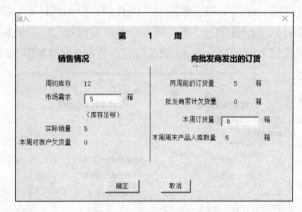

图 12-8   零售商输入界面

（3）批发商：打开对应的 xlsm 文件，单击第 t 周按钮，开始第 t 周的经营。在弹出的对话框中填入本周零售商订货量（批发商 1 对应零售商 1 和零售商 2，批发商 2 对应零售商 3 和零售商 4），同时根据现有库存做出本周实际发货量决策，批发商需要将本周实际发货量同时填入

xlsm 文件和本周收到的"零售商订货单",并将订货单放入"备货区域",原"备货区域"的订货单进入"运输区域",原"运输区域"的订货单进入"入库检验区域"。与此同时,批发商做出本周向制造商订货的决策,将订货量填入"批发商订货单"和 xlsm 文件,并将填写好的纸条传递给上游制造商。然后,批发商从"入库检验区域"取回两周前传递给制造商的"批发商订货单",根据纸条中记录的制造商实际发货量填写"本周周末产品入库数量",批发商输入界面如图 12-9 所示。值得注意的是,系统在第 1 周和第 2 周将自动输入 10 箱啤酒作为"本周周末产品入库数量",这是因为之前两周发出的订货请求陆续返回,系统将在第 3 周开放"本周周末产品入库数量"输入框,由人工输入"本周周末产品入库数量"(即第 3 周批发商从"入库检验区"取回第 1 周发出的订货单,将订货单上的制造商发货数量输入系统),第 3 周以后"本周周末产品入库数量"全部由人工输入。

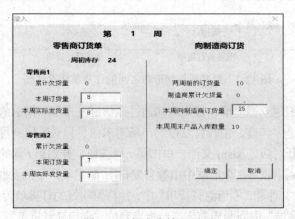

图 12-9　批发商输入界面

（4）制造商:打开对应的 xlsm 文件,单击第 t 周按钮,开始第 t 周的经营。在弹出的对话框中填入本周批发商订货量(包括批发商 1 和批发商 2),同时根据现有库存做出本周实际发货量决策,制造商需要将本周实际发货量同时填入 xlsm 文件和本周收到的"批发商订货单",并将订货单放入"备货区域",原"备货区域"的订货单进入"运输区域",原"运输区域"的订货单进入"入库检验区域"。与此同时,制造商做出本周的生产计划,将生产计划量填入 xlsm 文件,系统将自动获取两周之前的计划生产量作为"本周周末产品入库数量"(即第 1 周制订的生产计划,该批产品将在第 3 周周末进入制造商仓库),制造商输入界面如图 12-10 所示。

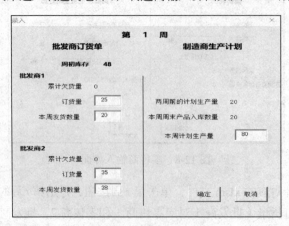

图 12-10　制造商输入界面

12.4　实验分析

实验结束后，教官通过扫描本书中的二维码下载"最终结果整合.xlsm"，并新建一个文件夹，将同一供应链中全部角色的 xlsm 文件，与"最终结果整合.xlsm"放在该新建文件夹中，文件夹命名和存放目录均没有限制，各个角色的 xlsm 文件名不可以更改。

教官打开"最终结果整合.xlsm"文件，在"主页面"工作表中，单击"合并原始数据"按钮，即可将所有数据导入"原始数据汇总表"工作表中，如图 12-11 所示。

			订单量									利润额								
周次	市场需求（单个零售商）	总市场需求	零售商1	零售商2	零售商3	零售商4	零售商总订货量	批发商1	批发商2	批发商总订货量	制造商生产量	零售商1	零售商2	零售商3	零售商4	批发商1	批发商2	制造商	零售商1	零售商2
1	5	20	8	7	20	10	45	25	35	60	80	43	43	43	43	111	180	216	0	0
2	5	20	8	5	10	7	30	15	25	40	40	43	43	43	43	98	54	36	0	0
3	5	20	7	7	10	6	30	12	18	30	30	43	43	43	43	110	42	16	0	0
4	7	28	7	8	4	5	24	10	10	20	25	62	63	55	61	113	224	292	0	0
5	9	36	7	9	5	9	30	10	10	20	35	83	87	77	87	127	61	62	0	0
6	11	44	8	12	10	8	38	27	15	42	50	107	98	103	74	70	64	184	0	1
7	11	44	10	10	8	12	40	20	15	35	40	98	74	97	110	162	248	159	1	3
8	11	44	10	6	10	13	39	20	25	45	50	62	86	103	26	54	134	219	4	2
9	12	48	8	7	10	10	35	20	25	45	70	36	48	119	36	214	100	214	7	6
10	12	48	10	10	10	12	42	20	30	50	60	108	108	119	112	158	86	249	1	1
11	12	48	8	10	10	12	40	20	25	50	50	36	36	84	114	151	172	249	7	7
12	12	48	10	11	10	14	30	20	30	55	20	118	119	60	118	168	174	259	0	0
13	11	44	10	11	9	11	41	28	35	63	15	109	110	62	98	158	234	302	0	0

（合并原始数据　清空）

结果汇总开始前，请新建文件夹，将本文件与所有角色的.xlsm 文件置于同一文件夹中。
1. 所有原始数据可以在"原始数据汇总表"中查看。
2. "主页面"中整合了来自原始数据的各类重要信息。
3. 在其他几个工作表中，可以查看相关图表。

图 12-11　最终结果整合界面

待数据导入后，可以在"牛鞭效应分析图"工作表中查看实验结果，如图 12-12 所示，在零售商需求变化不大的情况下，制造商的需求波动明显，出现了激增和骤减的现象，实验验证了牛鞭效应的存在。

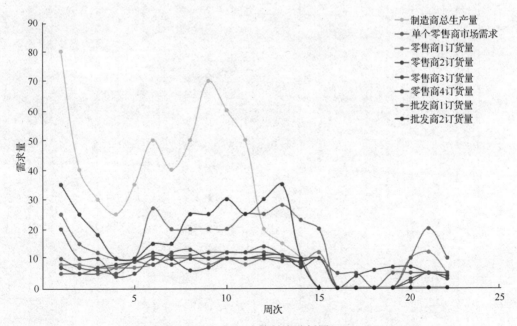

图 12-12　牛鞭效应分析图

需要说明的是，我们还可以从利润情况、欠货情况、库存情况等多角度研究牛鞭效应对供应链各角色的影响，如果读者感兴趣，可以利用"最终结果整合.xlsm"文件中的"利润情况图""欠货情况图""库存情况图"等工作表进行分析，以加深对牛鞭效应的理解。

 要点回顾

"牛鞭效应"实验是研究供应链管理问题的经典实验，在本实验中，读者将分组扮演不同角色（制造商、批发商和零售商），各角色的目标是尽量实现利润最大化。通过该实验，读者可以模拟参与供应链管理全过程，分析牛鞭效应的成因和缓解方法。

 本章习题

1. "企业联盟"对牛鞭效应影响实验

实验角色：1个制造商，2个批发商，4个零售商。

供货条件：当缺货时，上游企业自行确定供货数量，可先满足某一家的供货需求（有联盟关系），使另外一家严重缺货。

2. "公平原则"对牛鞭效应影响实验

实验角色：1个制造商，2个批发商，4个零售商。

供货条件：当缺货时，上游企业按照相同缺货比率对下游企业进行供货，每个下游企业都将出现相同程度的缺货情况。

参考文献

[1] B.Wernerfelt. A Resource-based View of the Firm[J]. Strategic Management Journal, 1984(5): 171-181.

[2] Jay B. Barney. Firm resources and sustained competitive advantage[J]. Journal of Management，1991.17(1): 99-122.

[3] Collis，David J, Montgomery, Cynthia A. Competing on resource strategy in the 1990s[J]. Harvard Business Review, 1995.Vol.73, July-August: 118-129.

[4] 高连周. 大数据时代基于物联网和云计算的智能物流发展模式研究[J]. 物流技术，2014（11）：350-352.

[5] 郭涛. 供应链视角下基于 JIT 的库存模型研究[D]. 上海交通大学，2013.

[6] 郝昕. 我国跨境物流存在的问题及对策研究[J]. 电子商务，2018（8）：3-4.

[7] 何黎明. 转变方式 提高质量 努力开创"十二五"物流业发展新局面——我国物流业"十一五"发展回顾与"十二五"展望[J]. 中国流通经济，2011（3）：4-8.

[8] 胡燕灵. 电子商务物流管理[M]. 北京：清华大学出版社，2010.

[9] 黄音. 物流企业的数据驱动创新—— 一个多案例分析[J]. 中国流通经济，2018, 32（9）：20-29.

[10] 黄中鼎. 现代物流管理学[M]. 2 版. 上海：上海财经大学出版社，2010.

[11] 霍红. 现代物流管理[M]. 北京：对外经济贸易大学出版社，2008.

[12] 冀芳，张夏恒. 跨境电子商务物流模式创新与发展趋势[J]. 中国流通经济，2015, 29（6）：14-20.

[13] 贾平. 现代物流管理[M]. 北京：清华大学出版社，2011.

[14] 黎继子. 供应链管理[M]. 北京：机械工业出版社，2012.

[15] 李汉卿，夏齐. 大数据在供应链与物流领域的实践研究[J]. 物流工程与管理，2018, 40（2）：15-17.

[16] 李红霞，李琰. 电子商务物流[M]. 北京：中国铁道出版社，2012.

[17] 李健. 企业资源计划（ERP）及其应用[M]. 2 版. 北京：电子工业出版社，2009.

[18] 李珊珊. 大数据时代基于物联网的智慧物流系统的应用[J]. 电子技术与软件工程，2018（14）：189-190.

[19] 卢红霞，吴雨晨. 京东自营物流模式分析[J]. 物流工程与管理，2015（1）.

[20] 罗鸿. ERP 原理设计实施[M]. 3 版. 北京：电子工业出版社，2006.

[21] 罗闻泉. 电子商务与物流[M]. 北京：机械工业出版社，2006.

[22] 罗小琼. 物流电子商务[M]. 北京：清华大学出版社，2012.

[23] 马士华，林勇，等. 供应链管理[M]. 5 版. 北京：机械工业出版社，2016.

[24] 牛鱼龙. 亚洲物流经典案例[M]. 重庆：重庆大学出版社，2008.

[25] 彭云飞，邓勤. 现代物流管理[M]. 北京：机械工业出版社，2012.

[26] 钱廷仙. 现代物流管理[M]. 北京：高等教育出版社，2010.

[27] 汝宜红，宋伯慧. 配送管理[M]. 北京：机械工业出版社，2012.

[28] 申纲领. 物流案例与实训[M]. 2 版. 北京：北京大学出版社，2014.

[29] 孙小婷. 中国冷链物流模式选择与发展对策研究[D]. 东北农业大学，2011.

[30] 孙正萍. 基于大数据下的智慧物流[J]. 物流工程与管理，2018，40（9）：71-72.

[31] 唐东平. ERP 原理与应用：基于价值网的供应链整合观点[M]. 广州：华南理工大学出版社，2012（5）.

[32] 王道平，王煦. 现代物流信息技术[M]. 北京：北京大学出版社，2011.

[33] 王继祥. 智慧物流引领未来[N]. 中国邮政报，2018.

[34] 王钧，李红桃. ERP 实操指导书[M]. 深圳：暨南大学出版社，2010（10）.

[35] 王术峰，龙涛. 第五方物流枢纽服务商运营模式探析[J]. 中国流通经济，2015（6）：36-44.

[36] 王涛，陈玉莲. "新常态"下浸润大数据的物流供应链变革浅析[J]. 交通与运输，2018，34（5）：70-71.

[37] 王小萃. 城市物流中心选址问题研究[D]. 武汉理工大学，2008.

[38] 王小静. B2C 电子商务企业自营物流精准营销研究[D]. 北京：北京交通大学，2015.

[39] 王小云，杨玉顺，李朝晖. ERP 企业管理案例教程[M]. 北京：清华大学出版社，2007（7）.

[40] 王晓东. 现代物流管理[M]. 北京：对外经济贸易大学出版社，2008.

[41] 王晓平. 物流信息技术[M]. 北京：清华大学出版社，2012.

[42] 王转. 配送与配送中心[M]. 北京：电子工业出版社，2010.

[43] 辛明珠. 图解 ERP——轻松跟我学企业管控[M]. 北京：清华大学出版社，2011（12）.

[44] 熊励、李昱瑾. 企业信息化融合——基于 SCM、ERP、CRM 集成[M]. 北京：清华大学出版社，2012（7）.

[45] 熊伟. 运筹学[M]. 武汉：武汉理工大学出版社，2008.

[46] 张铎，林自葵. 电子商务与现代物流[M]. 北京：北京大学出版社，2009.

[47] 张建勇，李军. 电子商务运营管理[M]. 北京：清华大学出版社，2016.

[48] 张磊，吴忠. 物流信息技术概论[M]. 北京大学出版社，2012.

[49] 郑承志，夏名首. 电子商务与现代物流[M]. 大连：东北财经大学出版社，2009.